기도로 승리한 맥아더

이훈걸 지음

도서출판 조은

서문

더글러스 맥아더(Douglas Macarthur 1880-1964)원수는 한국 현대사에서 빼놓을 수 없는 인물이다. 1950년 6월 25일 북한 공산군의 기습 남침으로 3일 만에 수도 서울은 적의 수중에 떨어지고, 국군과 UN군은 낙동강 전선까지 밀려나(1950. 8. 3) 나라의 운명은 겨우 국토의 8% 남은 낙동강 방어선에 매달린 채 촌각을 다투고 있었다. 이제 갓 태어난 신생독립국이 채 두 돌이 되기도 전에 벌써 국가의 시효가 끝나갈 위기의 순간에 신의 계시와도 같은 인천상륙작전은 한순간에 전세를 뒤바꾸어 놓았다. 역사적인 인천상륙작전! (1950. 9. 15) 그 중심에 더글러스 맥아더(Douglas Macarthur)원수가 있었다. 맥아더 원수는 대한민국의 신앙과 자유 그리고 인간의 가치와 존엄을 지키기 위해 하나님께서 특별히 보내주신 구원자였다.

인천상륙작전은 워싱턴 정가 그리고 미 통합본부의 반대와 성공 확률이 고작 1/5,000 이라는 위험 속에서 그의 뛰어난 분석력과 대담한 용기로 관철시켰다.

맥아더 장군의 대범성과 강한 개성 그리고 거침없는 행보는 미국인들이 자유를 누림으로 발양되는 쾌활하고 유연한 성격 형성 탓이기도 하지만 보다 근본적으로 맥아더의 몸속에는 전능하신 하나님을 의지하는 청교도의 피가 흐르고 있었다.

맥아더 장군은 세계가 추앙하는 위대한 군인이기에 앞서 참된 신앙인이며 겸손한 기도의 사람이었다. 그는 말하기를 "훗날 나의 아들이 전쟁터의 아버지가 아닌, 아들과 함께 하늘에 계신 하나님 아버지께 기도하던 아버지로 기억해 주기를 바란다" 고 할 정도로 아름다운 기도의 추억을 간직한 사람이다.

맥아더 장군은 수많은 전선을 누볐다. 그의 첫 발령지인 필리핀을 시작으로 멕시코 전투, 1차 세계대전, 태평양전쟁, 한국전쟁등 수많은 전쟁의 참화 속에서 고비고비 마다 죽음이 그를 비켜갔다.

목숨이 순간에 달린 전쟁터에서 죽음이 그를 비켜가게 된 것은 그 자신이 기도의 사람이었을 뿐 아니라 또한 그를 위하여 하나님께 기도하는 사람들이 있었기 때문이었다.

> "저가 너를 그 깃으로 덮으시리니 내가 그의 날개 아래에 피하리로다"(시편 90:4)

맥아더 장군의 생애는 한 인간이 어려움에 처했을 때 신앙의 힘으로 어떻게 난관을 헤쳐 나갔으며 하나님께 받은 달란트를 가지고 인류와 역사 앞에 어떻게 공헌했는가를 잘 보여주고 있다. 맥아더 장군은 생사를 가늠하는 중대한 전투를 앞두고 고뇌에 찬 결단을 내려야 할 때 마다 신앙인으로서 먼저 하나님께 기도드렸고 승리를 얻은 후에는 "전능하신 하나님의 은총으로 승리했노라!!" 고 하며 하나님께 아낌없는 찬사와 영광을 돌려드렸다. 공개된 장소에서 공개적으로 거침없이 쏟아내는 하나님께 대한 찬사와 영광은 기도의 사람이 아니면 할 수 없는 일이다.

레위기 10장 3절에 "나는 나를 가까이 하는 자 중에서 내 거룩함을 나타내겠고 온 백성 앞에서 내 영광을 나타내리라" 고 하신 바와 같이 하나님은 하나님을 가까이 하는 맥아더 장군을 통하여 당신의 거룩함을 나타내시고, 기도하는 그를 통하여 하나님의 경이로운 영광을 나타내셨다.

나는 맥아더 원수의 전기와 자서전 그리고 연설문을 탐독할 기회가 있었다. 그 속에서 그의 깊은 신앙심을 발견하고 같은 신앙인으로서 존경심과 함께 친근감을 느꼈다. 아쉬운 것은 그의 이름이 세상에서 위대한 군인으로만 기억되고 있다는 점이다. 이 글을 통하여 그의 묻혀있던 청교도적인 신앙의 모습을 담아내려고 했으나 재주가 부족하여 제대로 표현하지 못한 점을 아쉽게 생각한다.

이 책을 통하여 독자들의 역사의식과 신앙생활에 작은 보탬이라도 되었으면 하는 마음에서 이 글을 쓰게 되었다. 끝으로 이 책이 나올 수 있도록 섭리하시고 이끌어 주신 하나님께 진심어린 감사를 드리오며, 이 책을 추천해 주신 존경하는 선배이시며, 한기총 대표회장을 역임하셨고, 현 총신대학교 총장이신 길자연 목사님과 그리고 저와 총신대신학대학원 동기이며 현 대한예수교 장로회(합동) 총회장이신 안명환 목사님께 깊은 감사를 드립니다. 또한 이 책의 출판을 맡아주신 도서출판 조은 김화인 사장님과 편집에 수고해주신 편집부원들께도 인사의 말씀을 전합니다.

감사합니다.

모든 영광 주님께 !!

2014년 3월 10일 청마의 해 봄이 오는 길목에서

지은이 씀

추천서

1950년 6월 25일에 일어난 6.25는 우리 민족사에 최대의 비극이었다. 국토는 폐허가 되어 남은 것이라고는 가난밖에 없었으나 하나님의 도우심으로 극적으로 회생하였다.

전쟁이 이 땅을 할퀴고 지나 간지 벌써 60년이 지났으나 아직도 이 전쟁은 끝나지 않았다.

2010년 3월 26일에 있었던 천안함 격침사건이나, 2010년 11월 23일 있었던 연평도 포격사건은 무엇을 말해주고 있는가? 그것은 아직도 이 땅에 전쟁이 끝나지 않았음을 실증하는 증거이다.

우리는 결코 6.25의 뼈아픈 역사를 잊어서는 안 된다. 역사를 망각하는 것은 곧 망국으로 가는 길이다.

우리는 대비해야 한다.

북녘 땅에 앞으로 3년 안에 남한을 적화하겠다고 호언장담하는 김정은 정권이 존재하는 한 긴장의 끈을 풀어서도, 준비를 게을리 해서도 안 된다.

평화는 평화주의만으로 지켜질 수 없으며, 적에게 평화를 구걸하는 굴욕외교로는 더더욱 지켜질 수 없다. 굴욕외교는 적에게 끝없이 휘둘리다가 결국 벼랑 끝으로 내 몰린다는 역사의 교훈을 잊어서는 안 된다.

이번에 나의 후배인 이 바울 목사가 "기도로 승리한 맥아더" 라는 저서를 내 놓게 되었다.

우리 민족이 6.25 사변을 당하여 나라의 운명이 벼랑 끝으로 내 몰렸을 때 하나님께서 맥아더 장군을 우리 민족의 구원자로 보내주셨다.

그는 전쟁을 책임진 최고의 자리에서 매우 바쁜 몸이었으나 언제나 기도하기를 쉬지 않았던 아름다운 청교도의 삶을 보여준 인물이었다.

나는 신앙 양심으로 불의에 맞서 싸우는 맥아더 장군의 용기 있는 모습을 보면서 신앙의 힘은 이렇게 아름답고도 위대한 결과를 낳게 된다는 것을 절감할 수 있었다.

이 책을 통하여 청교도적인 신앙의 힘으로 인간의 존엄과 자유 그리고 기독교의 가치를 지키고자 분전하는 맥아더 장군의 모습은 신앙의 좋은 지침이 될 것이며, 전쟁을 경험하지 못한 전 후 세대들에게는 좋은 교훈이 될 것으로 여겨 이 책을 기쁘게 추천하는 바입니다.

전) 한기총 대표회장

현) 총신대학교 총장

[signature] 목사

추천서

우리 나라가 6.25라는 국난을 극복하고 오늘의 번영을 이룩한 것은 하나님의 크신 은혜이다.

빛에는 그림자가 있듯이 지금 우리의 번영 뒤에는 불순한 세력들이 암약하며 국기를 흔드는 것을 볼 때 6.25는 지나간 과거가 아니라 어쩌면 지금도 진행되는 전쟁이다.

그러므로 우리는 사상적으로나 군사적으로나 무장을 해제해서는 안 된다.

맥아더 장군은 우리가 6.25를 당하여 길을 잃고 방황할 때 전쟁을 책임진 UN군 최고 사령관이 되어 벼랑 끝에 내 몰린 대한민국을 구하고, 이 땅에 공산화를 막는 버팀목 역할을 하였다. 맥아더 장군은 기독교인으로서 이 땅을 침략한 저 반인륜적인 공산주의를 몰아내야만 진정한 평화가 온다는 것을 알고 이 땅에 공산당을 몰아내고자 그토록 애를 쓴 것을 우리는 기억하고 있다.

우리는 자유 우방과 맥아더 장군에게 많은 은혜를 입었다.

우리 민족은 옛 부터 생명의 은인에 대해서는 평생토록 은혜를 잊지 않는 아름다운 미덕을 간직한 예절의 나라였다.

그런데 언제부터인가 일부 좌파세력들이 예절도 잊고 은혜를 원수로 갚으려 드는 세태가 되어 버렸으니 참으로 안타까운 일이다.

하나님은 이스라엘 백성들에게 네가 광야에서 살던 가난한 시절을 잊지 말라고 하셨다. 우리 나라가 전란을 당하여 고아와 같이 버려졌을 때 우리를 도와준 은인을 잊는다면 금수와 다를 것이 무엇인가? 우리가 가장 힘들고 가장 어렵던 시절 미국을 비롯한 자유 우방국들이 베풀어 준 사랑과 은혜를 결코 잊어서는 안 될 것이다.

금번에 나의 동기인 이바울 목사가 "기도로 승리한 맥아더"라는 저서를 내 놓게 되었다. 이 책은 대한민국이 어떻게 세워졌으며, 위기의 순간에 하나님께서 어떻게 독수리 날개로 지켜주셨는가를 자세히 기술해 놓았다.

독자들께서는 이 책을 찬찬히 읽으면서 기도로 사악한 무리와 싸워 나가는 맥아더 원수의 뜨거운 열정과 기도의 힘으로 쓰러져가는 대한민국을 구원하시는 하나님의 사랑의 손길을 느껴보시며 가슴 벅찬 감동의 시간이 되었으면 해서 이 책을 추천합니다.

현) 대한예수교장로회(합동) 총회장

현) 명성교회 당회장

안명환 목사

대한민국 최고의 날!

참으로 놀라운 일이다. 단 한 번의 작전으로 잃어버린 대한민국을 통째로 찾아오다니. 감격, 또 감격할 따름이다. 1950년 9월 15일 아침 역사적인 인천 상륙작전은 맥아더 장군의 기념비적인 비책이었다. 3개월 동안 적의 치하에서 인민군들의 광란에 가까운 만행을 지켜보며 숨을 죽이며 살아왔던 서울 시민들에게 광명한 새날이 밝아왔다. 1950년 9월 28일 수도 서울은 완전히 수복되었다. 대한민국이 다시 햇빛을 보게 된 날, 중앙청 국기 게양대에는 승리의 상징인 태극기가 드높은 가을 하늘에 눈부신 햇살을 받으며 나부끼고 있었다. 거리에는 아직 포연에 뒤섞인 화약 냄새가 코를 찔렀다.

아름답던 서울시가지는 앙상한 폐허의 잔해만 남았으나 시민들은 아랑곳 하지 않고 거리로 쏟아져 나왔다. 거리마다 광장마다 사람들이 넘쳐났다. 수도 서울이 진동했다.

맥아더 원수는 수도 반환식을 명했다. 1950년 9월 29일 중앙청에는 이승만 대통령을 비롯하여 3부 요인과 각료들이 자리를 같이 했고, 국군과 UN군 장병들도 장내를 가득히 메우고 있었다. 장내는 엄숙하고도 찬물을 끼얹은 듯 조용했다. 맥아더 원수가 단상에 올라 청중을 향하여 입을 열었다.

"By the grace of Almighty God our troops recaptured Seoul which was once lost the capital of the Republic of Korea!!"

"우리 부대는 전능하신 하나님의 은총으로 잃었던 대한민국 수도 서울을 다시 되 찾았습니다!!.

이 거리는 잔악무도한 공산주의자들의 압제에서 해방되었으며, 이제 시민들은 다시 자유와 인간의 존엄을 결코 양보하지 않는 확고한 신념을 가지고 살 수 있는 기회를 갖게 되었습니다. 이 결정적인 승리를 우리에게 주신 전능하신 하나님께 감사와 영광을 돌리기 위하여 다같이 일어나셔서 저와 함께 주기도문을 드려주시기 바랍니다."

중앙청 실내를 가득 메운 내빈들은 자리에서 일어났다. 국군과 UN군 지휘관들과 병사들도 최고 사령관의 명령에 따라 기립했다. 그리고 철모와 총을 내려놓고 절제된 모습으로 기도의 손을 모았다. 그들의 옷은 인천 갯벌을 달려오느라 말라붙은 진흙이 점점이 묻어있었다.

"하늘에 계신 우리아버지여, 이름이 거룩히 여김을 받으시오며, 나라가 임하시오며 뜻이 하늘에서 이루어진 것 같이 땅에서도 이루어지이다. 오늘 우리에게 일용할 양식을 주옵시고 우리가 우리에게 죄지은 자를 사하여 준 것 같이 우리 죄를 사하여 주옵시고 우리를 시험에 들게 하지 마옵시고 다만 악에서 구하시옵소서 대개 나라와 권세와 영광이 아버지께 영원히 있사옵니다."

– 아멘 –

기도는 간절했고, 뜨거웠다. 이 땅에 자유와 평화, 그리고 인간의 존엄과 기독교의 가치를 지키기 위하여 목숨을 걸고 싸웠던 맥아더 원수와 장병들은 거룩하신 하나님의 뜻이 하늘에서 이루어진 것 같이 폐허가 된 이 땅에도 이루어지기를 간절히 소원하며 기도하는 모습은 참으로 가슴이 뭉클하고 눈물겹도록 고마운 일이었다.

기도를 마치고 모두 자리에 앉았을 때에는 중앙청 홀은 빛과 함께 찾아오신 하나님의 영광으로 가득했다. 이승만 대통령은 맥아더 원수의 손을 잡고 장군! 우리 민족의 구원자로 장군을 존경합니다!. 우리 국민을 대표하여 장군을 사랑합니다!" 하며 감격에 겨워 잡은 손을 놓지 못했다.

대한민국은 기도로 제헌국회를 열었고, 기도로 유사 이래 최고의 위기를 넘겼으며, 수도 서울을 다시 찾았을 때에는 우리 민족을 구원하신 전능하신 하나님께 먼저 기도와 감사로 영광을 돌리는 나라가 되었다.

시편 103편 17절에 "여호와의 인자하심은 자기를 경외하는 자에게 영원부터 영원까지 이르며 그의 의는 자손의 자손에게 이르리니" 하신 바와 같이 여호와를 경외하며 기도하는 대한민국은 무너지지 않는다. 반드시 하나님은 당신의 이름을 걸고 영원부터 영원까지 보호하시며 자손의 자손에 이르도록 하나님의 영광을 나타내는 거룩한 그루터기가 되게 하실 것이다.

1

출생과 성장과정

1

맥아더 가의 뿌리

맥아더는 스코틀랜드의 귀족인 맥알테어 가의 후예이다. 맥알테어 가문은 스코틀랜드에서 순혈을 자랑하는 명문가였다. 전설에 의하면 6세기 경에 맥알테어가의 선조는 기독교 전사들을 지휘하여 이민족의 침입에 대항한 브리튼 사람 아서왕가의 일족이었다고 한다. 11~12세기 맥알테어가의 선조들은 십자군 전쟁에서 생환하여 오호수지역에 터를 잡고 15세기 초까지 번영을 누렸다. 그러나 맥알테어가문의 영화는 1427년 스코틀랜드 왕 제임스 1세에 의해 가문의 지도자 맥알테어가 왕의 명령에 불복했다는 이유로 참수되고 영지는 몰수당했다. 남은 일족들은 슬픔을 삼키고 글레스고로 이주하였다. 후에 그 일부가 이민선을 타고 꿈의 대륙인 미국으로 건너가게 되었다. 1815년 1월 26일 과부가 된 한 어머니와 그녀의 열 살 난 어린 아들이 신대륙에 대한 동경과 비전을 품고 미국으로 이주하여 메사추세츠주에 정착하였다. 그 젊은 과부는 더글러스 맥아더 장군의 증조할머니가 되고, 열 살 난 소년은 그의 할아버지가 되는 아서 1세였다.

맥아더의 선조들이 살던 스코틀랜드는 종교개혁 이래로 청교도의 본산지가 되었다. 1554년 3월 존 낙스는 스위스로 건너가 종교개혁자 존 칼빈의 문하에서 청교도 신학을 전수받고 1559년 5월 2일 마침내 조국 스코틀랜드로 돌아와 카톨릭의 중흥을 꿈꾸던 메리 여왕에 맞서 "오! 하나님! 나에게 스코틀랜드를 주시든지, 아니면 죽음을 주시옵소서!" 라고 부르짖으며 스코틀랜드 종교개혁에 불을 지폈다.

스코틀랜드는 하나님을 향한 열정이 뜨거웠던 존 낙스에 의해 종교개혁에 성공하여 구교의 오랜 구태에서 벗어나 산뜻한 청교도의 나라가 되었다.

청교도 정신은 사상적으로는 하나님의 절대주권과 성경의 절대권위를 믿으며 윤리적으로는 고상한 미덕과 높은 도덕적 수준을 요한다. 특히 청교도들의 사상과 정신은 성경을 삶의 모든 영역에 미치는 절대권위로 삼는다. 그들은 성경말씀이 신앙적인 문제 뿐 아니라 일상적인 문제 즉 정치, 경제, 사회, 문화, 예술 및 의식주를 포함한 삶의 전반에서 인간이 어떻게 살아야 하는지 그 교훈과 수범 및 일반적인 원리를 담고 있다고 믿는다. 맥아더의 선조들은 불굴의 개혁가요 혁명가였던 존 낙스의 종교개혁이래로 스코틀랜드의 문화와 전통이 된 청빈과 절제를 미덕으로 삼는 청교도신앙을 유업으로 이어 받았다.

신대륙으로 이주한 아서 1세 맥아더는 대학에서 법률학을 전공했으며, 군 법무관을 거쳐 판사가 되었다.

맥아더의 할아버지가 되는 아서 1세 판사는 성격이 온화하면서도 인정이 많고 외모도 수려하여 사람들에게 호감을 사는 인물이었다. 그리고 고결한 인품과 공정한 판결로 많은 사람들의 존경을 받았다.

더글러스 맥아더의 아버지가 되는 아서 2세는 민첩하고도 재능이 뛰어나 학교성적도 우수했으며 대단한 독서가로서 많은 책을 읽어 폭넓은 교양과 전문지식은 갖추었다. 남북전쟁이 일어나자 그는 17세 때 일리노이에 있는 군사 학교에 들어가 장차 훌륭한 군인이 될 소양과 전술, 전략 그리고 여러가지 기초교육 과정을 이수하였다. 1862년 8월 4일 남북전쟁이 치열해지자 아서 2세는 소년병으로 참전하여 수많은 전투를 치루면서 몸에 다섯 군대나 총상을 입는 등 삶과 죽음의 갈림길에서 분전했다. 포연이 자욱한 전쟁터에서 그는 눈부신 활약을 인정받아 표창과 함께 명예진급을 거듭한 결과 그의 나이 19세 때에는 명예 대령으로 진급하였다.

남북전쟁은 날이 갈수록 치열해져 아서 2세가 속한 연대를 포함하여 11개 연대가 연합으로 남군의 진지인 험한 산봉우리를 공격하는데, 11명의 연대장들이 전원 다치거나 전사했다. 하지만 이런 대접전 속에서 아서 2세는 생명을 부지했다. 마침 고향에 계신 아버지로부터 온 작은 성경책과 편지가 방벽이 되어 적탄이 심장을 비켜갔던 것이다. 더글러스 맥아더의 할아버지인 아서 1세는 전선에 있는 아들을 위해 날마다 기도했고, 성경책을 챙겨 보낼 만큼 자상하고 신앙심이 깊은 사람이었다. 그 기도가 아들을 살렸고 그 성경책이 아들을 유탄으로부터 보호해주었다.

4년 간 계속된 남북전쟁의 피해는 엄청났다. 남북을 합쳐서 210만 명이 동원된 전쟁에서 전사자만 남군 26만, 북군 36만, 도합 62만 명이 희생된 큰 전쟁이었다.

전쟁이 끝난 후 아서 2세는 아버지의 업을 이어서 법관이 되고자 일 년 간 법률을 공부했으나 그의 천직은 법률가 보다 군인이 적성에 맞았다. 그리하여 아서 2세는 기회의 땅 서부를 동경하여 1866년 2월 23일 다시 보병연대의 소위로 임관되어 모험으로 가득한 광활한 대평원, 매력이 넘치는 땅 서부로 향하게 되었다. 곧 이어 그의 탁월한 능력과 남북전쟁에서의 활약상을 인정받아 중위를 거쳐 대위로 진급하여 36보병연대 중대장이 되었다. 광활한 초원과 거친 바람소리만이 적막함을 더해주는 서부, 이 척박한 땅을 가꾸어 낙토로 만드는 것은 당시 미국인들에게 부여된 신의 소명이자 역사적 사명이었다. 모험으로 가득한 광활한 대평원, 서부는 피가 뜨거운 젊은이들이 뛰어들 꿈의 무대였다. 이때에 전시의 참전 용사들에게 주어진 보상은 서부의 토지 문서였다. 당시 미국의 젊은이들은 전시의 애국심이 서부 개척의 열기로 바뀌면서 서부의 척박한 땅을 누비며 길을 내고, 통나무집을 짓고, 개척의 불을 지피던 시기였다. 아서 2세는 보병연대의 중대장으로서 한편으로는 인디언들과 싸우며, 다른 한편으로는 서부 철도공사의 경비 임무를 맡았다. 아서 2세 맥아더 대위는 1874년의 겨울 그곳에서 일생의 반려자인 메리 핑키 하디를 만나게 된다. 메리 핑키는 서부의 부유한 목화업자의 딸로써 학창시절에는 줄곧 우등생이었으며 졸업 때에는 최우수상을 수상한 재원이기도 했다. 두 사람은 1875년 5월 19일 리버레지에서 하객들의 축복 속에서 결혼식을 올렸다.

출생과 와스프(wasp)교육

1880년 1월 26일 아칸소주 리틀록의 미 육군기지에서 아서 2세 맥아더와 메리 핑키 사이에서 더글러스 맥아더가 셋째 아들로 태어났다. 첫째 아들 아서 3세 맥아더는 해군장교가 되어 대령으로 진급하여 1차 세계대전 때에는 독일 잠수함과 용감히 싸웠으나 그의 나이 47세에 갑자기 죽고 말았다. 둘째 아들 맬컴은 5세 때에 죽었다. 셋째로 태어난 더글러스는 군인인 아버지의 병영에서 태어나 병영에서 들려오는 나팔소리를 들으며 성장하였다. 어린 더글러스는 아버지로부터 꿈과 열정을 어머니로부터 신앙과 사랑을 배우며 자랐다. 더글러스 맥아더는 감수성이 예민한 유년시절과 청소년시절을 아버지의 병영을 따라 경이로움과 모험으로 가득한 서부에서 보내게 된다.

끝이 보이지 않는 대평원 눈부신 햇살과 매력이 넘치는 개척지 서부, 말도 있고, 소도 있고, 사냥할 수도 있고, 대목장도 있고, 새로운 것과 옛 것이 조화된 세계였다. 특히 붉게 타오르는 서부의 저녁노을은 감수성이 예민한 소년의 가슴에 꿈을 심어 주기에 충분했다.

사람이 꿈을 꾸고 꿈이 사람을 만들어 간다고 했던가? 훗날 태평양에서 펼쳐질 더글러스 맥아더의 장대한 스케일과 강한 야성은 이때에 길러졌는지도 모른다.

맥아더의 유년시절 하나님을 향한 신앙의 문을 열어준 분은 그의 어머니였다. 어린 더글러스는 서부의 대평원 아버지의 외로운 병영에서 낮이면 어머니와 함께 재미있는 성경이야기로 시간을 보냈고 밤이면 거친 바람소리와 야생 짐승의 울부짖는 소리를 들으며 하나님 앞에 기도의 손을 모았다. 때로는 어머니 핑키 여사가 "더그! 이번에는 네가 한번 하나님께 기도해보렴!" 하면 어린 맥아더는 고사리 같은 손을 모으고 하나님께 또박또박한 목소리로 기도를 드렸다. 그 모습이 얼마나 진지하고 사랑스러운지 어머니는 어린 더글러스의 머리를 쓰다듬어 주며 꼬옥 안아주었다. 이렇게 더글러스는 어머니의 무릎에서 성경말씀과 기도를 배움으로서 평생토록 성경을 손에서 놓지 않았고 기도하기를 잊지 않았다.

핑키 여사는 절제되고 아름다운 미덕을 갖춘 신앙심이 깊은 청교도였다. 맥아더는 어머니의 따뜻한 사랑 속에서 어머니로부터 하나님을 사랑하는 신앙교육 외에도 읽기와 쓰기 그리고 엄격한 책임감과 함께 조국과 이웃을 사랑하는 법을 배웠다.

어머니는 아들의 인성교육에도 신경을 써 와스프(WASP) 교육에 입각하여 전통적인 청교도 교육을 시켰다. WASP의 일상적인 교육내용은 껌을 씹지 말 것, 걸음걸이는 한 눈 팔지 말고 똑바로 걸을 것, 상대방이 말 할 때에는 상대방을 주시하며 경청 할 것, 사람을 만나서 인사할 때나 헤어질 때에는 반드시 상대방과 눈을 보며 인사할 것, 절대로 거짓말을 하지 말 것, 저속한 말이나 쓸데없는 말을 하지 말 것 등이었다. 이와 같이 WASP 교육의 이면에는 상대를 배려하고 존중하는 의미가 담겨 있었다. WASP는 white anglo-saxon plotestant의 머릿 글자이며 그 뜻은 백인이면서, 영국계 이민이면서, 기독교인을 말한다. WASP들은 자녀를 기를 때 미국뿐 아니라 세계를 선도할 Leader로 세우기 위하여 어릴 때부터 하나님을 사랑하고 이웃을 사랑하는 신앙교육과 함께 예의바르고 남을 배려하는 인성교육을 시켰다.

훗날 맥아더는 “최초로 나에게 하나님을 사랑하고 나라를 사랑하는 법을 가르쳐주신 분은 성인과도 같은 나의 어머니” 라고 했다. 그는 어머님의 가르침은 전선에서 괴롭고도 외로운 결단을 내려야 할 때 언제나 나에게 큰 힘이 되어 주었고, 하나님께서 나에게 주신 소명의 길을 잘 이끌어 준 힘이 되었다고 회고하며, 어머님께 진심으로 감사드린다고 했다.

솜털 같은 나의 어머니

1889년 7월 1일 맥아더가 아홉 살 되던 해, 서부의 외로운 병영을 전전하던 아버지 아서 2세는 소령으로 진급하여 워싱턴의 군무국 부국장으로 명받아 워싱턴에서 행복한 나날을 보내게 된다. 꿈 같은 4년이 지난 후 1893년 아서 2세 맥아더 소령은 다시 서부지역으로 근무 명령을 받고 샌 앤토니오에 있는 포트 샘 휴스톤에 부임했다.

그곳에서 더글러스는 13세 나이에 학교에 들어갔는데 이 학교는 에피스코팔 교회 주교가 청소년들의 신앙교육을 목적으로 설립한 미션 스쿨이었다.

그런데 더글러스는 커갈수록 고집과 말썽 피우는 문제아가 되어갔다. 그는 말썽부리는 친구들과 몰려다니며 종종 사고를 쳤다. 그의 흐트러진 모습을 본 선생님과 아버지는 큰 걱정을 했다. 그러나 어머니는 아들을 위하여 하나님께 간절히 기도드리며 아들을 책망하기보다 칭찬하며 격려했다.

"더글러스! 너는 공부를 안 해서 그렇지 너는 하면 잘 할 수 있어. 너에게는 하나님이 주신 특별한 달란트가 있어. 너는 남이 갖지 못한 특별한 재능과 사람을 따르게 하는 능력이 있어. 너는 이후에 반드시 하나님의 은혜로 한 시대를 빛낼 위대한 군인이 될 거야!" 하면서 오히려 더글러스를 격려하며 용기를 북돋아 주었다. 맥아더는 끝까지 자신을 믿어준 어머니의 사랑과 기도에 감동되어 문제아에서 모범생으로 돌아섰다. 어머니의 헌신적인 기도와 아들을 끝까지 믿어주는 뜨거운 사랑이 맥아더를 다시 태어나게 하였다.

사관생도 시절의 맥아더 장군과 그의 어머니 핑키여사

역사상 훌륭한 사람들 중에 그 배후에 어머니의 기도가 있었음을 볼 수 있다. 사도바울 이후 기독교를 이끌었던 디모데나 불멸의 기독교 신앙을 변증하여 이단으로부터 교회를 지켜냈던 성 어거스틴이나 18세기 영국교회를 이끌며 대 각성운동을 주도했던 요한 웨

슬리 같은 사람도 어머니의 지극한 사랑과 눈물의 기도로 세워진 사람들이었다.

어머니의 사랑과 눈물의 기도를 먹고 자란 자식은 절대로 망하지 않는다. 모성애는 특별히 어머니에게 내려주신 하나님의 선물이다. 언제나 변함없이 뜨거운 가슴으로 사랑하고 품어주고 세워주는 것이 모성애이다. 하나님은 모든 곳에 천사를 보내는 대신 어머니를 보내셨다. 어머니에게는 자식들이 희망이자 다음 세대를 이어갈 약속이다.

하나님을 '엘로힘'(Ellohim)이라고 한다. 즉 전능하신 하나님이란 뜻이다. 이 말은 남성명사이다. 또 하나님을 '엘샤다이'(ElShaddai)라고도 한다. 이 말은 여성명사이며. 그 뜻은 젖을 가지신 하나님, 즉 모성애적인 하나님을 뜻한다. 하나님은 부성애적인 엄한 분임과 동시에 모성애적인 따뜻하고 자애로운 분이시다. 우리가 즐겨 말하는 '사랑의 하나님' '긍휼과 자비의 하나님' 이라는 말은 모성애적인 하나님의 속성을 말하는 것이다. 솜털 같은 어머니의 모성애는 하나님의 사랑을 대신한 하나님의 전령이다.

맥아더는 성장기에 기품 있는 어머니의 사랑과 헌신적인 기도를 먹고 자란 탓에 그에게는 원만한 사회성과 함께 관대한 성품이 형성 되었다.

꿈꾸는 소년

마음을 다잡은 맥아더의 청소년기는 학교생활에서 새로운 책들을 대하면서 호기심과 탐구욕이 맞물려 많은 지식을 습득할 수 있었다. 수학, 라틴어, 희랍어, 역사 등을 배웠고 스포츠에도 남다를 재주가 있었다. 또한 학교의 건학이념에 따라 매일 아침 아름다운 석조건물인 성 바울 교회당에서 드리는 예배를 통하여 신앙을 향한 영의 문이 열리기 시작했고, 성경을 조직적으로 깊이 있게 배움으로서 그의 신앙은 한층 더 성숙해져 갔다. 당시 학교의 교장인 알렌 벌소어 목사로부터 배운 성경말씀은 스펀지가 물을 빨아들이듯이 그의 영혼 깊은 곳에 흡수되어 그의 일생의 신앙의 기초이자 뿌리가 되어 어른이 되었어도 신앙의 근간이 흔들리지 않고 기품 있는 청교도정신을 잃지 않게 했다.

맥아더는 성경 속에서 일생동안 닮고 싶은 인물을 만난다. 군인이 되고자 했던 꿈 많은 소년에게 존경심으로 다가온 사람은 바로 여호수아였다. 여호수아는 오직 전능하신 하나님 한 분만 의지하고 전투적인 인생을 산 사람이었다. 민수기 13장 1절 이하에 모세가 바란 광야 가데스에서 12명의 정탐꾼을 뽑아 먼저 이스라엘 백성들이 들어갈 가나안 땅을 정탐하러 보냈다. 그러나 40일간 가나안 땅을 정탐하고 돌아온 정탐꾼들의 시각은 각기 달랐다. 그 중 10명은 가나안 땅에 대하여 악평을 늘어놓으며 들어 갈 수 없다는 절망적인 보고를 하였으나 여호수아는 갈렙과 함께 믿음으로 하나님 편에 섰다. 하지만 백성들은 다수의 편을 따라 가나안 땅 문턱에서 손에 잡힐 듯 찾아온 기회를 놓쳐 버리고 말았다. 40년 후 모세의 뒤를

어린시절의 맥아더 장군(왼쪽)과 그의 가족들

이어 지도자가 된 여호수아는 오로지 전능하신 하나님을 의지하는 믿음 하나로 요단강을 건너 여리고 성을 무너뜨리고 드디어 가나안 땅을 정복하였다.

소년 맥아더가 여호수아를 존경했던 이유는 하나님을 향한 그의 절대적인 믿음뿐 아니라 지칠 줄 모르는 넘치는 에너지와 불가능에 도전하는 모험 정신, 그리고 사명 앞에 뜨겁게 헌신했던 거룩한 정열, 불의와 타협하지 않는 강한 개성이었다. 이러한 여호수아의 모습이 군인의 길을 꿈꾸고 있는 소년 맥아더의 가슴속에 꼭 닮고 싶은 경이적인 사람으로 다가왔다.

꿈 많은 소년 맥아더에게 큰 영향을 끼친 또 한 분은 그의 아버지였다. 병영에서 자랐던 맥아더는 아버지의 용감하고 지칠 줄 모르는 군인 정신을 이어받아 아버지와 같은 훌륭한 군인이 되어 조국의 간성이 되는 것이 자신에게 주어진 신의 소명임을 깨달았다. 그 첫 관문은 세계 최고의 엘리트 군인을 양성하는 웨스트포인트 육군사관학교에 입교하는 것이 목표였다. 반드시 사관학교에 들어가야 한다는 꿈 때문에 아버지는 물론 할아버지까지 동원되어 주지사와 상, 하의원 그리고 주교의 추천장을 받았으나 맥아더는 입학허가를 받지 못했다. 그 이유는 척추 장애 때문이었다. 집안 분위기는 우울했다. 그러나 핑키 여사는 좌절하지 않고 유명한 척추전문의 프란츠 피스터 박사를 만나 치료에 매달렸다.

더글러스 자신도 재활치료에 매진하여 1년 만에 장애를 극복하고 그의 소원대로 19세의 나이로 사관학교에 수석으로 입학하게 되었다. 이렇게 한 시대의 큰 자취를 남기게 될 위대한 한 군인의 탄생은 작은 꿈에서부터 시작되었다.

하나님이 이 세상에 사람을 보내실 때 특별히 그만이 가진 달란트를 주신다.

그 내재된 달란트를 묻어두면 녹이 슬어버리지만 갈고 닦으면 나만이 가질 수 있는 특별한 카리스마로 재탄생된다. 사람은 먼저 내 적성과 달란트가 무엇인지 발견하는 것이 중요하다. 그리고 그 적성에 맞는 일을 찾아가야 일에 대한 즐거움이 있고 인생의 보람을 찾게 된다. 내 적성에 맞는 일, 내가 제일 잘할 수 있는 일, 내가 즐겁게 할 수 있는 일이 있다면 그것은 곧 하나님이 주신 소명으로 봐야 한다. 아무리 뛰어난 천재라도 열정적인 사람을 당하지 못하고 아무리 열정적인 사람이라도 즐거움으로 하는 사람을 따라가지 못한다.

공부도 즐기는 학생을 따라잡을 수 없고, 일도 즐기는 사람을 따라 잡을 수 없고, 사업도 마찬가지이다. 내가 즐겁게 할 수 있는 일이 있다면, 그것이 곧 나의 달란트요 나에게 주어진 신성한 사명인 것이다. 옆도 뒤도 돌아보지 않고 외길 인생을 달려갈 길이 있는 사람은 행복한 사람이다. 맥아더는 그의 소원대로 평생 옆도 뒤도 돌아보지 않고 앞만 보고 달려갈 군인의 길에 들어섰다.

늠늠한 사관생도

학교생활은 엄격한 병영생활이었다. 사관생도들에게는 엄격한 규율과 절도가 요구되었다.

기상 나팔소리와 함께 일어나 연병장에 집합하여 집단체조를 하고 군인으로서 요구되는 신체를 단련하기 위하여 구보를 했다. 그리고 아침식사 후 맑은 정신으로 군인으로서 가져야 할 소양과 전문지식을 습득하는데 젊음을 바쳤다. 병영체험에서는 실전과 같은 고된 훈련을 통하여 단체정신과 전우애를 배웠다. 맥아더 생도는 장군인 아버지의 후광도 있었으나 그 자신이 훌륭한 기질과 뛰어난 재능을 보였으므로 제1생도대장이란 명예를 얻었다. 맥아더는 선천적으로 강건한 체력과 군인 기질로 모든 것에 만족했고 잘 적응했다. 때로는 격렬한 스포츠 경기도 있었고 때로는 아름다운 여대생들과 댄스 하는 가슴 설레는 무도회도 있었다. 외출 때가 되면 부

사관학교의 풋볼팀 시절의 맥아더(앞 첫줄 96번 상의를 입고 있다)

모님을 만나는 것이 큰 즐거움이었다. 어머니의 따뜻한 사랑과 맛있는 요리 솜씨는 맥아더로 하여금 가정의 소중함을 한층 일깨워 주기에 충분했다.

어머니는 늘 곁에 있으면서 공부에 전념하도록 독려했고 아들이 연애사건 같은 것에 빠지지 않도록 엄격하게 감시하며 신앙적인 지도를 아끼지 않았다. 맥아더의 잠재된 능력, 숨겨진 달란트는 웨스트포인트에서 갈고 닦으므로 더욱 빛이 났다. 맥아더의 성적은 줄곧 수석이었다. 한번은 어느 물리학자의 과학 이론을 배우는데 그 내용이 복잡해서 도무지 이해가 되지 않았다. 그래서 교과서의 글자를 그대로 암기했다. 수업시간에 교관 페이버그 대령이 맥아더를 지명하여 그 과학 원리의 내용을 설명하라고 하자 암기한 교과서를 그대로 외웠다.

놀란 페이버그 대령이 맥아더의 얼굴을 바라보며 "맥아더군 자네는 이 원리를 알고 있는가?" 하고 물었다. 맥아더는 가슴이 뜨끔했지만 "아닙니다 저는 모름니다." 하고 대답하자 교실 안은 찬물을 끼얹은 듯 조용해졌다. 그런데 교관은 야단을 치는 대신 "맥아더군 사실은 나도 모르네! 강의 끝" 하고 말했다.

맥아더는 1903년 6월 13일 젊음과 청춘을 불태웠던 웨스트포인트 육군사관학교를 전체 수석으로 졸업했다. 그는 4년간 평균 성적이 98.14점으로 사관학교 창설 이래 최고의 성적이었다. 그로부터 25년 간 맥아더의 성적은 깨어지지 않았다.

하나님은 자손 대대로 하나님을 섬기는 민족을 세계 모든 민족위에 뛰어나게 하시고(신 28:1) 조상대대로 하나님을 섬겨온 가문에 답례의 선물로 축복의 문을 열어주시는 중 특별히 세계를 빛낼 큰 인물이 나게 하신다.

> "나는 목마른 자에게 물을 주며 마른 땅에 시내가 흐르게 하며 나의 영을 네 자손에게, 나의 복을 네 후손에게 부어 주리니 그들이 풀 가운데서 솟아나기를 시냇가의 버들 같이 할 것이라"(이사야 44:3~4)

세계 역사상 위대한 자취를 남긴 사람들 중에 특히 기독교 가문에서 배출된 인물들이 많았다. 하나님의 축복으로 기독교 가문에 아름답고도 뛰어난 인재들이 시냇가의 버들 같이 솟아났다. 이는 세계 석학들만이 받을 수 있는 노벨상 수상자 가운데 78%가 기독교인인 것만 봐도 알 수 있다. 맥아더의 비범한 능력과 뛰어난 재능도 조상대대로 하나님을 경외하는 가문에 내리시는 하나님의 선물이었다.

2

전선으로

2

초임 장교가 되어

맥아더는 사관학교 졸업과 동시에 공병소위가 되어 필리핀으로 근무 명령을 받았다.

맥아더 소위가 임지로 향하면서 난생 처음 태평양을 항해하면서 놀란 것은 엄청난 크기였다. 가도 가도 끝없는 장중한 바다와 빼어난 비경에 탄성을 지르며 다시 한 번 조물주의 위대하신 솜씨에 외경심을 가졌다.

> "땅과 거기에 충만한 것과 세계와 그 가운데에 사는 자들은 다 여호와의 것이로다 여호와께서 그 터를 바다위에 세우심이여 강들 위에 건설하셨도다"(시 24:1~2)

항해도중 연료보급을 위하여 일본 나가사키 항구에 잠시 들렀을 때 베일에 가려져 있던 극동의 나라 일본을 볼 수 있는 기회를 얻었고, 처음 보는 동양의 신비에 호기심이 자극되었다.

맥아더 소위는 간간히 나타나는 태평양의 비경을 취한 듯이 바라보며 훗날 이곳이 자신에게 주어질 꿈의 무대임을 알지 못한 채 초임지인 필리핀으로 향했다. 필리핀 근무 1년의 임기 중 공병으로 주어진 임무는 측량, 항만개량, 코레히돌 해안의 요새 구축, 도로건설, 방파제 건설, 도크작업 같은 일이었다. 한번은 작업에 쓸 목재를 구하러 밀림 속으로 들어가 벌목을 하는 데 정글 속 오솔길에서 두 명의 산적을 만났다. 산적들은 눈 깜짝할 동안에 양면에서 습격해 왔고 위기일발의 순간에 맥아더는 권총을 발사했다. 두 산적은 쓰러졌다. 참으로 아찔한 순간이었다. 하지만 그 중 하나가 쓰러지면서 소총을 발사하여 탄환이 맥아더의 철모 꼭대기를 관통하여 철모가 땅에 떨어졌다. 간발의 차이로 그는 생명을 건졌다.

> "내 구원의 능력이신 주 여호와여 전쟁의 날에 주께서 내 머리를 가려 주셨나이다"(시 140:7)

맥아더는 일생 전쟁터에서 죽을 고비를 수도 없이 넘기는데 그 첫 번째로 죽음이 비켜가는 행운을 맞았다.

필리핀 근무를 마친 후 중위로 진급한 맥아더는 아버지 아서 장군의 부관이 되어 러일전쟁 참관을 명받고 임지인 극동으로 떠났다. 만주와 한반도의 지배권을 놓고 일본과 러시아가 경쟁을 벌이다가 1904년 2월 8일 일본의 연합함대가 러시아 조차항구인 중국의 요동반도 따렌항에 주둔한 러시아 극동함대를 기습공격 함으로 러일전쟁이 벌어졌다. 이어서 일본군 25만과 러시아군 35만이 만주벌판에서 맞붙었다. 맥아더는 러일전쟁을 참관하면서 지휘관의 명령에 따라 일사불란하게 움직이는 일본군들의 절도 있는 군기와 단결력, 그리고 후퇴를 모르는 채 포탄이 비 오듯 쏟아지는 적진을 뚫고 들어가는 사무라이 정신을 보게 되었다. 맥아더 중위는 일본군들의 무사정신을 존중하면서도 하나님을 두려워 할 줄 모르는 군대가 힘을 가졌을 때 앞으로 인류역사에 어떤 해악을 끼칠지 우려와 함께 섬짓함을 느꼈다.

러시아의 발틱 함대가 러일전쟁에 참전하고자 발트 해에서 지구의 반 바퀴가 넘는 2만8천km를 돌아 대한해협에 도착했으나 1905년 5월 27일 정(丁)자 진을 치고 대한 해협에서 기다리고 있던 일본연합함대 사령관 도고 제독에 의해 궤멸됨으로 만회할 기회를 놓치게 된다.

정(丁)자 진은 1592년 음력 7월 8일 임진왜란 때 한산해전에서 일본의 와키자카 함대 73척 중 59척을 궤멸시켰던 조선의 명장 이순신 장군이 펼쳤던 학익진을 말한다. 정(丁)자 진에 한번 걸려들면 빠져나가지 못한다.

도고 제독은 이순신 장군의 학익진을 깊이 연구하여 러시아의 발틱 함대를 궤멸시킬 때 응용했던 것이다.

러시아는 극동의 끝자락인 만주까지 전쟁 물자를 제때 보급 하지 못함으로 결국 일본에 패했고 이어서 해전에서도 패하므로 만주와 한반도는 일본의 관할 하에 들어가게 된 것이다.

맥아더 중위가 만주벌판에서 참관했던 살기를 띤 일본군들은 훗날 서남태평양에서 자신과 맞수가 되어 처절한 전투를 벌이게 될 줄을 그때는 꿈에도 생각지 못했다.

지옥에서 천당으로

멕시코의 푸에스토 장군이 정권을 장악하고 멕시코에 거주하는 미국인들을 강제적으로 체포하거나 학대하였으므로 미국과 멕시코 간 사이가 나빠졌다. 미국은 대응조치를 취하지 않을 수 없었다. 윌슨 대통령은 1914년 4월 21일 베라쿠르스 항구를 봉쇄하고자 존 퍼싱 장군을 여단장으로 미 해군과 해병대를 멕시코로 파병하였다.

이때 미 육군성은 맥아더 대위를 정찰대로 파견하여 현지의 지형과 일체의 현지 사정을 육군성에 보고 하도록 하였다. 맥아더 대위는 정찰활동을 위하여 멕시코 내륙으로 떠났다. 그는 군복차림의 몸에 지닌 것이라고는 작은 성경책과 권총이 전부였다. 맥아더가 전쟁터에서 성경책을 지니고 다닌 것은 하나의 악세사리가 아니라 성경을 탐독하고, 말씀 안에서 하나님을 만나고, 많은 영감을 얻기 위함이었다. 맥아더 대위는 홀로 적지에 뛰어든 만큼 두려움과 긴장도 있었으나 주님이 나와 함께 동행 하신다는 믿음 앞에 두려움이 사라졌다. 그는 주위를 경계하며 평소에 즐겨 애송하던 시편 23편을 묵상하면서 적지에 깊숙이 들어갔다.

"여호와는 나의 목자시니 내게 부족함이 없으리로다 그가 나를 푸른 풀밭에 누이시며 쉴 만한 물 가로 인도하시는 도다 내 영혼을 소생시키시고 자기 이름을 위하여 의의 길로 인도하시는 도다 내가 사망의 음침한 골짜기로 다닐지라도 해를 두려워하지 않을 것은 주께서 나와 함께 하심이라 주의 지팡이와 막대기가 나를 안위하시나이다"(시 23:1~4)

이 시편은 맥아더 대위가 평소에 사랑하여 즐겨 애송하던 시였으나 오늘 따라 이렇게 절실하게 가슴에 와 닿을 때가 없었다. 특히 "내가 사망의 음침한 골짜기로 다닐지라도 해를 두려워하지 않을 것은 주께서 나와 함께 하심이라 주의 지팡이와 막대기가 나를 안위하시나이다" 이 대목에 초점이 고정되면서 입 안에서 떠나지 않았다.

길 안내자를 구해서 내륙 깊숙이 들어가 한 마을을 정찰하고 있는데 갑자기 괴한이 나타났다. 그들은 맥시코 군인이 아니라 강탈을 업으로 삼는 노상강도들이었다.

그들은 총을 쏘며 쫓아왔다. 맥아더는 도망가면서 산적 중 셋은 떼어 놓았는데, 둘은 끈질기게 따라왔다. 할 수 없어 권총의 방아쇠를 당겼다. 둘은 그 자리에서 쓰러졌다. 참으로 아찔한 순간이었다. 조금 후에는 안개 속에서 말을 탄 열여섯 명의 마적 떼와 맞닥뜨렸다. 맥아더가 포위된 상태에서 전투가 벌어졌다. 맥아더는 달려오던 말의 뒷발에 차여 쓰러졌고, 강도들은 쓰러진 맥아더에게 총을 난사했다. 옷에 세 발의 탄환 구멍이 뚫렸지만 다행이 다치지 않았다. 경황이 없는 중에도 침착하게 냉정을 잃지 않고 산적 4명을 권총을 쏘아 쓰러뜨렸다. 그랬더니 나머지는 겁에 질려 도망쳐 버렸다. 동행한 안내자는 어깨에 총탄을 맞았지만 목숨에는 지장이 없었다. 상처를 응급 처치한 다음 트럭을 구하여 타고 북쪽으로 나가는데 이번에는 또 세 명의 마적이 나타나서 사격을 가해왔으나 탄환이 용케도 빗나갔다. 트럭이 속도를 내자 산적 둘은 떨어졌으나 그 중 한 사람은 집요하게 쫓아와서 트럭을 앞지르며 총을 쏘았다. 한 발은 맥아더의 셔츠를 꿰뚫었고, 두 발은 15cm 정도 스치고 지나갔다. 맥아더는 권총으로 말을 쏘아 쓰러뜨림으로 위기를 모면할 수 있었다. 마침 강이 나타나서 나룻배를 타고 강을 건너 왔다.

이번 정찰은 참으로 대단한 모험이었다.

군인의 사명은 명령에 살고 명령에 죽는다지만, 산적들이 우글거리는 험지에 홀로 뛰어들었다는 것은 지뢰밭에 뛰어든 것만큼이나 아찔하고 위험한 일이었다. 그러나 험지에서 살아서 돌아온 것은 젊은 패기만 앞세우지 않고 하나님을 신뢰하고 의지하는 자에게 내리시는 하나님의 손길이 함께 하셨기 때문이다.

맥아더 대위는 죽음의 덫을 피하여 살아서 돌아온 것이 너무나 감사했다. 부대로 돌아와 못 볼 줄 알았던 전우들을 다시 만나 그간 있었던 스릴 넘치는 무용담을 들려주게 된 것도 감사한 일이었다. 부대로 돌아온 맥아더는 포위망에서 생명을 지켜주신 하나님께 진심으로 감사 드렸다. 맥아더 대위는 이번 정찰 활동의 공로를 인정받아 소령으로 진급했다.

"천만인이 나를 에워싸 진 친다 하여도 나는 두려워하지 아니하리이다 여호와여 일어나소서 나의 하나님이여 나를 구원하소서 주께서 나의 모든 원수의 뺨을 치시며 악인의 이를 꺾으셨나이다"(시편 3:6~7)

나를 따르라

1차 세계대전이 일어났다.

1914년 7월 28일 오스트리아가 세르비아에 선전포고를 함으로 1차 세계대전이 발발했다.

이 전쟁은 영국, 프랑스, 러시아 등의 연합국과 독일, 오스트리아, 불가리아, 오스만 제국 등의 동맹국간에 벌어진 전쟁이었다. 윌슨 대통령은 전쟁에 개입하지 않으려고 노력했지만, 독일이 세계평화를 위협하고 더 나아가 잠수함으로 미국의 상선을 무차별 공격해 옴으로 미국에 많은 손실을 끼쳤다. 미국의 인내도 한계에 달하자 1917년 4월 미 의회는 독일에 선전포고를 했다. 그리하여 프랑스 전선으로 파견할 병사들이 전국에서 차출되었다. 보병, 포병, 공병, 기총사수, 박격포대원, 통신병, 탄약병, 헌병, 수송병 등 전국에서 우수한 자질을 가진 2만 7천명의 병사들을 무지개 사단이란 이름 아래 캠프 밀즈에 집합시켜 밤낮을 가리지 않고 맹훈련을 시켰다. 그 결과 무지개 사단은 용맹성에 있어서 단연 세계 최강의 정예부대로 변신해 있었다.

맥아더 소령은 특진으로 2계급을 뛰어올라 대령으로 진급했다.

대령이 된 맥아더는 무지개 사단의 참모장이 되어 이 전쟁에 참전하게 된다. 1917년 10월 18일 수송선 코빙턴호를 타고 독일 잠수함들이 우글거리는 대서양을 건너 전선으로 향했다.

항해 도중에 독일 잠수함의 어뢰공격을 받았으나 간발의 차이로 피하여 목적지인 프랑스에 무사히 도착했다. (코빙턴호는 돌아올 때 독일 잠수함의 공격을 받고 대서양에서 침몰하게 된다)

무지개 사단은 포성이 들려오는 전선으로 이동하여 독일군의 진지를 공격했다. 독일군의 포대에서 발사되는 대포가 불을 뿜었고, 이어서 기관총소리와 수류탄 터지는 소리가 고막을 찢었다. 먹느냐 먹히느냐, 필사의 싸움이었다. 때로는 한 마을을 두고 열 한번이나 뺏고 빼앗기는 접전이 벌어졌다. 맥아더 대령의 보직은 무지개 사단의 참모장이었다. 그의 임무는 사단 야전막사에서 상황판을 앞에 놓고 전황이 들어오는 대로 모든 상황을 종합하여 작전을 수립하는 일이었으나 그는 막사에만 있지 않고 지휘봉을 들고 최전선에 나가 보병연대를 지휘하였다.

맥아더 대령은 부하들이 흉탄에 맞아 비명을 지르며 쓰러져 가는 모습을 보면서 하나님의 도움의 손길이 절실했다. 그는 선두에서 전투를 지휘하면서도 한편으로는 하나님께 가슴에 녹아드는 애절한 기도를 드리지 않을 수 없었다. 숨 돌릴 여유조차 없는 절박한 순간에 맥아더 대령은 "누구든지 주의 이름을 부르는 자는 구원을 받으리라"(롬 10:13)는 말씀을 붙잡고 간절한 마음으로 "주님! 우리 병사들을 지켜주옵소서!, 주님! 유탄으로부터 저희들을 보호하소서!, 하고 주의 이름을 부르며 적진을 향하여 용감하게 전진했다.

결국 고지는 점령되어 아군의 손에 들어왔으나 많은 상처를 입었다. 전쟁의 참상은 참혹했다. 적군과 아군 사이 포연이 자욱한 무풍지대를 보니 피투성이가 된 부상병들의 신음 소리, 살려달라고 아우성치는 고함소리, 그 사이로 사지가 떨어진 병사들의 시체가 나뒹구는 모습은 지옥을 보는 듯 했다. 맥아더 대령은 전쟁의 참혹한 광경을 보면서 인류가 해서는 안 될 것이 전쟁이라고 생각했다. 아이러니 하게도 평화를 지키기 위해서는 피할 수 없는 것이 또한 전쟁이다. 맥아더는 청소년 시절 단테의 신곡을 읽었다. 특히 지옥 편에 "너의 모든 희망을 버려라" 고 새겨진 지옥문에 들어서면 희망이라고는 찾아볼 수 없는 곳, 한숨과 울음과 고통의 비명 소리만이 가득한 곳이 지옥이다. 나사 모양으로 된 계단을 따라 내려가면 내려갈수록 강도가 더해지는 지옥의 참혹한 광경과 앙칼진 비명소리는 불빛 한 점 없는 캄캄한 밤하늘에 울러 퍼지는 공포 그 자체였다. 뜨거운 불구덩이 속에서 한 방울의 물을 애타게 구했으나 주는 자가 없었고 죽고 싶으나 죽을 수도 없는 곳이 지옥이었다.

맥아더는 진즉부터 지옥이 무섭다는 것을 알고는 있었지만 거기도 사람 사는 세상인데 설마 그렇게까지 참혹하리라고는 믿어지지 않았으나 그 지옥의 비참한 광경을 지금 눈앞에서 바라보고 있는 것이다. 무지개사단은 총탄이 비 오듯 쏟아지는 우르크의 전투에서 1만 명의 독일군을 포로로 잡는 전과를 올렸으나, 아군도 병사의 절반을 잃는 큰 손실을 입었다,

맥아더 대령 자신도 부상을 입었으나 하나님이 그의 간절한 기도를 들으시고 생명싸개로 지켜주셨다. 맥아더 대령은 이 전투에서

1차 세계대전 때 프랑스에서 찍은 사진. 37살 때의 맥아더 대령의 모습이다.

발군의 실력을 발휘한 공을 인정받아 그의 나이 38세 최연소 나이로 군인의 꽃인 별을 달게 되었다. 맥아더는 준장 진급과 함께 84여단장의 보직을 받았다.

훗날 어느 목사님이 맥아더 장군에게 가장 위험에 처했을 때 애송하는 성경 구절을 알려달라는 편지를 받고 "성경이라는 가장 위대한 책속에서 가장 감동적인 한 구절만 골라낸다는 것은 나로서는 쉬운 일이 아닙니다. 하지만 그중에서 중병에 걸려 쓰러졌을 때 "예수께서 이르시되 나는 부활이요 생명이니 나를 믿는 자는 죽어도 살겠고 무릇 살아서 나를 믿는 자는 영원히 죽지 아니하리라"(요한복음 11:25~26) 는 말씀을 붙잡고 용기를 얻었습니다."라고 회답하였다.

맥아더는 부활의 주님을 믿었다. 그는 예수 그리스도를 믿으면 부활의 생명으로 죽어도 다시 산다는 불멸의 진리를 믿었기에 죽음도 두려워하지 않았던 것이다. 그래서 그는 전투가 벌어지면 언제나 선봉에 섰다. 그는 죽음을 초월한지 벌써 오래전이다. 병사들을 향하여 "전진 앞으로!" 하지 않고, 지휘봉을 들고 맨 앞에 서서 "나를 따르라!" 고 하며 자신이 앞장 섰으므로 맥아더가 지휘한 부대는 후퇴를 몰랐고, 언제나 승리를 얻을 수 있었다.

1918년 11월 하순에 독일과 휴전 조약이 성립됨으로 명예롭게 임무를 마치고 본국으로 귀환했다. 맥아더 준장은 이번 전쟁의 승리로 미국의 수훈공로 훈장을 받고 프랑스로부터는 레종도뇌르 훈장, 그 밖에 수많은 외국의 훈장을 받았다.

참모총장 진급과 유럽 방문

84여단장인 맥아더 준장은 1919년 자신이 젊음과 청춘을 불태웠던 웨스트포인트 육군사관학교 교장이 되어 1922년까지 재임하면서 사관학교 발전에 크게 이바지 한 공로로 사관학교의 아버지란 별명을 듣게 된다.

이후 소장으로 진급한 맥아더 장군은 자신이 이름 지었던 무지개 사단장을 역임한 후 중장으로 진급하여 9군단장이 되었고, 1930년 11월 30일 대장으로 진급함과 동시 대망의 미 육군참모총장에 오르게 된다.

더글러스 맥아더 대장이 그의 나이 50세에 참모총장이 되었을 때 누구보다 기뻐한 것은 그의 어머니 핑키 여사였다. 핑키 여사는 맥아더의 어깨에 달린 4성장군의 계급장을 만지면서 "더글러스야, 아버지가 살아 계셨더라면 얼마나 좋아하셨겠느냐, 이제야 너의 아버지가 바라던 모든 것을 이룬 것이다." 하고 감격해 했다.

맥아더 장군은 참모총장 재임기간 중 유럽을 2차례 방문하였다. 유럽을 방문하면서 정치지도자들과 군사지도자들을 만났고 군대도 시찰했으며 유럽의 돌아가는 정세도 살폈다.

특히 인상 깊었던 것은 독일과 소련이 각기 마각을 숨긴 체 야심찬 군비증강을 하고 있는 점이었다. 맥아더는 예리한 군인의 감각으로 심상치 않은 유럽의 공기를 피부로 느끼며 머지않아 유럽에 또 다시 큰 전쟁이 터질 것을 예감했다. 소련은 세계 적화라는 궁극의 목표를 위하여 군비증강에 열을 올리고 있었고, 독일은 1933년 선거에서 나치스당이 약진하여 아돌프 히틀러가 총리가 되자 1차대전의 패배와 베르사이유조약의 모멸을 설욕하고자 야심을 드러내기 시작했다.

히틀러는 1차대전의 패전으로 패배주의에 빠져있던 독일 국민들에게 민족주의에 호소하며 "게르만족이야 말로 세계 모든 민족 위에 뛰어난 민족이며, 세계 모든 인종의 주인이 되어 세계를 지배할 시점이 다가오고 있다!" 고 선동하며 독일 국민들을 광기로 몰아넣고 있었다.

독일 국민들은 히틀러의 요란한 손놀림과 장내를 압도하며 기염을 토해내는 웅변술에 감전된듯 정신을 놓고 있었다.

히틀러의 연설 말미에는 언제나 노랫말의 후렴처럼 “우리 앞에 게르만이 움직이고!, 우리 안에도 게르만이 움직이고!, 우리 뒤에도 게르만이 뒤따른다!!” 하고 열변을 토해내면 독일 국민들은 와!! 하고 구세주를 만난 듯 열광했다.

1934년 히틀러가 총통이 되자 견제 세력을 제거한 후 무소불위의 권력을 휘두르며 나라를 병영국가로 만들고 재무장하기 시작했다.

독일은 앞으로의 전쟁은 보병전에서 기동전이 될 것을 예상하고 탱크 군단과 군대를 신속히 이동할 수송단을 창설하고, 군사도로인 아우토반을 건설하는데 열을 올렸다. 공군은 공군원수 괴링의 주도하에 앞으로의 전쟁의 승패는 공군력에 의해 좌우될 것임을 내다보고 공군력 증강에 힘을 쏟고 있었다.

이렇게 유럽은 또다시 무서운 전쟁의 회오리바람을 예고하고 있었다.

유럽의 다른 약소국들은 강대국 독일과 소련 사이에 끼어 피할 수 없는 파국을 어떻게 타개해야 할지 걱정이 태산 같았다.

맥아더 장군은 유럽 시찰의 결과를 육군 장관에게 보고하면서 머지않은 장래에 다시 전쟁이 일어날 것이며, 앞으로의 전쟁은 기계화 부대와 공군력이 주축이 된 빠른 기동전이 될 것이라고 보고하며, 거기에 대한 충분한 대비책을 세우지 않으면 안 된다는 말도 곁들었다. 그리고 맥아더 장군 자신도 미 육군의 총수로서 자신의 역량을 최대한 발휘하여 앞으로의 전쟁양상에 대비하였다. 당시로서는 육군에 예속되어 있던 항공부대를 따로 떼내어 앞으로의 전쟁의 총아가 될 공군 사령부를 창설하고, 또한 육군의 꽃인 전차전의 시대가 올 것을 예견하여 포트녹스에 기갑 훈련학교를 창설하여 후일을 대비하였다.

미국 정부는 앞으로 미국은 전쟁에 개입하지 않을 것이라고 약속하고 있을 무렵 맥아더는 전쟁을 예견하고 하나하나 준비를 진행시켰다.

할 일이 없어 기력을 잃고 있던 미국 군대는 맥아더 장군이 참모총장이 됨으로 새로운 바람을 타고 활기가 넘쳐나기 시작했다.

꿈의 무대인 태평양으로

참모총장 임기가 끝나갈 무렵 필리핀의 지도자 마누엘 케손이 워싱턴을 방문했다. 방문기간 중 마누엘 케손은 필리핀 방어문제를 상의 하기위하여 맥아더 장군을 찾았다. 당시 유럽에서 독일이 유럽의 지배를 목적으로 전쟁준비에 광분하고 있었다면 태평양에는 일본이 날카로운 발톱을 감춘 채 군비증강에 열을 올리고 있었다.

당시 일본군은 단결력과 일왕에 대한 충성심으로 일왕을 위해서라면 목숨도 초개 같이 버리는 광신도들 같이 섬뜩한 살기를 띠고 있었다. 일본은 산업자원이 없었으므로 자원침탈과 시장 확보를 위하여 이웃나라인 한국과 중국을 침략했다. 일본의 야욕은 여기서 끝나지 않고 보다 많은 천연자원과 넓은 시장 개척을 위하여 서태평양으로 진출하려고 했다. 말레이시아의 곡물과 니켈, 인도네시아의 석유와 고무 목재, 보루네오의 천연자원, 미얀마와 태국의 쌀과 면화는 일본으로서는 그냥 지나칠 수 없는 자원이었고 이 자원을 실어 나르는 항로를 확보하기 위하여 필리핀을 손에 넣지 않고는 불가능했다. 이것을 간파하고 마누엘 케손은 과연 필리핀이 일본의 공격으로부터 자국을 방어할 수 있을지 염려하여 맥아더 장군을 찾아온 것이다. 맥아더 장군은 충분한 군대가 있다면 필리핀을 능히 지킬 수 있다고 답했다. 케손은 그런 군대를 가지려면 어떻게 해야 하느냐고 물었다. 맥아더 장군은 필리핀군을 양성하기 위하여 먼저 전국의 요소요소에 훈련소를 만들어 전 국민에 민병대를 조직하고 그 군대를 정예화 할 것과 그리고 군수 물자와 자금을 만들기 위한 충분한 시간, 적어도 10년은 준비해야 된다고 했다. 그리고 가장 중요한 것은 미국으로부터 많은 원조가 절대로 필요하다는 말도 빼놓지 않았다. 케손 대통령은 맥아더 장군의 참모총장 임기가 끝나감에 따라 이 자리에서 필리핀군 원수 겸 군사고문관으로 영입하려고 했다. 케손으로서는 맥아더 같은 군사전문가요 미 육군에서도 무시 못할 중량급 인사를 영입함으로서 미국으로부터 군사원조를 받는데 용이하리라 생각했다. 맥아더 장군은 그 자리에서 육군참모총장 임기를 마침과 동시에 과거 아버지 아서 2세가 총독으로 있던 필리핀군 원수 겸 군사고문관직을 수락하겠다고 약속했다.

참모총장임기를 마친 맥아더 장군은 약간의 수행원과 함께 어머니를 모시고 샌프란시스코를 떠나 필리핀으로 향했다. 필리핀에 도착한 후 오래되지 않아 어머니는 세상을 떠났다. 머나먼 이국땅에서 사랑하는 어머니를 잃었다. 어머니는 맥아더의 어린시절 아버지의 외로운 병영에서 같이 놀아주는 친구이자 다정한 선생이었다. 어머니 핑키 여사는 맥아더에게 사람답게 사는 법을 가르쳐 주었고 또한 하나님을 사랑하는 믿음의 세계로 이끌어 주신 분이었다. 그 어머니는 맥아더가 성년이 되었어도 언제나 따뜻한 눈길로 변함없는 기대감과 애정으로 대했다.

좋은 일이 있을 때는 같이 기뻐했고, 전선에 있을 때에는 아들의 안전을 위하여 밤을 세우며 기도해 주시던 어머니, 평생 따뜻한 기억을 남겨주신 어머니, 곁에 있는 것만으로도 힘이 되어 주셨던 소중한 분을 떠나보내면서 가슴이 텅 빈 것 같았다. 후에 어머니의 유해는 본국으로 송환되어 알링턴 국립묘지에 잠들어 있는 아버지 곁에 고이 모셔졌다.

군사고문관의 소임을 맡은 맥아더 장군은 필리핀 방어를 위한 준비에 착수했다. 필리핀 청년들을 선발하여 군사훈련에 돌입했다. 2만 명의 민병대를 선발하여 6개월 과정의 훈련을 시키고 또 다시 2만 명의 민병대를 되풀이해서 훈련하여 10년 후에는 40만 명의 정예육군을 양성한다는 계획으로 추진해 나갔다. 그리고 장차 군대의 중추적인 역할을 담당할 사관학교도 설립했다. 맥아더는 필리핀 민병대들의 군사훈련뿐 아니라 정신교육에도 힘을 기울였다.

맥아더 장군은 필리핀군의 정신전력을 위하여 조직에 생명을 불어 넣는 훈시를 했다.

제군들!

군대는 무엇보다도 정신력의 무장이 없이는 이미 군대라고 할 수 없다!

군대는 조국의 방패요 국가의 최후의 보루이다. 그러므로 군대가 건재해야 조국이 건재하다는 것은 자명한 이치이다.

나라를 지키는 군대가 훈련과 장비가 아무리 잘 갖추어졌다 할지라도 국가를 위한 고난의 길을 싫어한다면 싸우기도 전에 패배는 이미 정해진 것이다.

이 세상에 명예로운 패배란 존재하지 않는다! 패배는 곧 죽음이다!

모름지기 군인은 나와 조국은 언제나 같은 운명체이며, 조국이 있고서야 내가 있다는 것을 명심하고 조국과 겨레를 위해서라면 어떤 고난과 시련도 마다하지 않는 희생정신이 있어야 조국을 살리고 또한 내가 사는 길임을 명심하기 바란다!.

필리핀군 장병들은 맥아더 장군의 연설에 고무되어 나날이 발전해 갔다. 맥아더 장군도 최선을 다하여 필리핀 방어를 위한 계획을 차근차근 진행하고 있을 때 다시 국가의 부름을 받게 된다.

다시 조국의 부름을 받아

유럽에서는 1939년 9월 1일 독일의 폴란드 침공과 이에 대한 영국과 프랑스의 대독 선전 포고로 2차세계대전이 발발했다. 전쟁은 미국, 영국, 프랑스, 소련을 주축으로 한 연합군과 독일, 이태리, 일본을 주축으로 한 추축국간의 전쟁이었다.

전쟁은 날이 갈수록 확전 되어갔고 양진영에 가세하는 세력도 커져만 갔다.

머지않아 유럽에서의 전쟁이 아시아 태평양으로 확전될 조짐이 보이기 시작했다.

그리하여 1941년 7월 27일 부로 맥아더 장군을 미 극동군 사령관에 임명한다는 전문이 왔다. 미국으로서도 가까운 장래에 태평양에서 대규모 전쟁이 일어날 것을 예감하고 그 대비책으로 맥아더 장군을 미 극동군 사령관에 임명한 것이다.

맥아더 장군에게는 시간이 절박했다. 필리핀을 방어하기 위해서는 10년 이라는 준비 기간이 필요했다. 그러나 시간은 반밖에 주어지지 않았다. 그러므로 시간과의 싸움에서 절대 불리할 뿐 아니라 미국으로부터 군사 원조도 기대치에 미치지 못했다.

한편 일본으로서도 필리핀 방어 계획에 불안을 느끼고, 늦기 전에 필리핀을 공략해서 수중에 넣어야 할 절박함을 느꼈다. 만약 필리핀이 미국의 보호아래 번영하는 민주주의 국가로 아시아에 있어서 미국의 정치적 성공의 장이 된다면 일본이 내 세운 대동아 공영권이라는 명분을 잃게 된다. 따라서 필리핀이 제자리를 잡기 전에 손을 쓰지 않으면 필리핀은 일본의 야욕에 걸림돌이 된다.

일본의 야심은 먼저 미 태평양함대 사령부가 있는 진주만을 공격하여 미국이 중부태평양으로 나오지 못하게 쇄기를 박고, 다음으로 필리핀을 점령하여 서태평양의 안전한 항로를 확보한 다음 영국군을 인도양으로 밀어내고 광활한 태평양의 맹주가 되고자 했다. 한편 맥아더 장군은 필리핀 상황이 급박하게 돌아감을 감지하고 충분한 원조는 이루어지지 않았지만 필리핀 방어를 위하여 최선의 작전을 수립함과 동시에 병력을 점검하였다. 하지만 루즈벨트 대통령과 처칠 영국 수상과의 회담에서 먼저 독일을 격파하기 위하여 유럽을 우선 지원하기로 합의함에 따라 아시아는 후 순위로 밀려나고 말았다. 시간은 급박한데 미국으로부터 군사원조는 소식이 없었다.

3

태평양전쟁

3

유럽에서의 전쟁이 태평양으로 확전될 조짐을 보이던 것이 현실로 나타났다.

1941년 12월 7일 일요일 이른 아침, 드디어 올 것이 오고야 말았다. 일본이 선전 포고도 없이 진주만을 기습 공격하였다. 청일전쟁과 러일전쟁 때처럼 선전 포고도 없는 기습이었다. 하와이에 있는 진주만은 태평양상의 미 본토의 방어기지이자 또한 태평양으로 뻗어가는 전진기지이기도 했다. 일본은 미국의 태평양 전진기지를 선제 타격함으로 태평양에서 주도권을 잡을 수 있으리라고 계산했다. 일본군의 기습공격으로 인하여 진주만은 엄청난 파괴를 당했다. 그러나 천만 다행으로 대양으로 나가 작전을 수행할 수 있는 7척의 항공모함은 마침 진주만을 떠나 작전 중이었으므로 단 1척도 피해를 입지 않고 화를 면할 수 있었다. 진주만 공격과 때를 같이하여 일본군은 서태평양의 항로를 확보하기 위하여 필리핀을 공격했다. 일본군은 750대가 넘는 대규모 항공기를 동원하여 맥아더 사령부와 방어진지에 엄청난 폭탄을 쏟아 부었다. 맥아더 장군은 필리핀 방어를 위하여 분투했으나 공군력도 미미했고 해군력도 너무나 빈약했다. 결국 일본의 대규모 공격 앞에 필리핀은 무기력하게 무너져 갔다. 그리고 미 본토로부터 지원이 너무 늦어 이제 손을 쓸 수 없을 정도로 모든 것이 너무 늦고 말았다. 일본 공군기의 대규모 공격이 있고 난 후, 이번에는 대규모 지상군 최정예부대를 투입하여 공격해 왔다. 일본군은 수도 마닐라를 노리고 선봉대 14군단을 루손 섬 북쪽에 있는 '링가엔' 만에 상륙시켰다. 이틀 후에는 또 다른 사단 병력이 '라몬' 만에 있는 '아티모난' 에 상륙했다.

필리핀 제도

바탄과 코레히돌 싸움

맥아더 장군은 적은 군사로 노도 같이 밀려오는 일본군들을 감당할 수 없어 수도 '마닐라' 방어를 포기하고 마닐라에서 가까운 바탄 반도와 코레히돌 섬으로 후퇴하여 증원군이 올 때까지 지연작전을 펴고자 하였다. 바탄은 루손 섬 서남부 마닐라 만의 서쪽 연안에 있는 반도로서 대부분 험한 바위와 열대 밀림으로 덮여 있었고, 코레히돌은 바탄 반도에서 6km 떨어진 작은 섬이다. 맥아더 장군은 지금으로서는 적을 맞서 싸울 입장도 못되어 바탄의 밀림과 험준한 계곡에 의지하여 싸우는 것이 유일하게 살아남는 길이라 생각했다. 그리하여 1941년 12월 24일 사령부를 마닐라에서 코레히돌 섬으로 옮기고, 탄약과 식량, 전쟁물자, 의약품 등 전투에 필요한 모든 것을 차량을 징발하여 신속히 바탄으로 옮겼다.

바탄까지 후퇴작전을 전개하는 데는 일본군의 진격을 되도록 지연 시키는 전술을 구사했다.

방어벽을 만들어 일본군이 공격해 들어오면 싸우다가 뒤에 쳐놓은 방어벽까지 철수했다.

일본군이 따라 들어오면 미리 설치해둔 다이너마이트나 폭탄을 터트려 일본군에게 막심한 피해를 입혔다. 이렇게 되풀이하여 시간을 벌면서 험지 바탄까지 퇴각했다. 이 작전의 성공으로 미국과 필리핀 연합군은 바탄 반도에 집결하여 병력의 손실 없이 일본군을 맞아 저항함으로써 필리핀을 손에 넣고 서태평양으로 뻗어 나가려던 일본군의 야심은 발목이 잡혔다.

그러나 지금 상황으로서는 미국으로부터 지원이 오지 않으면 얼마나 버텨 낼지 난감한 입장이었다. 무엇보다 식량사정이 다급했다. 그리하여 병사들에게 지급되는 식량도 반으로 줄였다. 외부로부터 식량반입이 전혀 없는 상태에서 일본군들은 3만 명의 필리핀 난민들을 바탄지역으로 몰아넣었다. 그것도 늙은 노인과 어린아이들이었다. 맥아더 장군은 난민들을 위해 막사를 세우고 그들을 위해서도 식량을 배급한 결과 병사들에게 주는 식량은 더욱 줄어들어 체력을 유지할 수 조차 없게 되었다. 지금 바탄에 갇혀 있는 미군과 필리핀 민병대와 난민들을 합하면 7만 5천명에 이른다. 아무리 아끼고 절약해도 하룻밤 자고나면 쑥쑥 줄어드는 식량창고를 볼 때 마다 간이 타 들어갔다.

생각하다 못한 맥아더 장군은 특공대를 조직하여 일본군들의 식량창고를 급습하여 식량을 빼앗으려는 구상도 해 보았으나 일본군들이 철통 같이 방비하고 있어 그것도 쉽지 않았다.

만약 일본군이 포위망을 풀지 않는다면 전쟁을 해보기도 전에 굶어 죽을 판이었다. 이대로 가면 얼마나 버텨 낼지 앞이 보이지 않는다.

맥아더 장군은 이 급박한 비보를 워싱턴에 긴급 타전했지만 속 시원한 대답이 없었다. 대신 방대한 양의 미국의 식량과 군수물자가 연일 유럽으로 또는 소련으로 보내지고 있다는 소식에 기가 막힐 노릇이었다.

바탄과 바탄을 마주보고 있는 코레히돌 해안으로 물러난 맥아더 장군은 더욱 초조함과 비탄에 젖어갔다.

일본군의 공격이 있은 1개월 후 1942년 1월 10일, 일본군 총사령관 야마시타 대장으로부터 맥아더 장군에게 항복을 권유하는 서신이 왔다.

"귀하와 귀하의 부대는 이미 우리에게 완전 포위 되었다. 외부로부터 식량도 군수 물자도 다 끊어졌다. 병사들은 식량난과 말라리아로 지치고 피곤하여 싸울 기력마저 잃었다. 이미 대세는 기울었다. 더 이상 유혈참상을 피하고 장병들과 남은 사람들의 생명을 구하기 위하여 빠른 시일 내로 일본군 진지로 연락하기 바람! 늦기 전에 모든 무기를 버리고 투항하기 바람!.

만약 거부한다면 우리 군대는 정복할 때까지 계속 공격할 것이라는 내용이었다.

일본군에서 항복을 권유하는 문서를 보낸 것은 맥아더를 능멸하는 것이었다. 맥아더 장군은 분노하며 그들의 오만함에 철퇴를 가하고 싶었으나 뾰족한 수가 없었다.

맥아더 장군이 항복한다는 것은 미 육군참모총장을 역임했고 현재 미 극동군 사령관인 자신의 명예가 걸린 문제일 뿐 아니라 세계 최강인 미국의 자존심이 걸린 문제였다. 맥아더는 생도시절 연병장에서 웨스트포인트 사관학교 교훈인 조국, 명예, 의무라는 단어를 신성하게 여기며 평생 가슴속에 엄숙히 간직하고 살겠노라고 맹세하였다. 그러므로 상황이 아무리 급박해도 자신의 명예를 지키고 국가를 지키는 신성한 의무를 다하다 명예롭게 죽는 길을 택하기로 했다.

장군은 외로운 반도에 갇혀 내일을 기약할 수 없는 절망 속에서 한 가닥 희망이 있다면 열려진 하늘을 향하여 하늘에 계신 아버지께 기도하는 길밖에 없었다.

"하늘에 계신 우리 아버지여 이름이 거룩히 여김을 받으시오며 나라에 임하옵시며 뜻이 하늘에서 이루어진 것 같이 땅에서도 이루어지이다 오늘날 우리에게 일용할 양식을 주옵시고" 특히 이 대목에서는 더욱 간절하고도 애절했다. "오늘날 우리에게 일용할 양식을 주옵시고! 오늘날 우리에게 일용할 양식을!!" ……

드디어 일본군의 재공격이 시작되었다. 일본군은 먼저 36대의 쌍발폭격기 편대를 동원하여 연합군의 예봉을 꺾은 다음 대규모 지상군으로 질풍노도 같이 밀고 들어올 참이었다. 일본군 폭격기가 공중에서 대오를 갖추어 날아오고 있었다. 폭격기 편대는 순식간에 머리 위로 날아와 굉장한 파괴력을 지닌 폭탄을 공중에서 아군의 진지에 비 같이 퍼부었다. 순식간에 병영이 쑥대밭이 되었다. 어렵게 구축해 놓은 진지가 황토바람을 일으키며 휴지조각으로 날아가 버렸다. 폭격이 끝나고, 이번에는 기총 사격이 시작되었다. 전투기들이 꼬리를 물고 무려 3시간 동안이나 반복적으로 계속 공격을 가했다.

맥아더 장군은 지휘관으로서 병사들의 사기를 생각하지 않을 수 없었다. 그리하여 코레히돌 섬의 지하벙커의 지휘소에 숨기보다 밖으로 나와 병사들과 같이 일본 항공기들이 공격하는 모습을 바라보며 적기의 동태를 살폈다. 맥아더 장군은 죽음도 두려워하지 않는 대담함을 병사들에게 보여줌으로서 자칫 공포와 피로 속에서 싸울 의욕마저 사라진 병사들에게 최고 사령관도 병사들과 함께 생사를 같이 한다는 믿음을 심어 주어 마음의 평정과 함께 용기를 잃지 않게 하였다. 또한 장군은 가족과 함께 숙사도 견고한 지하 벙커를 버리고 지상에서 병사들과 함께 하였다.

이는 병사들과 고와 락을 함께 함으로 그들에게 이질감을 주지 않고 동류의식과 신뢰감을 주고자 함이었다.

맥아더 장군은 언제 또 다시 일본군의 재공격을 받을지 모르는 불안 속에서 전적으로 하나님을 의지하는 길 외에는 탈출구가 없었다. 장군은 외로운 반도에 갇힌 채 촛불 같이 타들어가는 운명 앞에 한 가닥 위안이 있다면 달빛을 벗 삼아 사랑하는 어린 아들과 함께 무릎을 맞대고 하나님께 기도하는 것이었다.

전능하신 하나님 아버지시여!

지금 우리 병사들은 그물망과도 같은 바탄 반도와 코레히돌 섬에 갇힌 채 내일을 기약할 수 없는 생과 사의 갈림길에서 싸우고 있나이다. 우리 병사들은 굶주림과 말라리아에 시달리며 하루하루를 힘겹게 살아가고 있나이다. 오! 하나님이시여!! 이 굶주림과 절망에서 오직 주님만을 희망으로 삼고 간절히 기도하오니 저희들에게 담대한 믿음과 용기를 주셔서 꿈을 잃지 않게 하옵소서! 자비로우신 주님이시여 지금 이렇게 타 들어가는 상한 마음과 멍든 가슴을 다하여 비옵나니 애타게 구원의 손길을 기다리는 저희들의 소원을 외면하지 마시고 너무 늦기 전에 이 절망의 늪에서 하루속히 건져 주시옵소서! 또한 고락을 함께 하는 저 노약자와 어린 것들의 애 타는 마음과 신음 소리에도 귀를 기울이시사 저들도 기아와 공포로부터 참 자유와 해방을 얻게 해 주시옵소서! 때가 급하오니 저희들을 이 처절한 절망의 수렁에서 속히 건저 주시옵소서!! 주님!!

그의 기도는 피를 말리듯 애절했다. 그 기도가 현실적으로 변화를 가져오지 않았지만 하나님께 대한 기대감으로 절망을 이겨내는 힘이 되었다. 기도가 끝나면 그는 모든 시름을 다 주님께 맡기고 성경을 펼쳐놓고 하나님의 깊은 진리의 말씀을 묵상하는 것으로 위안을 삼았다.

"여호와는 나의 빛이요 나의 구원이시니 내가 누구를 두려워하리요 여호와는 내 생명의 능력이시니 내가 누구를 무서워하리요 악인들이 내 살을 먹으려고 내게로 왔으나 나의 대적들 나의 원수들인 그들은 실족하여 넘어졌도다 군대가 나를 대적하여 진 칠지라도 내 마음이 두렵지 아니하며 전쟁이 일어나 나를 치려 할 지라도 나는 여전히 태연하리로다"(시 27:1~3)

또 다시 일본군의 공격이 시작되었다. 이번에는 지상군을 동원하여 연합군의 방어 진지를 뚫으려고 줄기차게 공격을 시도했다. 일본군 제14군단장 혼마 중장의 전원 전투준비! 하는 소리에 이어 적진을 향하여 공격!! 하는 신호와 함께 일본군들은 저돌적으로 돌진해 들어왔다. 일본군은 뒤로 물러설 줄 몰랐고 지칠줄도 몰랐다.

1차 공격에서 실패하자 2차 3차 4차 5차… 연속으로 계속 공격해 오는데 질려버렸다.

그러나 연합군은 냉정을 잃지 않고 지형지물을 최대한 이용했고, 숨겨놓은 포대에서 쉴 사이도 없이 계속 포탄을 날렸고, 기관총구에서는 일(一)자 진형을 갖추고 공격해 오는 일본군들을 향하여 열십자 포화로 불을 뿜었다. 열십자 포화란 일자진을 치고 파도처럼 밀려오는 적을 향하여 총구를 우측으로 45도 각도로 틀어서 적의 허리 를 쏘고 우측의 기총사수는 총구를 반대 방향으로 45도로 틀어 적의 허리를 향하여 방아쇠를 당기면 양쪽의 탄알이 날아가면서 열십자 모양을 그려내기 때문에 붙여진 이름이다. 열십자포화는 탄알 한발로 여러 명의 적병의 허리를 관통할 수 있어 살상능력이 뛰어났다. 열십자 포화를 맞은 일본군들은 강 바람에 출렁이는 갈대와 같이 출렁하며 쓰러졌다. 일본군은 병사들이 쓰러지면 뒷물이 앞물을 치고 올라오듯 또 다시 병사들을 보충하여 쉴 새 없이 공격해왔다. 뉘라서 이 도도한 대세를 막아설 수 있겠는가? 결국 제1방어선이 무너져 함락되고 말았다. 맥아더 장군은 군사들을 재빨리 제2방어선으로 퇴각시켰다.

일본군은 제2방어선을 함락시키고자 6주간에 걸쳐 필사적으로 공격해 왔다. 지휘관의 명령에 따라 거친 파도와 같이 총탄이 비 오듯 쏟아지는 연합군을 향해 덤벼드는 그들은 마치 죽음도 두려워하지 않는 광신도들 같았다. 그들은 일왕을 위해서라면 죽는 것도 영광으로 아는 자들로서 어떤 보이지 않는 힘에 감전된 듯 했다. 그러나 제2방어선은 뚫지 못했다. 맥아더 장군은 애국심과 전우애로 하나가 된 병사들과 함께 헐벗고 굶주리는 불리한 여건 속에서 이것이 내 무덤이라고 생각하고 결국 제2방어선을 지켜냈던 것이다.

일본군들은 맥아더에 대하여 분노와 적개심으로 불탔다. 그들은 만일 바탄을 함락시키면 맥아더를 잡아 앙갚음으로 도쿄의 궁성 앞 광장이나 궁성에서 내려다보이는 일왕의 근위사단의 열병식장에서 공개적으로 목을 매달겠다고 벼르고 있었다. 이 전투에서 일본군도 셀 수 없는 수만 명의 병사들이 총알받이가 되어 쓰러져 갔다. 이 공격의 총지휘관인 제14군단장 혼마 중장은 수많은 희생을 치렀으나 연합군의 진지를 함락시키지 못하자 얼굴이 일그러져 벌레 씹은 얼굴이 되었다. 일본군 측에서도 너무나 큰 희생이 따랐기에 전면 공격하는 것을 그만 두었다. 이제 전투는 소강상태에 들어가게 되었다.

그러나 현실의 환경을 생각하면 참담하기 그지 없었다. 병사들에게는 전쟁보다 더 무서운 굶주림이 찾아왔다. 병사들의 몸은 깡말라 뼈와 가죽만 남았다. 진흙투성이가 된 머리와 핏기 없는 얼굴, 거기다가 말라리아와 독충과도 싸워야 했으므로 하루하루를 힘겹게 버티고 있었다. 그들은 이제 싸울 기력도 없었다. 군복은 진흙탕에 뒹굴어서 넝마조각이 되었고, 신발은 다 헤어져 맨발이 되었다. 맥아더 장군 자신도 병사들과 같이 부족한 식량으로 지내왔으므로 체격도 말랐고, 군복은 빛이 바래 아무도 4성 장군이라고 믿기지 않을 정도였다.

맥아더 장군은 자식 같이 따르던 병사들이 하나 둘 쓰러질 때마다 그들의 목에 걸려있는 십자가 목걸이를 가엽은 눈길로 바라보며 눈시울을 붉혀야만 했다. 미군과 필리핀 연합군은 바탄과 코레히돌 해변에 갇혀 고아처럼 버려진 채로 전선을 배회하고 있었다. 미국에서 유럽으로 가는 배는 전쟁물자를 가득히 싣고 끊임없이 떠나갔다. 이 소식을 들을 때 마다 분노를 느꼈으나 이제는 분노를 느낄 힘조차도 없었다.

희망이 사라져버린 사람은 의욕마저 사라져 버린다. 이제 연합군은 실낱 같은 희망마저도 기대할 수 없는 상황에서 버려진 미아가 되어 전의를 상실한 채 그렇게 세월은 흘러가고 있었다.

필리핀 탈출

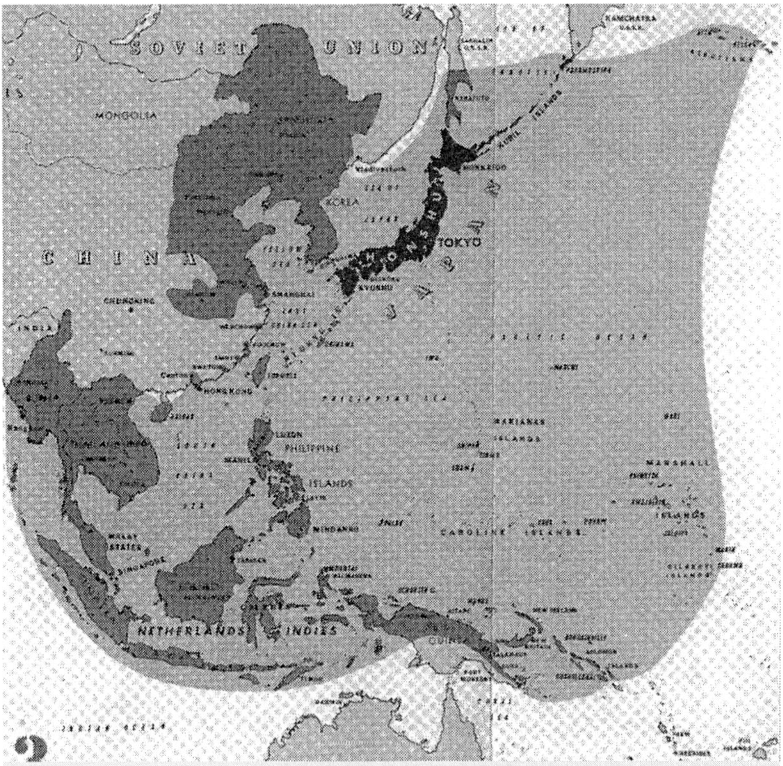

일본군의 침략지도

한편 일본군은 승승장구하여 30만의 군대를 동원하여 필리핀의 주도인 루손 섬과 필리핀 군도를 점령함으로 이제 필리핀 땅은 손바닥 만 한 바탄 반도와 코레히돌 섬만 남겨놓고 일본군에게 넘어가고 말았다. 일본군들은 또 다른 200만이 넘는 대군을 동원하여 서태평양으로 치고들어가 인도지나반도의 베트남, 태국, 미얀마, 캄보디아, 라오스 그리고 말레이시아, 싱가포르, 브루나이, 인도네시아를 점령하고 또 다른 수 십만 군대를 동원하여 서남태평양 뉴-기니 서부와 뉴-브리텐, 비스마르크, 솔로몬 군도를 점령하므로 이제 광활한 태평양은 일본군 천지가 되어 버렸다.

이제 뉴-기니 동부만 손에 넣으면 다음 차례는 광활한 호주를 침략할 태세였다. 따라서 호주의 사정이 급박해졌다. 그리하여 루즈벨트 대통령은 필리핀에서 고립되어 분전하고 있던 맥아더 장군을 서남태평양 사령관으로 임명하여 하루속히 현지로 떠날 것을 명령했으나 맥아더 장군은 그 명령을 거부했다. 필리핀의 저항세력은 맥아더 자신을 의지하고 있었다. 그들은 맥아더 장군이 그들과 함께 있는 것만으로도 행복했고, 그림자만 나타나도 마음이 든든했다. 이러한 상황 속에서 필리핀을 위기에서 구원하는 일을 버리고 이곳을 떠난다면 그들의 상심과 허탈함을 무엇으로 달랠 것인가 하는 걱정이 앞섰다.

그리하여 맥아더 장군은 대통령께 나와 나의 가족은 필리핀 방위군과 운명을 같이 하겠다고 회답했다. 맥아더 장군은 워싱턴의 결정을 3주간 동안 미루며 끝가지 필리핀에 남고자 했으나, 육군참모총장 마샬 장군으로부터 호주의 상황이 급박해졌으므로 빨리 그곳에 가서 조직을 장악하여 만일의 사태에 대비하라는 긴급전문이 계속 날아 들었다. 그리하여 1942년 3월 11일 차마 발걸음이 떨어지지 않았지만 웨인라이트 중장에게 모든 지휘권을 넘기고 뒷일을 부탁한 후 가족과 몇 명의 참모들을 데리고 떠나갔다. 맥아더 장군은 실의에 찬 필리핀에 남겨진 전우들과 난민들의 슬픈 눈망울을 바라보며 목이 메었으나 그는 결의에 찬 목소리로, “I shall return!”

"나는 다시 돌아온다!"는 말을 남기고 필리핀땅을 떠나갔다. 맥아더 장군은 뜨거운 피와 열정을 바쳤던 바탄과 코레히돌을 떠나면서 남겨진 사람들을 생각하며 쓰리고 아픈 마음으로 하나님께 석별의 기도를 드리지 아니할 수 없었다.

"전능하신 하나님 아버지시여!

저들을 불쌍히 여기사 목자 없는 양 같이 버려두지 마옵소서! 저들에게 죄가 있다면 조국과 민족을 뜨겁게 사랑한 죄밖에 없습니다. 인간의 자유와 존엄을 지키기 위하여 모여든 저들이 아닙니까? 꺼져가는 심지도 끄지 아니하시는 자비로우신 주님! 꺼져 가는 저들의 안전을 주님의 은혜로 지켜 주시옵소서! 저들의 생명과 내일의 모든 운명을 아버지 손에 맡겨드립니다. 주님!" .

맥아더 장군은 뒷일을 하나님께 맡기고 차마 떨어지지 않는 발걸음을 재촉했다. 일행은 속력이 빠른 고속 어뢰정을 타고 봉쇄선을 뚫기로 했다.

그 아름답던 바탄 반도와 코레히돌 해변 야자나무와 시원한 숲 기묘한 바위들 그 틈새로 피어난 아름다운 꽃들 그리고 산뜻하고 해맑은 풍광은 이제 찾아 볼 수 없었다. 포연이 지나간 자리는 황량하고 흉물스러운 모습으로 변했다. 불탄 바위, 포탄 자욱, 상처로 얼룩진 언덕, 온통 전쟁이 할퀴고 간 자국뿐 이었다.

1942년 3월 11일 병사들은 부두에 서서 떠나가는 장군과 일행들을 힘없이 바라보며 석별을 아쉬워 했다. 장군과 일행은 아직도 간간이 들려오는 포성을 뒤로 한 채 바탄을 빠져나와 어느 듯 청남색 바다를 항해하고 있었다. 항해하는 도중 일본해군 전단이 무리를 지어 지나가고 있었다. 긴장이 흐르는 순간이었다. 숨을 죽이며 적이 공격해 오지 않을까 기다렸다. 다행히 파도가 높아 고속 어뢰정을 보지 못하고 그냥 지나갔다. 긴박한 순간 하나님의 가호가 있었다. 어뢰정은 이틀 후 카가얀 부두에 도착했다. 여기서 비행기를 타고 적기가 초계하는 험지를 뚫고 다시 호주로 이동 해야만 했다. 맥아더 장군일행이 탄 폭격기가 야음을 틈타 티모르 상공에 왔을 때 적의 초개기에 발각되어 추격전이 벌어졌다. 참으로 긴박한 순간이었다. 그러나 노련한 조정사가 적기를 따돌리고 무사히 목적지에 도착하였다. 맥아더 장군은 목적지에 도착했으나 그의 생각은 오로지 위기에 처한 필리핀을 구하기 위하여 다시 돌아간다는 생각뿐이었다.

“I shall return!” “나는 다시 돌아간다!” 필리핀 땅으로!

호주에 도착한 맥아더 장군은 존-커틴 수상의 따뜻한 환대와 호주국민들의 열렬한 환영을 받았다. 그러나 호주의 지도층과 7백만 호주 국민의 심리상태는 공항상태였다. 패배주의가 만연했고, 분위기는 가라앉고 침울했다. 호주의 분위기를 간파한 맥아더 장군은 무엇보다 호주 국민들에게 시급한 것은 긍정적인 마음과 우리는 반드시 이긴다는 자신감을 심어주는 것이 선결 과제라는 것을 깨달았다. 그래서 그는 기자회견을 자청하여 “나는 정의의 사도로써 이곳에 왔습니다. 우리 양국은 외교로 맺어진 동맹관계 이상으로 피를 나눈 혈족관계입니다.

우리는 손을 맞잡고 함께 운명을 헤쳐 나가야 할 동지입니다. 우리는 패배를 모르는 강건한 정신력으로 반드시 승리를 거둔다는 신념을 가져야 합니다. 나는 지금 이 순간 미국이 가진 거대한 힘과 마지막 한 방울의 피까지도 이 전선에 바칠 것을 맹세합니다!"

회견이 있고 난 후 호주의 분위기는 달라졌다. 사람들의 눈빛이 빛나기 시작했다. 희망의 싹이 보이기 시작한 것이다. 무엇보다 큰 소득은 이길 수 있다는 자신감을 얻었다는 것이다. 그간 일본군의 침공에 잔뜩 겁을 먹고 있던 호주 국민들은 기를 펴게 되었다. 그것은 맥아더 장군의 회견이 호주 국민들에게 강한 믿음을 심어 주었기 때문이다.

한편 일본의 기세는 꺾일 줄을 몰랐다. 문자 그대로 욱일승천의 기세로 뻗어나갔다. 필리핀을 정복하여 서태평양 항로를 확보한 일본군들은 마음 놓고 서태평양으로 치고 들어가 인도지나반도, 인도네시아, 브루나이, 말레이시아, 싱가폴를 차례로 석권하고, 또 다른 부대는 태평양 서남해로 치고 들어가 파푸아뉴기니 서부, 비스마르크, 뉴- 브리텐, 솔로몬군도로 뻗어나갔다. 뉴기니 서부를 점령한 일본군들은 이제 광활한 호주대륙을 삼키고자 호주의 코앞에 있는 뉴-기니 동부를 노리고 있었다. 일본군들의 세력에 비하여 호주의 정예군은 3개 사단 뿐이었으며, 호주를 지원하는 미군도 1개 사단에 불과했다. 거기다 해군과 공군의 수준도 미미했다. 참으로 대책이 없었다. 호주의 지휘관들이 세워놓은 방위계획은 호주 국토를 횡단하는 달링강을 따라 방어선을 구축하여 그 선을 지킨다는 계획이었다. 이것은 이미 호주 대륙의 4분의 3을 포기하는 것이었다.

만약 호주대륙이 전쟁터가 되면 수적으로 우세한 일본군이 길고도 긴 저지선을 단숨에 돌파하여 호주는 한 순간에 적의 수중에 떨어지고 마는 위험한 계획이었다. 맥아더 장군은 이 같은 소극적인 계획을 버리고 적극적인 전법으로 나가기로 결심했다. 그 적극적인 전법이란 호주 땅이 전투장이 되는 것을 피하고 앞으로 반격전에도 유리한 뉴-기니 동부지역으로 나가 일본군을 맞아 싸우기로 한 것이다. 그리하여 맥아더 장군은 아직 일본군의 손이 미치지 못한 뉴-기니 동부 오웬스텐리 산맥을 사이에 두고 진지를 구축했다. 이 산맥은 해발 4,200m나 되는 밀림으로 뒤덮인 천험의 요새였다. 다행히 오웬스텐리 산맥이 천혜의 방벽이 되어 1차로 일본군의 진격을 막아 주었다. 맥아더 장군은 빼앗긴 실지를 회복하겠다는 일념으로 오웬스텐리 산맥을 방패막이로 삼아 찜통 같은 더위 속에서 비지땀을 흘리며 병사들을 독려하며 뉴-기니 동부 포트 모레스비에 진지를 구축하였다.

무너지는 바탄의 방어선

드디어 운명의 날이 왔다. 연합군은 한줄기 빛마저도 기대할 수 없는 어둠속에서 분전했으나 굶주림을 더 이상 견디지 못하고 스러져갔다. 웨인라이트 장군은 실낱 같은 희망마저도 사라진 상태에서 어려운 용단을 내려야만 했다. 3성 장군으로서 자신의 명예와 자존감도 귀했지만 남은 병사들의 목숨이 더 귀했다. 그리하여 내일의 모든 운명을 적들의 자비심에 맡긴 채 항복하기에 이르렀다. 희망의 등불이 꺼졌다. 그러나 패전의 대가는 엄청났다. 먼저 자유를 잃었다. 이제부터는 말할 수 있는 자유도 마음대로 움직일 수 있는 자유도 없었다. 그들은 이제 인간의 존엄과 가치가 짓밟히는 노예가 되었다. 바탄을 접수한 일본군은 연합군의 무장을 해제하고 포로들을 바탄 반도의 남쪽 끝까지 101km에 달하는 해변을 가혹하게 몰아갔다. 굶주림에 지쳐있는 포로들은 강행군에 견디지 못하고 쓰러지자 일본군들은 대열에서 이탈하거나 뒤처지는 포로들을 잔인하게 구타하거나 총검으로 찔렀다. 애초에 그들에게 기대했던 자비심은 한 점도 찾아볼 수 없었고 대상을 가리지 않고 무자비하게 죽음으로 내몰았다. 이 행진에서 죽어간 포로가 7만 5천 명 중 무려 2만 5천 명이나 되었다. 훗날 이 행진을 '바탄의 죽음의 행진'이라고 불렀다. 살아남은 포로들은 분산되어 수용소로 보내졌다. 수용소는 또 다른 전쟁이었다. 굶주림과 헐벗음 거기다가 말라리아와 독충들의 공격으로 견디기 힘들었다. 차라리 싸우다 죽었으면 명예로웠을 것을 값없는 죽음으로 내몰려 하소연 할 곳도 없었다. 이제 포로들은 자신과의 힘겨운 싸움이 시작되었다. 포로수용소는 인내의 시험장이었다. 끝까지 인내하여 밝은 세상을 볼 것인가 아니면 비극적 죽음을 맞을 것인가, 포로들은 죽어나가는 동료들을 바라보며 절망할 때가 한 두 번이 아니었다. 그들은 한 가닥 빛마저도 차단된 수용소에서 의지할 분은 오직 하나님 한 분 뿐… 주린 자에게 먹을 것을 주시며 갇힌 자에게 자유를 주시는 하나님의 자비심에 매달린 채 구원의 손길을 애타게 기다리고 있었다. 일본군들의 만행은 여기서 끝나지 않았다. 저항운동을 하는 사람들을 잡아다가 생매장하는가 하면 굴속에 몰아넣고 입구를 시멘트로 막아버렸다.

필리핀인들은 자유를 잃고 일본군의 노예가 되어 가슴을 졸이며 숨조차 제대로 쉴 수 없었다. 그들은 절망 속에서 밤마다 하나님께 울부짖는 길 밖에 없었다. 맥아더 장군은 멀리 뉴-기니, 포트 모레스비에서 게릴라 부대원들이 잠수함을 통해 보내온 현지 소식을 들었을 때에는 안타깝고 비통한 심정으로 숨이 멎는 것 같았다. 마지막까지 일본군에게 저항하다 죽어간 장한 아들을 둔 어머니들에게 어떻게 위로 해줄 말이 없었다. 당신들의 아들들은 인류의 자유와 평화 그리고 인간의 존엄을 지키기 위하여 예수 그리스도의 희생의 길을 간 것이며 이제 그들의 영혼은 사랑하는 주님 곁에 간 것으로 위안을 삼으라는 말 밖에는 해줄 말이 없었다. 그리고 그는 일본군들의 만행에 분개하지 않을 수 없었다. 군인의 명예를 더럽힌 그들의 야만적인 행동과 가공할 범죄행위에 대하여 하나님의 공의가 결코 용서하지 않을 것으로 믿었다. 맥아더 장군은 언젠가는 자신이 하나님의 심판의 대행자가 되어 야만적이고 가공할 범죄 집단인 일본군을 재기 불능상태로 꺾어 응징할 것으로 믿었다. 이것이야 말로 하나님께서 자신에게 하명하신 신성한 책무라고 여겼다.

그리고 필리핀인들이 맥아더 장군이 하루빨리 돌아와 주기를 밤마다 하나님께 기도한다는 소식을 접했을 때 가슴이 뭉클하며 북받치는 감격에 눈시울을 붉혔다.

가슴을 찢는 기도

바탄 반도와 코레히돌이 함락된지 1년이 되는 날 뉴-기니 포트 모레스비 진지에서 맥아더 장군은 수많은 장병들이 목숨을 바쳐 지켜냈던 피로 얼룩진 곳, 바탄과 코레히돌을 생각하며 비애 속에서 피 끓는 심정으로 전능하신 하나님 앞에 무릎을 꿇고 절규에 가까운 탄원의 기도를 드렸다.

"오! 자비로우신 하나님 아버지시여!!

바탄과 코레히돌에 세워졌던 우리의 자랑스러운 깃발은 원수들에게 짓밟히고 우리의 장병과 가족들은 지옥과도 같은 감옥에서 혹사당하며 신음하고 있사오며, 우리의 보호아래 있든 필리핀 국민들은 짐승만도 못한 정복자들 밑에서 노예가 되어 그들의 학정에 괴로워하고 있나이다. 자비로우신 하나님 아버지!, 이 불에 그을리고 상처받은 마음을 다하여 주님께 비옵나니 하루속히 저들을 처절한 죽음의 골짜기에서 구원하여 주시옵소서!, 저들이 죽어 없어지기 전에, 너무 늦어지기 전에 저들의 영혼과 육신을 처절한 고생과 병마로부터 지켜 주시기를 간절히 기도하나이다. 아버지 하나님! 우리의 깃발이 다시 바탄에 세워지고, 피로 얼룩진 코레히돌의 무너진 요새를 다시 찾는 그날까지 저들을 눈동자 같이 지켜 주셔서 살아만 있게 하옵소서!. 주님!,

저 바탄과 코레히돌의 무너진 잿더미에서 우리의 깃발을 걷어 올릴 때까지 우리는 얼굴을 들 수 없사오니 하루속히 주님의 영광의 칼날로 일본군의 반인륜적인 만행에 징벌을 가하여 저 황폐해진 요새의 처참한 잔해를 다시 되찾게 하여 주시옵소서!.

이 모든 것을 언제나 우리들을 사랑하시는 주 예수님의 이름으로 간절히 기도드립니다.

– 아–맨 –

> "주의 멧비둘기의 생명을 들짐승에게 주지 마시며 주의 가난한 자의 목숨을 영원히 잊지 마소서 그 언약을 눈 여겨 보소서 무릇 땅의 어두운 곳에 포악한 자의 처소가 가득하나이다 학대받은 자가 부끄러이 돌아가게 하지 마시고 가난한 자와 궁핍한 자가 주의 이름을 찬송하게 하소서"(시 74:19~21).

맥아더 장군은 절통한 심정으로 주님의 이름을 부르며 그들을 향한 뜨거운 애정을 기도로 쏟아냈다.

기니 · 포트 모르즈비 지도

맥아더 장군의 기도는 가슴을 찢는 전투적인 기도였다. 자식 같이 따르던 병사들과 필리핀 민병대들을 적지에 남겨두고 혼자 떠나온 것이 못내 가슴이 아팠는데, 항복소식과 일본군들의 만행을 전해 들었을 때에는 가슴이 메어지는 것 같았다. 그래서 그의 기도는 더욱 애절했는지도 모른다.

일본군들은 이미 뉴-기니 서부를 장악한 상태에서 뉴-기니 동부를 겨냥하여 강력한 진지를 구축했다. 뉴-기니 동부만 손에 넣으면 이제 광활한 호주는 일본군의 칼끝을 맞게 된다.

뉴-기니의 자연환경은 전쟁하기가 최악의 상태였다. 작열하는 적도의 열기와 많은 습기로 인해 숨이 막힐 지경이었다. 거기다가 시도 때도 없이 쏟아지는 비는 짜증을 더하게 했다. 찌는 더위 속에서 말라리아와 뎅그열, 흑수열이 병사들을 괴롭혔다. 그리고 위생의 사각지대인 밀림에서 티푸스균, 버짐, 십이지장충, 무서운 피부병, 무수한 독충, 파리, 모기, 거머리, 뱀, 진드기, 불개미, 벼룩, 이, 독개미, 늪 등 병사들은 총칼로 싸우는 전쟁 못지않게 환경과의 전투를 치루고 있었다. 거기다가 보급이 원활하게 이루어지지 않아 식량이 부족하여 병사들의 체력은 급격히 소진되어 피로에 쓰러져 갔다. 맥아더 장군의 계획은 일본군이 장악하고 있는 뉴-기니 서부를 공격하여 점령한 후 태평양 서북쪽으로 진격하여 일본군의 진영을 차례로 무너뜨리고 끝내는 필리핀을 탈환하는 것이었다. 맥아더 장군은 현실의 열악한 환경 속에서 앞으로 태평양을 장악할 큰 그림을 그리고 있었다. 그러므로 지금 구축하고 있는 뉴-기니 동부의 진지 포트 모레스비는 단순히 일본군을 막는 수비진만이 아니라 가까운 장래에 서북으로 치고 올라갈 전진 기지였던 것이다. 그리하여 맥아더 장군은 공병대로 하여금 도로를 넓히고 비행장을 건설하고 항만을 깊이 파서 후일을 대비하였다.

4

아들을 위한 아버지의 기도

4

이렇게 한창 진지구축에 여념이 없던 맥아더 장군에게 기쁜 소식이 날아들었다. 1942년 미국 아버지의 날 위원회로부터 올해의 아버지로 지명되는 행운을 얻게 되었다. 맥아더 장군은 그의 나이 58세에 얻은 유일한 아들 아서 4세를 깊이 사랑한 만큼 깊이 감동했다. 맥아더 장군은 전쟁 중이라 한 시도 자리를 비울 수 없는 까닭에 아버지의 날 위원회에 다음과 같은 전문을 발송하여 예를 표하였다.

"나는 군인이 된 것을 크게 자랑스럽게 생각하고 있습니다만 아버지인 것을 그보다 더 큰 자랑이라고 생각합니다. 군인은 건설하기 위하여 파괴하지만, 아버지는 다만 건설할 따름입니다. 나는 내가 떠난 후에 아들이 전쟁터의 아버지가 아닌 아들과 함께 하늘에 계신 하나님 아버지께 날마다 기도하던 아버지로 기억해 주기를 바라고 있습니다." 라는 전문이었다.

이 모습은 한 폭의 그림을 보는 것 같다. 아버지와 어린 아들이 다정하게 손을 맞잡고 겸손히 기도 드리는 모습은 아름답고도 성스럽기까지 하다.

맥아더의 가정은 가족 간에 따뜻한 사랑이 있고, 하나님을 향한 신앙의 문이 열려 있었고, 주님의 은혜가 함께 하는 화목하고도 행복한 작은 천국이었다.

아버지의 기도

맥아더 장군의 유명한 아버지의 기도문은 태평양전쟁 초기 칼바람이 몰아치는 전선에서 어린 아들을 안스러워 하며 전능하신 하나님께 호소하는 심정으로 써내려간 기도문이다. 복수초가 한 겨울 흰 눈 속에서 아름다운 꽃을 피워내듯이 맥아더 장군은 생사를 가늠 할 수 없는 시련 속에서 어린 아들을 향한 자신의 애절한 사랑이 녹아있는 기도문을 탄생시켰다.

주여! 내게 이런 아들을 주시옵소서.
약할 때에 스스로를 분별할 수 있는 힘과
두려워질 때 자신을 잃지 않는 대담성을 가지고
정직한 패배에 부끄러워하지 아니하며
승리에 겸손하고 온유한 아들을 주시옵소서.

노력없이 대가를 바라지 않게 하시고
주님을 섬기며 주님을 아는 것이
지혜의 근본임을 깨닫게 하소서.

바라옵건대 그를
쉬운 안락의 길로 인도하지 마옵시고
고난과 역경에 대해
분투 항거할 줄 알도록 하여 주소서.

그리하여 폭풍우 속에서도 용감히 싸울 줄 알고
패자를 불쌍히 여길 줄 알도록 하여 주소서.

마음을 깨끗이 하고 목표가 고상하며
남을 정복하려고 하기 전에
먼저 자기 자신을 다스릴 줄 알고

미래에 도전하면서
과거를 잊지 않는 아들을 저에게 주옵소서.

그리고 나서
이에 더하여 바라옵건데
유머를 알게 하시고 항상 진지하되 자기 자신을 너무 중히 여기지 말며
겸손한 마음을 갖게 하여 주소서.

또한 참으로 위대한 것은 소박하다는 것과
진실로 현명한 것은 솔직하다는 것과
그리고 참된 힘은 온유함이라는 것을

명심하도록 하여 주소서.

그리 하오면 아비 된 저로서는
“내 인생을 결코 헛되이 살지 않았노라” 고
나직이 고백할 수 있겠나이다.

이 기도문은 장군이 세상을 떠난 후 유품을 정리하던 중 발견되어 세상에 알려지게 되었다. 이 기도문은 자신의 일생을 조망하는 대서사시이며 모순법을 적절히 배합한 감동적이고도 시적인 기도문이다.

맥아더 장군은 외아들 아서 4세를 애지중지했다. 그러나 그 사랑은 동물적인 사랑이 아닌 인격적이고도 신앙적인 사랑이었다.

출애굽기 23장 19절에 염소 새끼를 그 어미의 젖으로 삶지 말라고 했다. 이 말씀 속에는 다른 깊은 뜻이 담겨져 있겠으나 과잉 사랑은 자식을 죽음에 이르게 할 수도 있다는 경고이기도 하다.

아들을 위한 '아버지의 기도문은 아들이 어떤 환경 속에서도 최선을 다함으로 먼 훗날 그가 장성했을 때 지성, 인성, 영성, 야성이 겸비된 전인적이고도 균형 잡힌 훌륭한 인간이 되기를 바라고 있다.

지성으로는 먼저 하나님을 아는 것이 지식의 근본임을 깨닫는 아들이 되기를 원했다. 하나님을 안다는 것은 하나님을 경외한다는 뜻이다. 다음으로 인간은 하나님의 은혜로 살아갈 수밖에 없는 존재임을 아는 것이 지혜이다. 또한 아들이 미래 지향적인 인간이 되어 미래를 향하여 나날이 발전해가되 역사의식이 있는 참된 지성인이 되기를 바라고 있다.

인성으로서는 웃을 줄도 알되 결코 눈물을 잊지 않는 아들이 되기를 원했다. 이것은 세상을 낙관하는 여유로운 마음을 가지되 약한 자들을 위하여 눈물도 흘릴 줄 아는 따뜻한 인간애가 있는 아들이 되기를 바랐으며, 또한 온유하고 겸손하며 절제된 인격자가 되기를 바라고 있다. 인성은 성숙한 속사람의 표현이다. 사랑이 율법의 완성이듯이 온유와 겸손은 인격의 완성이다.

영성으로는 하나님께 대해서는 거룩성의 회복이요. 자신에 대해서는 높은 이상을 추구하는 것이요. 타인에 대해서는 관대한 마음으로 긍휼히 보는 눈이다. 훗날 맥아더 장군 자신이 패자인 일본인들에게 적개심 대신 예수 그리스도의 마음으로 관대한 정책을 시행함으로 영성을 갖춘 지도자의 모습을 보여 주었다. 영성은 하나님이 쓰시는 코드다. 맥아더는 사랑하는 아들이 영성이 있는 사람이 되어 하나님이 눈여겨 보시고 아름답게 사용하시는 사람이 되기를 희망했다.

야성으로는 전투적인 도전정신과 강한 모험심이다. 야성이 있을 때 현실에 안주하지 않고 도전하며, 안 되는 것도 되게 하고, 없는 것도 있게 하는 창조적인 힘을 발휘하게 되는 것이다. 감추어진 빛은 이미 빛이 아니듯이 감추어진 능력을 능력이 아니다. 능력은 반드시 역사와 민족 앞에 표현 되어져야 능력이다. 그 표현은 야성이 있어야 가능하다.

야성은 절대로 온실에서 길러지지 않는다. 애벌레가 스스로의 힘으로 껍질을 깨고 나와야 야성이 생기듯이, 스스로의 힘으로 모진 시련과 모험과 도전 속으로 들어가야 하고 삶의 폭풍우 속에서도 용감하게 맞설 때 야성이 길러진다.

맥아더 장군 자신도 경이로움으로 가득한 서부에서 붉게 타오르는 저녁 노을을 바라보며 야성이 길러졌다. 그는 강한 야성으로 숨은 실력을 주저 없이 표현했고, 감추어진 능력을 거침없이 드러내었다. 그는 타오르는 야성으로 자신이 필요로 하는 곳에 당당하게 자신의 존재를 알렸다.

먼 훗날 맥아더 장군은 조국에 돌아간 후 1952년 5월 12일 웨스터포인트 육군사관학교가 수여하는 최고의 영예인 실버너스 세이어(Sylvauns Seayer)메달을 받는 자리에서 연병장에서 후배 생도들의 사열을 받은 후 조국, 명예, 의무라는 교훈 아래 장차 조국의 간성이 될 사관생도들에게 이 기도문을 인용하여 그의 뛰어난 웅변으로 고별 연설을 했다.

맥아더 장군은 아들뿐 아니라 미국의 젊은이들이 하나님의 은총으로 믿음 안에서 전인적인 능력을 갖추어 미래를 이끌어갈 창조적 리더가 되기를 희망했다.

가족과 즐거운 한 때

맥아더 장군은 뉴-기니 전선에 나가 있는 동안에도 이제 갓 네 살 난 아들의 모습이 머리에서 떠나지 않았다. 그에게 혈육이라고는 늦게 얻은 아들 아서가 유일했다. 아서는 맥아더 장군 부처에게 그들의 희망이자 미래에 대한 약속이었다.

장군이 뉴-기니 전선에서 집으로 오는 날이면 그의 손에는 언제나 아서를 위한 선물 꾸러미가 잔뜩 들려 있었다. 선물 상자 속에는 장난감들로 가득했다. 맥아더 장군이 아들을 사랑하는 것을 아는 지인들도 장군의 관사를 방문할 때에는 아서가 좋아하는 모형 비행기이며 권투 글러브까지 선물했다. 그래서 아서의 집은 값나가는 장난감들이 없는 것이 없을 정도로 가득했다. 아서에게는 언제나 같이 놀아주는 소꼽친구가 있었다. 그는 레논 호텔의 젊은 지배인의 아들 닐이었다. 아서는 닐에게 "우리 아빠가 사주신 벼락 선물을 구경 좀 해 봐!" 하면서 자랑을 하곤 했다. 한번은 아서가 닐과 함께 숨박꼭질을 하다가 아버지가 외출에서 돌아오는 것을 보지 못했다. 닐이 먼저 장군을 발견하고 "아서! 너 할아버지 오신다!" 하고 알려주었다. 그러면 아서는 "할아버지 아니야! 우리 아빠야!" 하고 아버지 품에 달려가 안겼다. 장군은 전선을 떠나 가정으로 돌아오면 긴장이 풀어지면서 피로가 겹쳐왔다. 그러나 어린 아서가 천진난만하게 노는 모습만 봐도 행복했고 침대에서 새근새근 잠자는 모습을 조용히 내려다보는 것만으로도 즐거움이었다. 장군은 이 사랑스러운 아기 천사를 자신의 가정에 보내주신 하나님께 감사 드렸다. 아서는 다섯 살이 되면서 사물에 대한 호기심이 발동하여 보는 것마다 듣는 것마다 계속 질문을 해댔다. 아서를 데리고 브리번즈 동물원에 다녀 올 때에는 질문공세에 시달려야만 했다. 아서는 모든 것이 신기한 듯 물었다.

"아빠! 원숭이하고 코끼리하고 싸우면 누가 이기지?"

"코끼리가 이기지."

"사자하고 여우하고 싸우면 누가 이기지?" 사자라고 대답하면 대답이 떨어지기 바쁘게 계속 질문이 이어졌다.

또 교회에 어린이 주일학교에 나가서도 선생님으로부터 "그 옛날 하나님께서 하늘과 땅과 모든 만물을 지으셨다"는 이야기를 듣고 "하나님은 일본사람을 왜 만들었지?" 하고 또 물었다. 이런 질문은 호기심에 눈을 뜨기 시작한 어린아이들이 다반사로 하는 질문이다. 환갑을 넘긴 나이지만 장군은 아서와 함께하는 날이면 그도 동심이 된 듯 마냥 즐거웠다. 가족이 함께 단란하게 식탁에 둘러앉았을 때에는 세상에서 가장 소중한 사람은 가족이며 서로를 배려하는 따뜻한 가정이야 말로 세상에서 그 무엇과도 바꿀 수 없는 하나님의 은총이라고 여겼다. 장군은 자신에게 이 아름다운 생명나무와 같은 가정을 주신 하나님께 형용할 수 없이 감사드렸다. 장군은 아서와 함께하는 날이면 전선의 모든 고뇌도 잊은 채 구름 위를 걷듯 마냥 행복해했다.

> "네가 네 손이 수고한 대로 먹을 것이라 네가 복되고 형통하리로다. 네 집 안방에 있는 네 아내는 결실한 포도나무 같으며 네 식탁에 둘러앉은 자식들은 어린 감람나무 같으리로다 여호와를 경외하는 자는 이같이 복을 얻으리로다"(시편 128:3~4)

결혼식날 맥아더 장군과 그의 신부인 진과 함께

맥아더 장군과 가족들(아들 아서와 아내 진)

5

수세에서 공세로

5

일본군의 기습공격

1942년 6월 3일 중부 태평양에서 전쟁의 양상을 크게 바꾸어놓는 미드웨이 해전이 있었다.

당시 미국은 일본군의 암호해독에 성공하여 일본군의 움직임을 손바닥 들여다보듯 일일이 체크하고 있었다.

니미츠 제독의 남태평양함대는 미드웨이해역으로 몰려오는 일본해군의 항공모함 선단을 놓치지 않고 공격하여 궤멸시켰다. 이 전투에 참가한 주력은 미드웨이 섬에서 날아온 중폭격기 편대와 항공모함에서 날아온 함재기였다. 이 해전에서 야마모도 제독이 거느린 일본연합함대는 일본의 수많은 전함과 주력함인 항공모함 4척과 함재기 322대를 고스란히 잃어버렸다. 일본은 해군력에 치명타를 입은 셈이다. 일본의 계획은 진주만 앞에 있는 미드웨이를 점령하여 미 함대가 중부태평양으로 나오지 못하도록 쐐기를 박을 계획이었으나 미드웨이해전에서 패함으로 도리어 중부태평양에서 밀려나고 말았다. 중부태평양에서 밀려난 일본군은 서남태평양 뉴-기니 서부로 대거 쏟아져 들어와 해발 4,200m의 오웬스텐리 산맥을 넘어 뉴-기니 동부의 연합군 진지 포트 모레스비를 공격해 왔다. 이 전투는 뉴-기니에서 연합군과 일본군 사이에 벌어진 최초의 지상 전투였다. 때는 1942년 7월 23일 맥아더 장군이 짐작한 대로 일본군들은 늪과 밀림으로 뒤덮인 거대한 산맥을 넘어 코코다의 길을 따라 공격해 들어왔다. 일본군들은 살인적인 더위를 무릅 쓰고 지형이 험한 밀림과 계곡을 돌파하여 무릎까지 빠지는 늪을 헤치고 내려와 흙더미가 마을을 덮치듯이 떼로 몰려들었다. 호주군은 완강하게 저항했으나 일본군의 악착 같은 공격 앞에 물러설 수밖에 없었다. 이때 맥아더 장군이 밀르느만에 비밀리에 구축해 놓은 육, 해, 공 연합기지에서 일본군의 측면을 공격해 들어갔다. 그리하여 일본군은 허리가 잘려 분열됨으로 작전이 제대로 이루어지지 못하고 우왕좌왕하다 연합군의 역습을 받고 무너지고 말았다. 일본군들은 해발 4,200m의 험한 준령을 넘어오느라 진액이 다 빠진데다 미 공군의 폭격으로 탄약과 식량을 제때 보급 받지 못함으로 더 이상 저항하지 못하고 괴멸되고 말았다.

부나 공격(처녀 출전)

이참에 맥아더 장군은 뉴-기니 서부 부나에 있는 일본군의 진지를 아예 정복하기로 마음 먹었다. 이번 전투는 서남태평양 전투의 분수령이다. 이때까지 수세에 몰리던 연합군이 처음으로 공격에 나선 것이다. 이제 연합군도 미군 1개 사단, 호주군 3개 사단 규모였으나 미군 1개 사단이 증원됨으로 병력이 5개 사단으로 불어났다.

그러나 맥아더 장군은 눈에 보이는 군대의 숫자를 앞세우기보다 하나님을 신뢰했고 손쉬운 수단이나 방법을 앞세우기보다 먼저 하나님의 도우심을 구했다.

"전능하신 하나님! 이제 전열을 정비하여 일본군 진지를 공격하고자 합니다. 이 전투는 이 땅에 짓밟힌 인간의 존엄을 되찾고 양들을 물어 찢는 저 야수와도 같은 잔악한 자들을 토벌하고 더 나아가 하나님의 뜻을 이 땅에 실현하기 위한 성전이오니 주님께서 친히 지휘봉을 잡으시고 우리 군대를 지휘하여 주옵소서! 전쟁의 승패는 하나님의 손에 달렸사오니 하나님께서 사자를 앞서 보내셔서 적진을 파하여 주옵소서. 이 전투에서 꼭 이겨야만 호주가 적의 위협으로부터 해방되고, 멀고먼 필리핀 탈환을 향한 진격의 문이 열려지오니 전능하신 하나님 의로운 우리 병사들을 가호하여 주시사 찌는 듯한 무더위 속에서 높은 산맥을 넘을 수 있는 강인한 체력과 지칠 줄 모르는 힘과 용기를 주셔서 이번 공격에서 빛나는 승리를 얻게 하옵소서! 주님께 감사와 영광을 돌리오며 예수님의 이름으로 기도드립니다". - 아멘 -

이 공격에 참가하는 연합군의 병력은 미군 2개 사단과 호주군 2개 사단이었다. 맥아더 장군은 공격군을 3대로 나누어 제1대는 일본군이 넘어왔던 오웬스텐리 산맥을 넘어 정면을 공격하고, 제2대는 적의 통신과 보급로를 끊기 위하여 다른 루트를 따라 오웬스텐리 산맥을 넘어 적의 측면을 공격하며, 제3대는 밀르느만에서 파푸아의 해안을 따라 우회하여 적의 후미를 치고 들어가 적을 포위공격 하는 것이었다. 이 전투는 머리와 허리, 꼬리를 동시에 공격하는 삼면 작전이라는 새로운 전투방식의 시험대였다.

적의 정면을 치고 들어갈 제1대는 오웬스텐리 산맥을 넘어야 한다. 해발 4,200m나 되는 거대한 산맥은 이때까지 일본군을 막아주는 방벽이었으나 반격하는 연합군에게는 도리어 큰 장애물이 되었다. 연합군은 악조건 속에서 무거운 포탄을 지고 치솟은 절벽을 기어오르고 깊은 계곡과 울창한 밀림을 뚫고 돌파하였다. 악조건 속에서 행군하는 연합군은 뉴-기니의 찜통 같은 더위와 습기로 숨이 막힐 지경이었다. 그리고 정글과 각종 병충해 때문에 쓰러져 가는 병사들이 속출했다. 그러나 병사들은 뜨거운 조국애와 불굴의 정신으로 비 오듯 쏟아지는 땀방울을 손등으로 훔치며 정글을 헤치고 마침내 일본군의 진지를 공격할 수 있었다. 연합군은 세 방면에서 일제히 총공격을 가했다.

그러나 일본군의 저항도 완강했다. 일본군의 철웅성 같은 진지에서 여지없이 십자형의 기관총탄이 불을 뿜었다. 치고받는 공방전이 치열했다. 연합군은 죽음에 대한 공포도 잊은 채 비 오듯 쏟아지는 총탄을 뚫고 적진지를 향하여 돌진했다. 엄청난 희생이 따랐다. 이제 탄약도 떨어지고 식량도 바닥이 났다. 구급약도 떨어졌다. 병사들은 지쳐 쓰러져갔다. 탄약과 식량을 공수해 와야 하는 데 흐린 날씨 탓에 비행기가 구름층을 빠져나갈 수 없어 1차 공격은 결국 실패로 끝이 났다. 전투는 교착상태에 빠졌다. 병사들은 적을 경계하면서 한편으로는 충분한 휴식을 취하여 기력을 회복했다. 그러다가 날씨가 좋아져서 비행기로 탄약과 식량 그리고 전쟁 물자를 공수해 왔으므로 보급을 받을 수 있었다. 다시 전투가 시작되어 적의 진지를 맹렬하게 공격해 들어갔다. 1942년 11월 말이 되면서 강하게 저항하던 일본군들은 보급이 바닥을 드러내면서 해안가로 밀려 벼랑 끝에 몰리기 시작했다. 일본군들은 지치고 피로한 기색이 역력했다.

일본군에 증원군과 보급품이 왔으나 미 공군의 맹렬한 폭격에 길이 막혀 부두에 당도하기도 전에 침몰해 버렸다. 보급을 받지 못한 일본군들은 지치고 탈진하여 땅바닥에 주저앉고 말았다. 이제 뉴-기니 전투에서 일본군의 운명은 끝이 보이기 시작했다. 1943년 1월 2일 드디어 부나 미션이 함락되고 이어서 1월 22일에는 사나난다도 함락됨으로 6개월간 끌어온 파푸아뉴기니 전투는 연합군의 승리로 막을 내렸다. 연합군은 승리에 고무되어 끓어오르는 성취감과 흥분을 감출 수 없었다. 연합군은 험한 준령을 넘고 밀림을 헤치고 악전고투하며 싸웠으므로 기력이 바닥에 떨어졌으나 승리를 얻음으로 그간 쌓였던 피로가 일순간에 날아가 버렸다. 막상 승리는 했으나 전쟁의 아픔도 컸다. 수많은 장병이 죽거나 다쳤다.

연합군은 소중한 사람들을 떠나보내며 마음도 아팠다. 그러나 사랑하는 조국을 위하고, 부모형제를 위한다는 생각으로 희생을 달게 받았다.

뉴-기니 전투의 승리는 호주 국민들에게 더할 나위 없는 낭보였다. 일본군의 위협으로부터 가슴 졸이며 지켜봐야 했던 호주 국민들은 이제 공포로부터 해방되었다. 그간 후방에서 물심양면으로 지원을 아끼지 않았고 어떠한 희생도 마다하지 않고 헌신한 호주 국민들에게 승리는 한층 더 값진 것이었다. 이제 뉴-기니 동부에 있는 연합군 기지 포트 모레스비는 일본군의 침공을 막는 방어벽에서 서북으로 진격하는 전진기지가 되어 집중 조명을 받게 되었다. 이번 전투에서 가장 값진 소득은 병사들이 자신감을 얻었다는 것이다. 이제 병사들은 패배주의에서 벗어나 어떤 전투라도 이길 수 있다는 정신력을 가지게 되었다.

연합군이 첫 공격에서 승리를 얻음으로 대망의 필리핀 탈환을 위하여 산뜻한 출발을 하게 되었다. 이번 전투는 아군보다 월등히 많은 군대와 무기를 보유한 강적을 무찌르고 얻은 승리라는 점에서 한층 값진 것이었다.

맥아더 장군은 악조건 속에서 강적을 이기게 된 것은 정의를 위하여 싸우는 십자군을 도와주신 하나님의 은혜라고 생각하며 전능하신 하나님께 감사와 영광을 돌리며, 존귀와 능력과 지혜와 광휘가 영원히 주께 있으리로다! 하고 하나님을 송축했다.

> "오늘 너는 알라 네 하나님 여호와께서 맹렬한 불과 같이 네 앞에 나아가신즉 여호와께서 그들을 멸하사 네 앞에 엎드러지게 하시리니 여호와께서 네게 말씀하신 것 같이 너는 그들을 쫓아내며 속히 멸할 것이라"(신명기 9:3)

그렇다 여호와 하나님께서 맹렬한 불과 같이 앞서 가셔서 강적인 일본군을 섬멸하셨다. 맥아더 장군은 폭염이 내리 쬐는 가운데 정글을 헤치며 비 오듯 쏟아지는 땀을 손으로 훔치며 싸운 전투에서 병사들의 생명을 지켜 주시고 승리와 영광을 안겨주신 것은 전능하신 하나님의 은혜라고 생각했다.

뉴-기니 전투의 승리로 이제 필리핀 탈환을 위하여 해안을 공격해 올라갈 길이 열리게 되었다. 마음 같아서는 당장에라도 뱃머리를 필리핀으로 돌려 일본군에게 빼앗긴 실지를 탈환하고 싶은 마음이 간절했다. 지금도 일본군 치하에서 고통 받는 필리핀 국민과 남겨둔 미군과 그의 가족들을 생각하면 가슴이 메어지는 것 같았다.

맥아더 장군은 처음 약속했던 대로 "I shall return!"이라는 말을 되 뇌이며 전에는 일본군의 감시망을 피해 필리핀을 탈출했으나 이번에는 해방자로서 적당들을 응징하기 시작한 것이다. 그러나 아직 뱃길은 멀고도 험난했다. 북방으로 가는 항로에는 어김없이 강력한 일본군 진지가 점점이 널려 있었다. 필리핀으로 가기 위해서는 꼭 지나가야만 하는 비티어스의 좁은 해협의 양쪽에는 일본군의 해안 포대가 배치되어 접근하기 곤란했다. 그렇다고 언제까지나 손을 놓고 관망만 하고 있을 수도 없는 노릇이었다. 그리하여 맥아더 장군은 북으로 가는 항로를 뚫기 위하여 먼저 비티어스 해협에 주둔한 부대의 보급로를 끊기 위하여 뉴-기니와 인근에 잔존하는 일본군 부대를 공격하여 그 세력들을 완전히 뿌리 뽑기로 했다.

적은 군사로서 강적을 상대로 싸워온 맥아더 장군에게 반갑고도 기쁜 소식이 왔다. 미국으로부터 미 지상군 부대가 증원되어온 것이다. 때는 뉴-기니 전투를 막 끝낸 1943년 2월 16일, 미 제6군사령부가 참모들의 뒤를 이어 서남태평양에 도착한 것이다. 불과 5개 사단병력으로 수십 개 사단병력과 힘겹게 대치하고 있던 맥아더 장군은 제6군 예하 4개 사단이 증원됨으로 마음이 든든했다. 이제 서남태평양 최고사령관 맥아더 장군 휘하의 지상군은 미 제6군 사령관 월터 쿠르거 중장이 지휘하고, 공군은 미 제5공군 사령관 조지 케니 중장이 지휘하게 되었다.

비스마르크 해전

뉴-기니 동북쪽 지역에 있는 라바울은 일본군 제8방면군 사령부가 있는 곳이다. 이마무라 히토시 대장이 지휘하는 일본군 제8방면군 사령부는 비스마르크 군도와 솔로몬 군도에 배치 된 제17군과 뉴-기니와 뉴-브리텐 지역에 배치된 일본군 제18군을 관할하는 상급 부대였다. 이마무라 히토시 대장은 뉴-기니 서부지역에 마지막 남은 라에와 살라모아를 재건하고자 증원군 1개 사단과 4개월분 식량과 탄약, 항공연료, 기타 전쟁물자를 실은 선단을 파견한다는 전문을 보냈다. 그 무전은 고스란히 연합군 정보참모 윌로비 장군이 깔아놓은 정보망에 포착되었다. 미군은 이미 일본군의 암호 해독에 성공하여 일본군의 움직임을 손바닥 들여다보듯 훤히 꿰뚫고 있었다.

뉴-기니 부나 전투의 승리로 한층 고무되어 있던 맥아더 장군은 정보참모로부터 일본군의 대 선단이 비스마르크 해를 지나 뉴-기니로 향한다는 보고를 받고 일본군 선단을 주저 없이 공격하기로 했다.

때는 1943년 2월 28일 일본군 제51사단 전 병력과 기타 전쟁물자를 가득 실은 12척의 선단이 10척의 구축함의 호위를 받으며 목적지인 라에와 살라모아로 가고자 비스마르크 해를 지나가고 있었다. 날씨는 안개와 비구름이 짙게 깔려 음산했다.

맥아더 장군은 미 제5공군 사령관 조지 C. 케니 중장에게 비스마르크 해를 지나가는 일본군 대 선단을 공격할 것을 명령했다. 출격에 앞서 공군기들은 적의 구축함에서 쏘아대는 대공포를 뚫고 들어가야 하는 만큼 위험부담도 따랐다. 그리하여 출격에 앞서 조종사들은 작전을 무사히 마치고 귀환할 수 있도록 하나님의 가호를 빌었다.

미군의 폭격기들이 높은 고도에서 항해하는 일본군 선단을 내려다보며 폭탄창을 열어 버렸다. 그러자 쏟아지는 폭탄이 마치 하늘에서 우박이 쏟아지는 것 같았다. 하늘에서 떨어지는 수 천발의 폭탄 가운데 단 한 발만 제대로 맞아도 수송선은 그대로 침몰할 수밖에 없다. 12척의 수송선은 폭탄을 얻어맞고 삽시간에 바다 속으로 흔적도 없이 사라졌다. 호위하던 구축함도 2척 외에는 바다에 가라앉아 버렸다. 이 해전으로 일본군은 1개 사단 1만 명의 병력과 수송선에 실려 있던 엄청난 전쟁 물자를 바다에서 고스란히 잃어버렸다. 그리하여 일본군은 뉴-기니의 무너진 진지를 다시 재건하려든 꿈은 무산되고 말았다.

이번 작전으로 뉴-기니에 잔존한 일본군의 재기에 쇄기를 박으므로 이제 일본군은 뉴-기니를 포기하지 않을 수 없게 되었다.

> "여호와는 용사시니 여호와는 그의 이름이시로다 그가 바로의 병거와 그의 군대를 바다에 던지시니 최고의 지휘관들이 홍해에 잠겼고 깊은 물이 그들을 덮으니 그들이 돌처럼 깊음 속에 가라앉았도다"(출애굽기 15:3~5)

특이한 것은 이번 비스마르크 해전은 해군함정이 동원되지 않고 순전히 공군력만으로 승리한 해전이었다. 이처럼 공군기의 진가는 날이 갈수록 더욱 빛을 발했다.

비스마르크 해전을 통하여 제공권과 제해권은 완전히 연합군 쪽으로 넘어왔다.

비스마르크 해전이 있은 후 맥아더 사령부의 정보참모 윌로비 준장의 정보망에 일본해군 연합함대 사령과 야마모토 이소로쿠 제독이 현지 시찰을 위하여 그의 참모들과 함께 부겐빌로 날아간다는 전문이 포착되었다.

주위에서는 이 전문은 연합군을 속이기 위한 기만술이라고 했으나 맥아더 장군은 야마모도 제독은 모험심이 강한 사람이므로 위험을 무릅쓰고 험지로 갈 것이라고 확신했다. 그리하여 공군 조종사 중 베테랑급인 T. J. 랜피어 소령에게 명령을 내려 야마모도 제독이 지나가는 항로를 지키다가 요격할 것을 명했다. 그러자 랜피어 소령과 그의 편대는 야마모도 제독이 지나가는 항로에 도착하여 주위를 살폈으나 별다른 조짐이 없어서 귀환하려고 했을 때 마침 2대의 수송기가 제트 전투기의 호위를 받으며 나타났다. 그러자 랜피어 소령은 먼저 호위하는 제트전투기를 따돌리고 수송기를 요격하고, 다음으로 호위하던 전투기도 격추해 버렸다.

야마모도 이소로쿠 제독은 일본 해군의 상징적인 존재이며 미국의 진주만 공습을 주도했던 인물이다.

이렇게 비스마르크 해전의 승리와 야마모도 제독 일행이 탄 전용기를 격추시킨 것은 미군이 일본군의 암호해독에 성공했기 때문이었다.

이번 작전에서 뛰어난 활약상을 보인 랜피어 소령과 그의 편대 조종사들은 영웅적인 성과를 거두었으나 미군의 암호해독이 밖으로 알려질 것을 우려하여 비밀리에 덮어버림으로 아쉽게도 랜피어 소령과 그의 편대 조종사들의 공은 묻혀버리고 말았다.

이 때까지 싸운 전투는 아직 필리핀 탈환전의 시작에 불과했다. 그런데 계속되는 전투에 맥아더 장군은 병사들과 함께 몸과 영혼이 지쳐갔다. 그도 전쟁이 좋아서 하는 것이 아니었다. 때로는 심신이 피곤하여 전쟁을 그만두고 쉬고 싶을 때도 있었다. 때로는 두고 온 고국을 그리며 고향의 상념에 젖을 때도 있었다. 그럴 때 마다 오늘도 자유를 잃고 인간의 존엄이 짓밟힌 채 신음하고 있는 사람들이 그 얼마인가? 그에게는 선택의 여지가 없었기에 흔들리는 마음을 다잡으며 하나님 앞에 무릎을 꿇는다. 그때마다 하나님은 그에게 소명감이 불타게 하심으로 다시 일상으로 돌아간다.

> "이 곤고한 자가 부르짖으매 여호와께서 들으시고 그의 모든 환난에서 구원하셨도다 여호와의 천사가 주를 경외하는 자를 둘러 진 치고 그들을 건지시는 도다"(시편 11:1)

라바울 기습 공격

맥아더 장군은 솔로몬제도, 뉴-브리텐에 있는 라바울을 공격하기로 했다.

라바울은 일본군 제8방면군 사령부가 있는 곳이며, 사령관은 이마무라 히도시 내장이었다.

일본군, 제8방면군은 예하에 17, 18군을 거느리며 병참기지 역할도 하고 있었다.

맥아더 장군은 필리핀 탈환을 위하여 서북쪽을 향하여 화살표 방향으로 치고 올라갈 구상을 하고 있었는데 뉴-기니 지역을 관할하는 적의 사령부를 등 뒤에 그대로 두고 진격하다가 적의 역습을 받을 수도 있음으로 먼저 뒤를 깨끗이 청소하여 후환을 없애는 것이 수순이라고 여겼다.

뿐만 아니라 라바울항을 공격하면 일본군 제8방면군의 지휘계통이 무너지는 것은 물론 하급부대로 나가는 보급체계를 마비시켜 뉴-기니, 비스마르크, 솔로몬 군도, 뉴-브리텐에 깔려있는 일본군 진지를 고사 시킬 수 있었다. 이렇게 라바울을 공격하면 동시에 여러 목적을 달성할 수 있는 까닭에 맥아더 장군은 서북항로로 진격하기에 앞서 먼저 라바울을 정리할 기회를 엿보고 있었다. 아군의 피해를 최대한 줄이고 전과를 크게 올리는 것은 무엇보다 기습공격이 최적이었다.

기습공격은 적이 미처 예상하지도 못하고 방심한 틈을 이용하여 허점을 찔러 일거에 적을 섬멸하는 작전이다. 이때까지 맥아더 장군은 적은 병력으로 월등히 많은 적을 기습공격으로 제압해 왔다. 드디어 1943년 10월 12일 맥아더 장군은 미 제5공군 사령관 조지 케니 중장에게 모든 공군력을 동원하여 바다 건너 일본군 제8방면군 사령부가 있는 뉴-브리텐의 라바울 항을 공격할 것을 명령했다.

맥아더 장군은 폭탄을 잔뜩 적재한 B-17, B-24 폭격기 편대가 라바울로 출격할 때 부대 종군목사에게 "목사님! 오늘도 하나님이 우리를 지켜주신다면 눈부신 전과를 거둘 것입니다." 라고 했다.

미군에는 일찍이 종군목사 제도가 있었다. 종군목사는 부대에서 예배를 인도하고 장병들의 신앙을 위하여 하나님의 메시지를 전하며 불안하고 초조해하는 병사들을 하나님의 말씀으로 위로하고 병사들이 안고 있는 문제와 고민에 대하여 상담해주며, 또 부대가 전투지역으로 작전을 나갈 때 먼저 하나님께 큰 승리와 함께 무사귀환할 수 있도록 기도하는 일을 한다.

라바울 공격을 위한 출격에 앞서 종군목사는 이번 출격에도 하나님께서 앞서 행하셔서 철장권세로 적들을 질그릇 같이 부수시고, 날카로운 타작기계로 파쇄하셔서 크게 승리하게 하시고, 출격하는 우리 공군기들이 불의의 사고를 당하지 않고 무사히 귀환하게 하옵소서! 주님! 하고 기도를 드렸다. 일본군들은 생각지도 못한 기습공격에 당황하여 정신을 차릴 수 없었다. 그들은 긴급히 비상을 걸어 대공포를 가동했을 때에는 이미 고공에서 폭탄이 우박 같이 떨어지고 있었다. 일본군들은 공군기를 출격시켰으나 활주로에서 비상하는 도중 26대가 격추되고, 150대는 공중에 떠 보지도 못하고 파괴되었다. 그리고 항구에 정박해있던 일본 해군의 구축함과 수송선과 기타 함정 119척이 격침되거나 파괴되어 쓸모없게 되었다. 엄청난 전과였다. 라바울 공격은 이때까지 맥아더 장군이 치룬 전투에서 가장 큰 전과를 올린 전투였다. 라바울 공습에 참가했던 폭격기들이 일본군의 대공포를 뚫고 용케도 살아서 돌아왔다. 그것은 간절한 기도에 응답하신 하나님의 가호가 있었기 때문이었다.

맥아디 장군은 무사 귀환하는 공군기들을 바라보며 종군목사에게 "목사님 하나님은 오늘도 우리를 가호해주셨군요. 당신에게 훈장이나 승진을 고려해야 되겠군요!." 하고 덕담은 건넸다.

맥아더 장군이 뉴-기니, 부나 전투에서 부터 라바울 기습공격에 이르기까지 괄목할 전과를 올리게 된 것은 제5공군 사령관 조지 C. 케니 중장 같은 유능한 참모가 있었기에 가능했다. 그는 적극적이고 통찰력이 있었으며 항공전술과 전략에 풍부한 경험이 있는 지휘관이었다.

조지 C. 케니 장군은 미 제5공군의 주력인 B-17 폭격기 64대중

부품이 없어서 날지 못하는 57대를 완벽하게 수리하여 언제라도 출격할 수 있게 한 장본인이다. 그는 부품이 오기를 무작정 기다리지 않고 창조적인 지혜를 발휘하여 고장 난 부품을 훌륭하게 재생해 내는 특출한 능력이 있었다.

> "주께서 바람을 일으키시매 바다가 그들을 덮으니 그들이 거센 물에 납 같이 잠겼나이다 여호와여 신중에 주와 같은 자가 누구니이까 주와 같이 거룩함으로 영광스러우며 찬송할 만한 위엄이 있으며 기이한 일을 행하는 자가 누구니이까"(출애굽기 15:10~11).

라바울 기습공격은 맥아더 장군이 바탄과 코레히돌에서 당한 빚을 되갚아 준 격이었다.

이제 일본군 제8방면군 지휘부가 무너짐으로 산하의 잔존부대들은 지휘지침도 받을 수 없었고, 보급도 받을 수 없었으므로 점점이 흩어진 진지에 웅크린 채 불안 속에서 굶주려 죽어갔다.

이제 등 뒤에 있는 적의 본영을 깨끗이 청소했으므로 적진을 향하여 진격하는데 부담을 덜게 되었고, 필리핀 탈환을 향하여 앞만 보고 달려갈 수 있게 되었다.

병영의 성탄

> "그 지역에 목자들이 밤에 밖에서 자기 양떼를 지키더니 주의 사자가 곁에 서고 주의 영광이 그들을 두루 비추매 크게 무서워 하는

지라 천사가 이르되 무서워 하지 말라 보라 내가 온 백성에게 미칠 큰 기쁨의 좋은 소식을 너희에게 전하노라 오늘 다윗의 동네에 너희를 위하여 구주가 나셨으니 곧 그리스도 주시니라"(누가복음 2:8~11)

다사다난 했던 1943년도 저물어가는 12월이 되면서 전쟁터에도 성탄절이 찾아왔다. 과거 미국에서 맞았던 썰매를 타고 설원을 달리던 낭만과 스릴이 넘치는 화이트 크리스마스 대신 폭염이 내리쬐는 밀림의 나라 이국의 풍경 속에서 맞는 성탄절은 색다른 데가 있었다. 병영에는 은은한 캐롤송이 퍼져나갔다. 병사들은 잠시나마 긴장을 풀고 성탄의 포근함에 젖어갔다. 포트 모레스비 연합군 병영에 성탄 트리가 세워지고 성탄을 상징하는 각종 조형물이 세워졌다. 일순간에 병영의 분위기는 억압에서 풀려난 듯 명랑하고 자유스러웠다. 사랑하는 조국과 가족의 품을 떠나 머나먼 전선에서 보내는 성탄이지만 아름답게 피어오르는 성탄의 분위기는 전과 다를 바 없었다. 병사들은 고국의 소식과 함께 보내온 편지와 성탄 카-드를 펼쳐보며 아련한 옛 추억에 잠겼다.

외로운 전선에서 받아보는 성탄 카-드는 사랑하는 사람을 직접 만나는 것처럼 그렇게 반가울 수 없었다. 병사들은 성탄절 들뜬 분위기속에서 첫 눈이 내릴 때 마냥 좋아라하는 아이들처럼 즐거워하며 추억 만들기에 바빴다. 성탄 전야에는 병사들이 직접 제작 연출한 성대한 성극도 있었고, 케롤 송 경연대회도 있었다. 고요한 밤 거룩한 밤 성탄 전야에 병사들은 한때나마 즐거운 시간을 보냈다. 성탄절 아침 병영교회에서 성탄축하예배가 드려졌다. 성탄은 하나님이 죄에 빠진 인간을 구원하시고자 하늘의 영광을 버리시고 아기 예수의 모습으로 동정녀의 몸을 통하여 인간 역사 세상에 들어오신 성스러운 날이다. 죄에 빠져 방황하며 소망이 없는 인간에게 가장 시급한 절체절명의 과제는 구원이다. 그러나 안타깝게도 인간은 스스로의 힘으로 구원할 능력이 없다. 구원은 하나님만이 하실 수 있는 신적 영역이다. 그 하나님이 가련한 인생을 구원하시고자 아기 예수의 모습으로 우리 곁에 오신 것이다. 구주 강생은 인간을 향한 하나님의 불붙는 듯 하는 사랑의 결정체이자 죄인을 포기할 수 없는 하나님의 의지의 표현이었다. 이 아름답고 거룩한 성탄에 하늘의 천군과 천사들도 경배했고 들에서 양떼를 지키던 목자들도 찾아와 경배했고, 머나먼 동방에서 온 박사들도 황금과 유향과 몰약이 든 보배 합을 드리며 엎드려 경배했다. 거룩한 성탄! 포트 모레스비 연합군 병영에서도 장병들이 구세주로 오신 아기 예수께 찬미로 영광을 돌리며 경배했다. 성전 안을 가득메운 장병들의 우렁찬 찬미 소리가 영광의 보좌를 움직였다. 이어서 종군목사의 메시지는 메마르고 갈급한 심령들에게 동산의 샘 같이 생수의 우물 같이 고갈된 영혼을 채워주기에 충분했다.

합심 기도시간에는 성전에 모인 전 장병들이 이 땅에 하루 속히 평화가 오기를 마음을 모아 뜻을 모아 뜨겁게 기도했다. 그리고 지금 일본군 치하에서 자유를 잃고 억압당하는 자들도 하루속히 억압에서 풀려나 그들도 함께 성탄의 은총을 누리기를 기도했다.

예배를 마쳤을 때 성전 안은 빛과 함께 찾아오신 하나님의 영광으로 가득했고 장병들의 얼굴엔 생기가 넘쳤고, 그들의 마음엔 강 같은 평화가 밀물처럼 밀려왔다. 성탄을 맞는 병사들은 고국에 대한 향수도 잊고 행복감에 젖어갔다. 이 땅에 평화를 주시려고 오신 아기 예수 탄생을 축하 하는 거룩한 날 모든 사람이 평화를 기원했다. 그러나 그 평화는 현실적으로 태평양 연안국들을 무단으로 침략하여 평화를 파괴하고 인명을 살상하고 재물을 빼앗는 저 야수와도 같은 무법자 일본 제국주의를 침몰시켜야만 비로서 누릴 수 있는 것이다.

> "지극히 높은 곳에서는 하나님께 영광이요 땅에서는 하나님이 기뻐하신 사람들 중에 평화로다 하니라"(누가복음 2:14)

새로운 전법(개구리 뜀 작전)

> "너희의 하나님 여호와께서 이 땅을 너희 앞에 두셨은즉 너희 조상의 하나님 여호와께서 너희에게 이르신 대로 올라가서 차지하라 두려워하지 말라 주저하지 말라"(신 1:21)

연합군은 뉴-기니 전투에서 하나님의 도우심으로 적의 진지를 정복하고 승리했으나 그것은 아직 시작에 불과했다.

뉴-기니 전투에서 승리하여 공격의 발판을 마련한 맥아더 장군은 대망의 필리핀 탈환을 위하여 서북의 바다를 향하여 눈을 돌렸으나 필리핀의 관문인 레이테까지는 아직 3,000km, 마닐라까지 4,000km 멀고도 아득한 바닷길에는 어김없이 일본군들이 우글거렸다.

필리핀을 탈환하기 위해서는 이 모든 장애물을 비켜 갈 수는 없었다. 그러나 여호와께서 정의의 십자군을 위하여 싸워주신다면 불가능한 것도 아니었다.

맥아더 장군은 어떻게 하면 이 많은 장애물들을 적은 희생으로 가장 빠른 시간 안에 뚫고 나갈 수 있을까?

이것을 하나하나 격파해나가는 각개격파로는 엄청난 희생이 따르려니와 시간상으로도 몇 년이 걸릴지 모르는 간단치 않은 일이었다. 그리하여 장군은 깊은 기도 끝에 새로운 상황은 새로운 해결책을 요구한다는 지혜가 떠올랐다. 지금 태평양의 일본군 진지는 일본 본토에서 수천km 떨어진 외딴 곳이므로 보급로가 길었다. 그러므로 그것이 한번 끊어지면 복구할 때까지 수개월이 걸렸으므로 그 사이 일본군 진지는 굶주려 허물어질 수밖에 없는 약점을 안고 있었다.

전쟁에서 적을 이기려면 반드시 전략이 있어야 한다. 그 전략은 적을 알아야 하고 나를 알아야 하며, 적의 약점을 알고, 그 약점을 파고 들어야한다.

그러므로 지금 이 상황에서는 적의 약점을 최대한 이용하여 일본군 진지를 정면 공격하지 않고, 비켜가면서 보급로만 확실하게 끊어버리고 지나가면 결국 일본군은 고립되어 굶어 죽을 수밖에 없다.

일본군의 보급로를 끊는 이 작전은 먼저 전략 폭격기를 동원하여 일본군 본대를 기습공격으로 제압한 다음 지상군과 해병대를 상륙시켜 비행장을 탈취하고, 주위에 잔존하는 적을 소탕하고, 이곳에서 일본군 각 진지로 나가는 거미줄 같이 연결된 보급로를 끊어버리고 또 다시 수백 km 건너뛰어 반복적으로 다음 목표를 공격해 나가는 전략이다. 이것은 육해공군의 통일된 작전으로서 삼원적인 전략구상이라고도 하며 '개구리 뜀' 전법이라고도 했다.

개구리가 움츠렸다가 한번 뛰면 장애물도 건너뛰어 멀리 가는 것처럼 지금 상황에서 개구리 뜀 작전으로 파푸아 뉴-기니에서 마닐라까지 화살표 모양의 일직선을 따라가며 적의 보급로만 확실히 끊고 수백km 건너뛰면 병사들의 희생도 크게 줄일 수 있고 시간상으로도 크게 단축시킬 수 있는 가장 이상적인 전법이었다.

특히 맥아더 장군은 평소부터 무명의 병사일지라도 승리라는 목표달성을 위하여 소모품으로 생각하지 않고 "한 생명이 천하보다 귀하다"고 하신 예수 그리스도의 정신으로 한 병사의 목숨도 귀하게 여겼다. 그는 전투에서 승리의 영광보다 얼마만큼의 병사가 목숨을 잃지 않고 무사히 돌아올 수 있는가 하는 점을 최대의 만족한 전과라고 여겨왔던 너라 이 작전을 입안하여 실행에 옮기기로 뜻을 굳혔다.

나의 사랑 나의 주님!

"두려워 하지 말라 내가 너와 함께 함이라 놀라지 말라 나는 네 하나님이 됨이라 내가 너를 굳세게 하리라 참으로 너를 도와주리라 참으로 나의 의로운 오른손으로 너를 붙들리라"(사 41:10)

라바울을 공격하여 뒤를 깨끗이 정리한 맥아더 장군은 이제 본격적으로 필리핀 탈환을 위하여 서북항로에 깔려있는 장애물들을 제거하고 뱃길을 열고자 했다.

서북항로의 출발점인 그린제도에서 필리핀의 관문인 레이테까지 뻗어있는 3,000km에 이르는 아득한 항로에는 어김없이 일본군 진지가 깔려 있었다.

그러나 태평양의 연합군은 5개 사단에서 미 제6군의 4개 사단이 증원됨으로 전력이 크게 증강되었고, 금년 중에 또 다른 증원군이 올 계획이므로 이 병력을 효과적으로 잘 운용하면 1944년 12월 안으로 필리핀을 탈환할 것이라고 여겼다.

한편 일본군은 계속되는 패배로 사기가 떨어져 병사들은 집단 우울증과 공포에 사로잡혀 완전히 전의를 상실해버렸다. 맥아더 장군은 적의 심리상태를 파악하고, 이때야말로 적의 의표를 찔러 공격해 들어갈 시점임을 간파했다.

한번 기회를 잃으면 기약 없는 기회를 언제까지나 기다릴 수밖에 없다. 그리하여 연합군은 공격의 고삐를 더욱 옥죄어 나갔다.

1944년 2월 15일 맥아더 장군은 개구리 뜀 작전의 시험대로서 서북항로를 가로막고 있는 첫 장애물인 그린제도를 공격했다.

일본군의 저항이 만만치 않았으나 연합군은 수륙 양동작전으로 포위 섬멸하여 그린 제도를 탈취하여 손에 넣음으로 그린제도 남쪽에 배치된 2만 5천 명의 일본군은 보급로가 끊어져 완전히 고립되고 말았다.

일본군들은 연합군이 상륙하면 군도를 빼들고 항복을 모르는 사무라이 정신으로 용감하게 싸우다 죽고자 했으나 보급이 끊어져 한 번 싸워보지도 못하고 망망한 바다가 내려다 보이는 외로운 고도에 갇혀 찜통 같은 더위 속에서 굶어 죽을 판이었다. 연합군은 서북 항로로 진격하면서 항로선상에 있는 일본군들의 군함과 선박을 닥치는 대로 격파했으므로 이제 일본군들은 탈출은 꿈에도 생각할 수 없게 되었다,

"주님! 이제 희망이 보이기 시작합니다. 우리 병사들의 희생을 최소화하면서 최대의 효과를 거두는 개구리 뜀 작전이 생각 이상의 효과를 거두고 있습니다! 우리 군대 앞에 지름길을 열어주신 주님의 은혜에 감사드립니다. 이제 지름길이 있어 하루라도 빨리 필리핀에 당도하게 되었습니다. 주님이시여! 적의 심장부에 우리의 깃발을 다시 걸어올리는 그날까지 우리 군대를 가호하여 주옵소서!" …

맥아더 장군은 병영에서나 일선에서나 주님과 늘 깊은 대화를 가졌다. 기도는 영적인 대화이며 하나님과 나 사이에 이루어지는 인격적인 만남이자 사랑의 끈이다. 기도의 즐거움은 반드시 응답에만 있는 것이 아니다. 기도는 사랑하는 주님과 사랑의 교제를 나누는 것만으로도 행복했다.

창세기 29:20절에 "야곱이 라헬을 위하여 칠 년 동안 라반을 섬겼으나 그를 사랑하는 까닭에 칠년을 몇칠 같이 여겼더라"고 한것 같이 사랑하는 사람은 함께 있는 것만으로도 즐거움이 있다. 그러

므로 주님과의 사랑의 대화는 순백의 산소가 되어 영혼을 맑게 하고, 주님과의 사랑의 교제는 영혼의 호흡이 되어 생기를 공급해 주며, 주님과의 사랑의 교통은 신선한 기름이 되어 마음을 기쁘게 하고, 주님과의 사랑의 속삭임은 능력이 되어 가슴을 뜨겁게 해주었다. 맥아더는 언제나 애정 어린 눈빛으로 다가 오시는 예수님이 계셔서 행복했다. 그는 이국의 전선에서 주님과 교통하는 즐거움으로 외로움을 달랬다. 무엇으로도 채울 수 없는 마음의 공허를 기도할 때마다 주님은 주님 자신으로 채워주셨다. 고뇌에 찬 결단을 내려야 할 때에도 주님께 나아가면 의지만으로 감당할 수 없는 일을 소명으로 받아드리게 하셨다.

그는 하나님께 일상적인 것에서부터 비밀스러운 것까지 하나님과 대화로 교통했다. 그는 언제나 독백의 기도가 아닌 대화의 기도를 통하여 하나님과 인격적인 만남을 가졌고 하나님께로부터 사랑을 받게 되었다.

애드미럴티 공략

맥아더 사령부는 서북으로 가는 항로가 열림에 따라 이제 서북쪽으로 진격할 대규모 선단과 공군부대를 수용할 항만과 비행장이 필요했다. 이 요구에 적합한 지역이 비스마르크 군도의 애드미럴티 제도였다. 애드미럴티 제도는 모모타케 장군의 제17군 사령부가 있는 곳이므로 이상적인 천연의 항만과 비행장이 있었다. 그러므로 서북으로 가는 전진기지로 더할 나위없는 곳이었다. 44년 2월에 접어들면서 연합군에 대한 일본군의 저항이 약화됨으로 적의 내부에 일시적인 혼란과 문제가 있는 것으로 파악되었다. 정찰팀의 보고로 적의 움직임이 거의 포착되지 않고 있었다. 이 상황은 기습공격할 절호의 기회였다. 기습공격에 성공하면 연합군의 전진을 몇 개월 앞당길 뿐 아니라 동시에 수천 명의 병사들의 희생도 막을 수 있는 효과가 있었다. 맥아더 장군이 즐겨 쓰는 전법은 적의 허점이 포착되면 숨 돌릴 여유도 주지 않고 찔러 들어가는 기습 전법이었다. 맥아더 장군은 44년 2월 24일에 기습을 위한 정찰을 시작하였고, 정찰한 정보를 가지고 작전을 세웠다. 작전의 내용은 먼저 제5기병사단을 앞세워 모모테 비행장을 공격하되 일본군의 저항이 이상 외로 격하면 일단 후퇴하고 그렇지 않으면 비행장을 빼앗아 점령한 다음 곧이어 증원군을 보내어 빼앗은 비행장을 끝까지 확보하여 손에 넣고 애드미럴티에서 거미줄 같이 연결된 보급로를 끊어 일본군 제17군을 고사시킨다는 계획이었다. 때는 44년 2월 29일 작전계획대로 제5기병사단이 아침에 기습하여 비행장과 주변의 지역을 공격해 들어갔다. 상륙할 때에는 별 저항이 없었으나 내륙으로 들어가 비행장을 공격할 때에는 적이 맹렬하게 반격해 왔다. 그러나 제5기병사단의 체이스 장군은 증원부대가 도착할 때까지 잘 싸워 주었으므로 모모테 비행장을 빼앗을 수 있었다.

연합군이 일본군 제17군 사령부가 있는 애드미럴티를 빼앗으므로 17군 예하의 각부대로 연결된 보급로도 끊어졌다. 그리하여 비스마르크, 뉴-브리텐, 솔로몬군도에 깔려있는 17군 산하 수만 명의 잔여 병사들은 무인 고도에 갇혀 이글거리는 남국의 불가마 속에서 굶어 죽는 길 외에 다른 길이 없었다.

"악인이 죄악을 낳았음이여 재앙을 배어 거짓을 낳았도다 그가 웅덩이를 파 만듦이여 제가 만든 함정에 빠졌도다 그의 재앙은 자기 머리로 돌아가고 그의 포악은 자기 정수리에 내리리로다"(시편 7:14~16)

제18군 포위작전

애드미럴티 제도를 점령하므로 이번에는 190km 떨어진 한사만과 웨와크 섬을 건너 뛰어 800km 떨어진 아이타페, 타나메라, 홈볼트만을 동시에 공격하기로 했다. 이곳을 빼앗으면, 애드미럴티를 빼앗음으로 비스마르크와 뉴-브리텐, 솔로몬 군도에 배치된 일본군 제17군의 보급로와 퇴로를 끊은 것 같이 일본군 제18군의 퇴로를 완전히 끊어 그물망에 가둬버릴 수 있었다. 그렇게 되면 연합군은 큰 희생을 치르지 않고도 수만 명의 일본군을 괴사시킬 수 있는 절호의 찬스였다.

먼저 일본군의 눈을 속이기 위해 1944년 3월부터 4월 초까지 한사만과 웨이크에 집중적으로 공중폭격을 가하였다. 기만술에 속은 일본군은 한사만과 웨이크 섬으로 군대를 이동시켜 방어를 강화하느라 정작 공격 지점은 방비를 소홀히 하였다.

1944년 4월 22일 드디어 공격이 개시되었다. 맥아더 장군은 공격대를 3대로 나누어 제1대는 아이타페, 제2대는 타나메라, 제3대는 훔볼트를 공격했다. 공격군은 아직 별이 빛나는 새벽에 맹렬한 함포사격과 공중폭격으로 적을 제압한 후 각 지점에 상륙하여 별빛을 따라 적진을 공격해 들어갔다. 일본군들은 바다와 하늘에서 쏟아 붓는 폭탄 세례에 놀라서인지 선잠에서 깨어 대항하지도 못하고 밀림 속으로 달아나버렸다.

일본군들은 급하게 도망하느라 온갖 무기와 김이 무럭무럭 나는 식사를 고스란히 버려두고 도망쳤다.

곧 이어 연합군은 내륙으로 들어가 비행장을 확보하고 이 지역을 완전히 장악하였다.

이제 아이타페, 타나메라, 훔볼트가 연합군의 손에 들어옴으로 알렉시스하펜, 한사 만, 웨와크지역에 분산되어 있는 일본군 제18군은 그물망에 갇힌 고기와 같이 포위망에 갇혀 버렸다. 동쪽은 미군과 호주군, 서쪽은 미군, 북쪽 바다는 미군과 호주의 연합함대, 남쪽은 늪과 울창한 밀림으로 뒤덮인 높은 산악지대이므로 사방을 둘러봐도 빠져나갈 구멍이 없었다. 이제 그들 앞에는 극심한 식량의 고갈과 말라리아로 깡말라 죽는 길 밖에는 다른 길이 없었다.

제18군의 최후

일본군의 편제는 전군을 총괄하는 총사령부격인 대본영이 있고, 대본영아래 방면군이 있고, 방면군 아래 군이 있고, 군아래 군단이 있고, 군단아래 사단이 있었다.

일본군의 '군'이라면 약 10개 사단을 거느리는 대부대로서 예하에 적어도 10~13만을 거느리고 있었다.

일본군 제18군은 이때까지 연합군과의 싸움에서 많은 병력을 잃었으나 아직도 수뇌부가 살아있고, 수만 명의 군대가 건재했다.

연합군의 포위망에 갇혀버린 18군은 절망적인 상태에서 외부로부터 지원이나 상부로부터 어떤 명령이 떨어지기를 기다렸으나 2개월이 지나도 소식이 없자 18군 사령관 아다치 장군은 이대로 굶어서 죽을 바에야 차라리 싸우다 죽자는 심정으로 알렉시스하펜, 한사 만, 웨와크지역에 분산되어 있는 병력을 아이타페 지역으로 집결시켜 전군을 자살 특공대로 만들었다. 때는 1944년 7월 11일 한밤중 아다치 장군은 집결한 수만 명의 장병들을 향하여 드디어 때는 왔도다! 황군의 병사들이여!, 지금이야 말로 우리의 적을 섬멸할 마지막 기회가 왔다! 귀관들은 후퇴를 모르는 사무라이 정신을 발휘하여 대 일본제국의 정신을 보여 주길 바란다!. 천황을 위하여 목숨을 바치는 것은 가장 영광스러운 길이다!!. 전원 적진을 향하여 공격!! 앞으로!, 하고 허공을 향하여 탕! 탕! 하는 총성과 함께 공격 신호를 알렸다. 일본군들은 번쩍이는 총검을 휘두르며 필살의 정신으로 연합군 진지를 향하여 거센파도 같이 덤벼들었다. 일본군의 공격은 주로 야음을 틈타 공격했으며 그들은 이미 마법에 걸린 듯 제 정신이 아니었다. 필사의 대 탈출극이었다. 연합군 진지에서는 공격해 오는 적을 가상하여 조준을 맞춰 놓은 기관총구에서 총탄이 작열하며 불을 뿜었다. 그러자 총탄 앞에 쓰러지는 일본군 병사들은 흡사 강바람에 춤을 추는 갈대와 같이 출렁하며 쓰러졌다. 연합군의 포대에서는 쉴 틈도 없이 파도 같이 밀려오는 적의 길목을 포탄으로 때렸다. 포탄에 맞은 일본군들의 몸은 처참하게 찢겨져 나갔으나 일본군들의 공격은 수그러들줄 몰랐다. 이렇게 하기를 1개월간 계속되었다. 이제 남은 1만 명의 일본군들은 드디어 기진맥진하여 연합군의 공격에 밀려 3대로 분리되었다. 연합군은 분리된 일본군을 하나씩 포위하여 옥죄어 들어가 차례로 섬멸해 나갔다. 포위망에 갇힌 일본군들은 그들의 진지에 쓰러진 욱일승천기와도 같이 연합군에게 짓밟혀 패색이 짙어진 자신들의 운명을 알면서도 끝까지 저항해왔다.

일본 사무라이의 전통은 지휘관이라도 최고 실력자인 쇼군의 명령 없이는 자기 재량대로 항복할 수 없었다. 만약 쇼군의 뜻을 어기고 자기 재량껏 움직였다간 가차 없이 목이 날아갔다. 그러므로 사무라이들은 반드시 주군의 명령에 따라 살고 명령에 따라 죽었다. 심지어 술집에서 기생들 앞에 값나가는 진주를 한줌 집어 던져도 그들은 주군의 허락이 떨어지기 전에는 그것을 줍지 못했다. 만약 욕심이 나서 줍다간 낭상 목이 날아갔다. 그 만큼 일본은 무가 지배하는 사무라이 나라로서 위계질서가 뚜렷했다.

태평양전쟁도 같은 선상에서 쇼군인 일왕의 결정이 나기 전에는 어느 누구도 자기 재량대로 항복할 수 없었다. 그러므로 일본군들은 보급로가 끊어져 굶어 죽어가면서도 사무라이 전통의 벽에 갇혀 사는 길을 버리고 바람에 나는 꽃잎처럼 스러져 갔다.

이제 아이타페 전투도 일본군들이 연합군의 총탄 앞에 하나, 둘 쓰러짐으로 제18군의 아다치 장군의 탈출극도 끝이 보이기 시작했다.

마지막 남은 일본군 병사가 연합군의 총탄에 쓰러져 싸늘한 주검으로 변하자 뜨거운 폭염 아래서 1개월간 치러진 아이타페 탈출극도 막을 내렸다. 이로서 일본군 제18군 예하 13만의 장병들은 전멸했다.

> "이방 나라들은 자기가 판 웅덩이에 빠짐이여 자기가 숨긴 그물에 자기발이 걸렸도다 여호와께서 자기를 알게 하사 심판을 행하셨음이여 악인은 자기의 행한 일에 스스로 얽혔도다(힉가욘, 셀라) 악인들이 스올로 돌아감이여 하나님을 잊어버린 모든 이방나라들이 그리하리로다"(시편 9:15~17).

일본군들은 자원을 수탈하기 위하여 태평양의 평화를 파괴했고. 가는 곳마다 수많은 사람들에게 피해를 주고 수많은 여자를 울렸다. 일본군들이 저지른 죄악은 짐승만도 못한 잔학하고도 추악했다. 죄 없는 양민을 잡아다 예사로이 죽이거나 생매장하는가 하면, 살아있는 사람을 실험도구로 삼아 생체실험을 하였고, 아직 못다 핀 꽃다운 소녀들을 성노예로 끌어가 죽기보다 힘든 치욕을 안겨주었을 뿐 아니라 보급이 끊어져 아사지경에 내몰리자 포로들을 살해하여 그 인육을 먹는 엽기적인 만행을 저질렀다.

일본은 전통적으로 무인이 권력의 정점에서 백성을 지배하고 다스린 사무라이 나라였다. 무가 문을 다스린 일본의 칼잡이들은 애초에 인간의 양심이나 도덕심 같은 것은 존재하지도 않았다.

그러므로 일본군들은 집단 악으로 반인륜적이고 반문명적인 만행을 저질렀어도 일말의 죄의식이나 양심의 가책도 없었다. 그러므로 이제 일본군들의 만행은 하나님의 준엄한 심판의 칼을 받게 된 것이다.

시편 94:9절에 "귀를 지으신 이가 듣지 아니하시랴 눈을 만드신 이가 보지 아니하시랴" 하신 바와 같이 하나님은 친히 들으신대로 보신 대로 심판을 시작하셨다.

하나님은 정의의 심판주로서 반드시 "각 사람에게 그가 행한대로 갚으신다."(계시록 22:12)

일본군들은 하나님 없이 왕 노릇하여 이웃을 무단으로 침탈했고, 가는 곳마다 마음대로 사람들을 죽이고, 빼앗고, 짓밟았다.

그러므로 그들이 저지른 만행이 잔학한 만큼 그들이 당하는 심판도 참혹했다.

"일본군들이 당하는 재앙은 누구를 탓하고 누구를 원망 할 일이 아니었다. 전적으로 자신들이 뿌린 씨앗을 거두는 것이었다."

> "여호와께서 만국을 벌 할 날이 가까웠나니 네가 행한 대로 너도 받을 것인즉 네가 행한 것이 네 머리로 돌아갈 것이라"(오바다 1:15)

마지막 장애물

맥아더 장군은 그린제도를 시발로 서북항로를 뚫기 위하여 수많은 격전지를 지나왔다. 그때 마다 여호와께서는 맥아더 장군 앞에 물을 흩음 같이 적들을 흩으심으로 맥아더 장군의 전쟁일지에는 승리라는 두 글자만 기록될 수 있었다. 맥아더 장군은 달리는 말에 채찍을 더하듯 군사를 몰아 서북항로의 마지막 장애물을 걷어내기 위하여 일본군들에게 숨 돌릴 여유도 주지 않고 비아크 섬에서 320km떨어진 보겔코프 반도를 공략했다. 도중에 마노콰리에 집결해 있는 2만 5천의 일본군들의 보급로를 확실하게 끊어버리고 그대로 건너뛰어 왔다. 연합군은 보겔코프반도의 산사포르에서 결사적으로 저항하는 일본군 진지를 함락시킴으로 드디어 마지막 장애물이 제거되어 이제 꿈에도 그리든 서북항로가 활짝 열리게 되었고, 대망의 필리핀 땅을 목전에 두게 되었다. 연합군은 서북항로를 헤쳐 오면서 일본군의 전함과 수송선, 잠수함, 소형선박까지 닥치는 대로 공격하여 무려 8,000 여척의 배를 파괴하는 대기록을 세웠다.

일본군들은 점점이 흩어져 고립된 섬에서 보급도 받지 못한 채 퇴로가 끊겨 탈출은 꿈에도 생각할 수 없게 되어 밀림 속 일본군 진지마다 앙상하게 굶어죽은 시체가 수 천구씩 나뒹굴고 있었다.

필리핀으로 가는 서북항로를 가로막고 있던 마지막 장애물이 제거됨으로 이제 서남태평양은 연합군의 발아래 놓이게 되었다.

맥아더 장군은 험한 항로를 헤쳐 오면서 적에게 단 한 차례도 패한 적이 없었다. 문자 그대로 승승장구였다. 연합군은 뉴-기니 전투에서 서북항로로 진격하면서 일본군의 거점을 하나하나 돌파하지 않고 보급로만 확실하게 끊어버리고 개구리 뜀 작전으로 서쪽으로 2,900km, 북쪽으로 1,100km를 건너 뛰어 전진해 왔으므로 이제 필리핀의 관문 레이테 까지는 960km를 남겨두게 되었다.

맥아더 장군은 아득한 지평선 멀게만 느껴졌던 필리핀 땅이 어느 듯 손에 잡힐 듯 눈앞에 와 있었으므로 그는 “I shall return!” 이라고, 중얼거리며 흥분을 감추지 못했다.

사무엘하 8장에 다윗 왕이 열방을 정복하는 과정이 기록되어 있다. 다윗은 충만한 힘으로 이스라엘을 괴롭히던 숙적들을 하나하나 정복하여 원수들을 발아래 꿇려 신하국으로 삼는다. 다윗이 정복한 나라들은 블레셋, 소바왕 하닷에셀, 아람, 모압, 암몬, 아말렉, 에돔 등이었다. 다윗이 전쟁하는 과정에서 단 한 차례도 패한 적이 없었다. 그 원인이 어디에 있었을까?

사무엘하 8장 6절과 8장 14절에 “다윗이 어디로 가든지 여호와께서 이기게 하시니라” 고 하는 말씀이 두 번 반복되어 나오는 핵심요절이다. 그렇다 이 전쟁은 여호와께서 이기게 하셨다.

다윗이 그렇게 많은 전쟁을 치루면서 피 한방울 흘리지 아니하고 머리털하나 상하지 않고 이길 수 있었던 것은 초월적으로 역사하시는 하나님의 도우심이 있었기 때문이다.

다윗이 소년시절 블레셋의 거인 골리앗과의 싸움에서 그는 이렇게 외쳤다. “여호와의 구원하심이 칼과 창에 있지 아니함을 이 무리에게 알게 하리라 전쟁은 여호와께 속한 것인즉 그가 너희를 우리 손에 넘기시리라”(사무엘상 17:47)

전쟁은 하나님의 주권 아래에 있다. 하나님께서 적을 넘겨주셔야 이길 수 있는 것이다. 그간 맥아더 장군이 서남태평양에서 거둔 승리 뉴-기니, 사나난다, 라에, 살라모아, 비스마르크, 라바울, 그린제도, 부겐빌, 애드미럴티, 아이타페, 타나메라, 훔볼트, 홀란디아, 와크데, 비아크, 눔프르, 보겔코프반도의 산사포르 전투에서 단 한 번도 패하지 않고 빛나는 승리를 거두게 된 것은 하나님이 적들을 넘겨주셨기 때문이다. 계속되는 승리에도 맥아더 장군은 자만하지 않고 겸손한 마음으로 자신은 하나님의 심부름꾼으로서 사명에 충실했을 뿐 자신이 영광을 받을 이유가 없다고 생각하며 모든 영광을 하나님께 돌려드렸다. 그동안 하나님의 인도하심을 따라 앞만 보고 달려온 외길, 이제 필리핀 탈환전을 눈 앞에 두게 되어 흥분과 함께 기대에 부풀게 되었다. 필리핀 땅은 맥아더 장군이 탈출한 이래 단 하루도 마음에서 떠나지 않았던 애정의 대상이었다. 필리핀 땅에 두고 온 자식과도 같은 부하 장병들과 그의 가족들이 당하는 고통을 생각하면 지금 당장이라도 달려가 일본군을 박멸하고 그들을 적의 마수에서 건져내고 싶은 심정이나, 필리핀 탈환전은 감정만을 앞세울 수 없는 엄연한 현실이었다. 아직도 레이테, 민도르, 바탄, 코레히돌, 민다나오, 루손 섬 등 수많은 필리핀 군도에 깔려있는 일본군은 30만 명이 넘었다. 도대체 일본군이 얼마나 많았기에 일본 본토를 지키는 군대 외에도 한국, 중국, 만주대륙, 서태평양의 필리핀군도, 인도지나반도의 베트남, 태국, 미얀마, 캄보디아, 라오스 그리고 인도네시아, 말레이, 싱가포르, 보루네오, 서남태평양의 뉴-기니, 뉴-브리텐, 비스마르크군도, 솔로몬군도, 그 외에도 남태평양의 마리아나제도, 오키나와, 이오섬을 비롯하여 수없이 널려있는 섬마다 일본군이 없는 곳이 없을 정도로 그렇게 많았는가? 당시 일본군은 육군과 해군을 합쳐 800만이 넘었다. 공군은 독립된 사령부가 없었고 육군에 소속된 육군항공대와 해군에 소속된 해군항공대로 나뉘어있었다. 당시 일본은 15세 소년병으로부터 장년에 이르기까지 군인이 없는 집이 없었다. 이제 필리핀을 탈환하게 되면 필리핀 국민들에게 감격과 기쁨을 선물하는 것은 물론이요, 일본의 서태평양항로를 끊어버림으로 필리핀, 베트남, 태국, 미얀마, 캄보디아, 라오스, 말레이시아, 싱가폴, 인도네시아, 보르네오, 뉴-기니, 뉴-브리텐, 비스마르크군도, 솔로몬군도로 부터 자원을 실어 나를 수 없어 일본의 산업은 마비되고, 따라서 전쟁 수행능력도 잃게 된다. 뿐만 아니라 필리핀은 일본 본토를 방어하는 전진 기지이므로 입술이 망가지면 이가 시리듯 필리핀이 무너지면 일본본토가 직접 위협을 받게 된다. 그러므로 필리핀은 일본으로서도 결코 놓쳐서는 안 될 전략적 요충지였다.

이제 필리핀은 탈환해야만 하는 연합군과 그것을 목숨 걸고 지켜야만 하는 일본군과의 충돌은 피할 수 없게 되었다. 이제 창과 방패의 대결은 비켜 갈 수 없는 운명을 맞게 되었다.

레이테 점령

> "너희의 하나님 여호와께서 이 땅을 너희 앞에 두셨은즉 너희 조상의 하나님 여호와께서 너희에게 이르신 대로 올라가서 차지하라 두려워하지 말라 주저하지 말라"(신명기 1:21)

뉴-기니 전투를 시작으로 얼음판에 미끄러지듯 수많은 격전지를 거쳐 왔다. 그간 지나쳐온 거리만 해도 3,000km가 넘었다. 전능하신 하나님 한분만 의지하고 달려온 외길이었다. 아득하기만 했던 필리핀의 첫 관문인 레이테 섬이 다음 공격의 표적이 되었다. 하나님은 믿음으로 달려온 맥아더 장군에게 승리라는 선물로 보답하셨다.

필리핀의 관문인 레이테 섬은 필리핀의 주도인 루손 섬과 1,000km 떨어져 있었다.

레이테 섬은 그 중요성 때문에 일본군들이 방어벽을 튼튼히 하여 8만 명이라는 대 병력을 배치해 두었으므로 연합군으로서도 결코 얕잡아 볼 수 없는 요새였다.

얼마나 목마르게 기다려 왔던가? 맥아더 사령부는 필리핀 탈환전을 위하여 마지막 준비를 하고 있었다. 필리핀 탈환전을 위한 출발기지를 보칼코프 반도에서 몰로카이 섬으로 옮겼다. 몰로카이 섬은 필리핀 군도와 인도네시아, 말레이 그리고 인도차이나 반도를 연결하는 중간지점으로 서태평양 지역에서 그 전략적 가치가 매우 높은 곳이었다. 맥아더 장군은 몰로카이 섬을 필리핀의 관문 레이테공격의 전진기지로 삼고 사전 준비 작업에 박차를 가하였다. 승리는 언제나 준비된 자를 위하여 예비된 은총이므로 철저하게 사

필리핀의 관문인 레이테섬

전 준비에 만전을 기하였다. 먼저 정보참모 윌로비 장군의 정보팀들이 바빠졌다. 필리핀 군도에서 게릴라 활동을 하고 있는 게릴라 부대와 끊임없이 연락을 취하면서 정보를 수집했다. 일본군 진지의 위치와 규모 일본군들의 동태파악, 보급정도 그리고 레이테의 기후와 날씨, 항만의 수심, 해류 등 작전상에 필요한 사전 정보를 입수했다. 작전 팀들은 긴 테이블위에 레이테 섬의 지도를 펼쳐놓고 수집된 정보를 바탕으로 머리를 맞대고 작전을 구상하고 있었다. 작전 팀들이 구상해 놓은 자세한 작전 계획을 보면 먼저 항공모함에서 발진한 함재기와 함포로서 일본군진지를 제압한 후 소규모 상륙부대를 동원하여 레이테만 앞에 늘어선 섬들을 빼앗아 길목을 확보한 다음 주력부대를 상륙시켜 내륙으로 치고 들어가 비행장을 점령하고, 계속 전진하여 레이테 섬과 사마르 섬 남부를 완전히 장악하고, 해군으로 하여금 일본군의 보급품과 증원부대가 접근하지 못하도록 쐐기를 박아 적을 무력화 시킨다는 계획이었다.

일본으로서도 레이테 섬을 잃으면 필리핀을 방어하기 어려우므로 결사항전의 의지로 레이테 섬을 지킬 것은 불을 보듯 뻔 했다. 이 전투야말로 태평양전쟁의 양상을 결정짓는 싸움이며 결과에 따라서 일본의 운명도 결판나는 전투였다.

이제 레이테 공격준비를 마친 공격선단이 몰로카이 섬에 줄지어 늘어서 있었다. 공격선단 중에는 진주만 기습당시 살아남은 거대한 항공모함과 전함들, 순양함, 구축함, 그리고 수송선들이 모습을 드러낸 채 공격신호를 기다리고 있었다. 함정의 총수는 700척 군사는 미군과 호주의 최정예부대 17만 4천명, 이만한 군세면 세계 어느 적에게도 위협적인 막강한 군세였다. 그 가운데 몇 년 전까지만 해도 볼 수 없었던 최신예 전함들도 줄지어 늘어서 있었다.

드디어 맥아더 장군이 기함인 순양함 네슈빌함에 올랐다. 이윽고 네슈빌함에 최고사령관기가 올라가면서 항진을 알리는 긴 뱃고동 소리가 요란하게 울렸다. 때는 1944년 10월 16일 공격나팔과 함께 거대한 선단이 움직이기 시작했다. 전함들은 레이테만을 향하여 뱃머리를 돌렸다. 필리핀 해를 뒤덮은 거대한 전함들이 검푸른 물결을 가르며 전진해간다. 불빛에 비치는 출렁이는 은물결이 물보라를 일으킨다. 장사진을 치고 레이테만을 항진하는 공격선단은 수십 km에 뻗쳐 있었다. 실로 장관이었다. 검푸른 바다를 헤쳐 온 연합군 전단은 드디어 칠흙 같은 어두운 밤 자정이 가까운 시각에 레이테만 밖에 다다랐다. 함대는 여기서 정선하여 새벽이 오기를 기다렸다. 레이테만에 늘어선 연합군 함대는 야수의 심장에 비수를 겨누듯 공격진용을 갖추고 있었다. 바다는 한없이 고요하고 평온했다. 폭풍전야의 고요와 무거운 침묵이 흘렀다. 맥아더 장군은 선실로 내려가 성경을 읽으며 마음을 가라앉혔다.

> "악인이 이긴다는 자랑도 잠시요 경건하지 못한 자의 즐거움도 잠간이니라 그 존귀함이 하늘에 닿고 그 머리가 구름에 미칠지라도 자기의 똥처럼 영원히 망할 것이라 그를 본 자가 이르기를 그가 어디 있느냐 하리라 그는 꿈 같이 지나가니 다시 찾을 수 없을 것이요 밤에 보이는 환상처럼 사라지리라"(욥기 20:5~8)

이 말씀은 잠시 후 일본군들에게 닥칠 참상을 예고해주는 예언적 계시와도 같았다. 일본군들은 가는 곳마다 승리하여 만세를 불렀으나 이제 그 화려했던 영광도 종말의 시간이 다가오고 있었다. 레이테 섬에 주둔하고 있는 일본군들은 하나님의 심판의 칼날이 그들의 목을 겨누고 있음을 알지 못한 체 자기들의 배설물 같이 영원히 망할 운명의 순간이 다가오고 있었다. 맥아더 장군은 어머니로부터 성경을 배운 이래 한 번도 손에서 성경을 놓은 적이 없었다. 전선을 누빌 때에도 작은 성경책을 항상 주머니에 넣고 다녔다. 그는 성경을 사랑하여 늘 감명 깊게 읽었고 읽을 때마다 깨달음과 함께 새로운 영감을 얻었다. 이제 잠시 후 여명이 밝아오면 격렬한 전투가 시작된다. 조금 후면 전함에서 포문을 열고 불을 뿜는 함포소리, 함재기에서 폭탄을 퍼붓는 공중폭격 소리, 잠수함에서 발사되는 어뢰 터지는 소리, 포대에서 발사되는 포탄 터지는 소리, 기관총에서 쏴대는 기총소리가 귀 고막을 찢으며 레이테만의 고요한 새벽을 깨울 것이다.

이제 바탄과 코레히돌 전투에서 진 빚을 갚을 때가 다가오고 있었다. 전쟁의 참화가 눈앞에 아른거린다. 잠시 후면 생기에 충만하고 사시사철 아름다운 꽃이 피고 지는 레이테 섬, 야자수 나무가 해변에 늘어서서 시원한 그림자를 드리우는 남국의 정취가 물신 풍기는 그림 같은 레이테 섬은 죽음의 섬으로 변할 것이다. 피아간에 25만의 장병이 뒤엉켜 죽고 죽이는 처절한 살육전이 벌어지면 주검이 산을 이루고 피가 강을 이룰 것이다. 맥아더 장군은 이 참혹한 전쟁을 할 수만 있으면 피하고 싶었다. 그러나 이 전투는 피해 갈 수 없는 반드시 넘어야 할 산이기에 그는 읽던 성경책을 덮고 하나님 앞에 기도드리지 않을 수 없었다.

"전능하신 하나님!

우리 부대가 사선을 넘어 여기까지 오게 하심을 감사 하옵고 모든 존귀와 영광을 주님께 돌립니다. 주님이시여! 이제 저들의 반문명적인 잔학무도한 만행에 마침표를 찍을 때가 왔나이다. 저들은 도적떼 같이 나라들을 파멸시키고, 재물을 약탈하고, 귀중한 생명을 죽이는 패륜이 한계에 이르렀습니다. 하나님 아버지시여! 우리 군대는 정의의 십자군으로서 저 야수와도 같은 도적 떼들을 토벌하러 왔사오니 우리 군대를 지켜주시고 빛나는 승리를 허락하여 주시옵소서! 그리하여 황폐한 이 땅에 양심이 회복되며 높은 이상과 숭고한 정신이 살아나게 하옵소서. 이 전투는 태평양의 운명을 결정짓는 전투이오니 억압된 자에게 희망의 상징인 우리의 깃발이 무너진 적의 심장부에 세워질 때까지 저희들을 가호하여 주시옵소서! 그리하여 태평양에 참혹한 전쟁이 멎고 다시 평화가 오게 하옵소서. 주님! 바라옵기는 특별히 전투에 임하는 우리 병사들의 생명을 보호해 주시고 전쟁의 날에 주께서 그 머리를 가리어 주시옵소서. 언제나 애정 어린 눈으로 바라보시며 사랑의 손길로 지켜주시는 예수님의 이름으로 간절히 기도드립니다."

-아멘 -

사상 초유의 전투를 눈앞에 두고 기도하는 맥아더 장군의 마음은 비장감마저 감돌았다.

새벽이 되자 이윽고 공격신호탄이 레이테의 하늘을 갈랐다. 때를 같이 하여 전함에서 일제히 함포사격이 시작되었다. 함포에서 쏘아대는 포탄은 고막을 찢을 듯 굉음을 내며 일본군 진지를 초토화 시켰다. 항공모

함에서 발진한 함재기들도 일제히 벌떼 같이 덤벼들어 아직 잠에서 깨어나지 못한 일본군 진지에 폭탄을 퍼부었다. 이제 막 잠에서 깨어난 일본군들은 방향감각도 잃은 채 우왕좌왕했다. 날이 밝기 시작한다. 옅게 짓누르던 구름이 걷혔다.

드디어 해안선의 윤각이 잡히면서 선명한 모습이 드러나기 시작했다. 먼저 선봉대가 레이테 만 앞에 늘어선 섬을 확보하여 상륙주정이 들어갈 길을 열었다. 상륙정들은 작전계획에 따라 함재기의 엄호를 받으며 신속하게 해안선을 향해 개미떼 같이 돌진한다. 먼저 기갑사단의 탱크를 실은 상륙 주정들이 돌진해 들어갔다. 바닷가 얕은 물가에 이르자 상륙 주정에서 하선한 육중한 탱크부대가 지축을 흔들며 레이테만의 모래언덕 위에 올라섰다. 탱크부대는 선두에 서서 모래 바람을 일으키며 내륙으로 내 달렸다. 이어서 보병들이 그 뒤를 따라 함성을 지르며 적진으로 돌진해 들어간다. 가나안땅의 첫 관문인 여리고성이 여호수아의 명령에 따라 일제히 함성

을 지를 때 성벽이 무너졌듯이 지금 필리핀의 첫 관문인 레이테 섬은 하늘을 찌를 듯 하는 연합군의 함성 소리에 무너지고 있다. 참으로 멋지고 환상적인 작전이었다.

이번 작전도 어김없이 기습공격이었다. 기습공격은 맥아더 장군이 즐겨 사용한 전법이며 적이 방심한 틈을 노려 전 화력을 동원하여 일거에 적을 제압하여 숨 돌릴 여유도 주지 않고 적의 손발을 묶어버리는 전법이다. 상륙군들은 엄폐물 뒤에 숨어 맹렬한 사격을 가하고 있었다. 일본군들은 연합군의 우세한 화력 앞에 허물어져 갔다. 그러나 그들은 생명이 꺼져가면서도 마지막 저항을 멈추지 않았다.

맥아더 장군은 기함에서 내려 상륙정으로 옮겨 타고 해변으로 향했다. 상륙정이 섬에서 50보 떨어진 얕은 물가에 멈추어 섰다. 일행은 주정에서 내려 무릎까지 오는 바다를 걸어 해변 모래위에 올라섰다. 아! 이 순간을 얼마나 기다려왔던가! 바탄과 코레히돌에서 처절하게 싸우던 일들이 주마등 같이 스쳐지나갔다. 그 적들을 응징하기 위하여 다시 돌아왔다. 2년 8개월 만에 "I shall return!" 하고 약속한 대로 이 땅에 다시 돌아온 것이다. 1944년 10월 17일 꿈에도 못 잊어하던 필리핀 땅 레이테 해변에 올라선 맥아더 장군은 감격에 겨워 가슴이 뛰다 못해 피가 뜨거워졌다. 그동안 맥아더 장군이 속히 돌아와 주기만을 밤마다 하나님께 간절히 기도하며 기다리던 사람들에게 이 낭보를 전하고 싶었다.

이동 방송국이 마련되어 맥아더 장군이 마이크를 잡고 도착성명을 발표하려는 순간 빗줄기가 쏟아졌다. 반가운 손님을 맞는 빗줄기였다. 맥아더 장군은 빗줄기 속에서 연설을 시작했다.

그의 약속대로 다시 돌아온 필리핀 땅에서 먼저 무슨 말을 할까, 일행들은 레이테 해변에서 숨을 죽이고, 최고사령관의 입을 지켜보고 있었다. 드디어 태평양 서남해 최고사령관 맥아더 대장의 위엄에 찬 목소리가 터져 나왔다.

"Philippines !

I have returned by the grace of almighty God! our forces stand again on Philippine soil !!.

필리핀 국민 여러분!

우리 부대는 전능하신 하나님의 은총으로 다시 돌아와 필리핀 땅에 당당히 섰습니다 !!

나는 미국과 필리핀 양국민의 피로 씻은 이 땅에 다시 돌아왔습니다. 여러분들의 고통을 깨끗이 쓸어내고 무엇으로도 파괴할 수 없는 튼튼한 기반 위에 여러분의 자유를 되찾아 주기 위해 다시 돌아온 것입니나. 여러분! 자신을 구원할 시기는 바로 지금입니다. 다 같이 일어나 궐기합시다. 굽힐 줄 모르는 바탄과 코레히돌의 불퇴전의 정신을 이어갑시다. 여러분! 자신과 자녀들을 위하여 적들을 무찌릅시다. 하나님의 이름으로 정의의 이름으로 승리를 위하여 전진합시다! – 중략 –

맥아더 장군은 필리핀 땅에 도착하자마자 자신이 다시 돌아오게 된 것은 전능하신 하나님의 은총임을 알고 하나님께 아낌없는 찬사와 영광을 돌려드렸다. 레이테 탈환작전은 전능하신 하나님의 보호와 간섭 속에서 이루어진 승리였다.

사람이 하나님께 복을 받고 은혜를 입는 것이 최종의 목표가 아니라 하나님의 은혜를 입고난 후 영광과 존귀를 주님께 돌리는 것이 궁극의 목표요 신앙의 절정인 것이다. 하나님의 세계는 돌려드림으로 되받는 축복, 비움으로 채워지는 은총, 버림으로 누리는 행복, 이것이 심음과 거둠의 법칙이요 축복의 산울림 법칙이다.

인간은 사람들로부터 직접 영광 받아서는 안 된다. 피조된 인간이 직접 영광 받는 것은 인간에게 금지된 법이다.

이사야 43장 7절에 "내 이름으로 불려지는 모든 자 곧 내가 내 영광을 위하여 창조한 자를 오게 하라 그를 내가 지었고 그를 내가 만들었느니라"(사 43:7)고 했다. 하나님이 인간을 지으신 목적은 당신께서 영광을 받으시기 위함이다. 그러므로 먼저 하나님께 영광을 돌려드리면 하나님은 기뻐 받으시고 반드시 더 큰 영광을 내려주신다. 인간은 그것을 받아야 한다.

> "만일 하나님이 그로 말미암아 영광을 받으셨으면 하나님도 자기로 말미암아 그에게 영광을 주시리니 곧 주시리라"(요한복음 13:32)

맥아더 장군은 역사적인 순간마다 하나님께 아낌없는 영광과 존귀를 돌려드림으로 계속하여 하나님께로부터 더 큰 영광을 되돌려 받고 있다.

특별히 맥아더 장군은 하나님께 영광을 돌릴 때에도 과연 장군답게 사람의 눈치를 보지 않고, 공개된 장소에서 공개적으로 당당하게 영광을 돌렸다.

이제 일본은 레이테 섬을 잃음으로 서태평양 항로가 끊어져 버렸다.

따라서 서태평양의 필리핀, 인도지나반도, 인도네시아, 말레이시아, 싱가폴, 보르네오 방면으로 침략한 200만의 일본군과 서남태평양의 뉴-기니, 뉴-브리텐, 비스마르크, 솔로몬군도로 침략한 수십만의 일본군들은 퇴로가 끊겨 고립됨으로 열대의 밀림 속에 갇혀 불안과 초조 속에서 굶어죽을 처지가 되었다.

그러나 일본군들은 항복을 몰랐다. 일본의 사무라이들은 최후 1인까지 최후 일각까지 싸운다는 문자 그대로 결사항전이었다. 그들은 자존심을 내세워 싸우다 패해도 살려달라고 목숨을 구걸하지 않는다. 그러므로 연합군은 마지막 남은 한 사람까지 사살해야만 했다. 이 전투에서 일본군 전사자는 8만 명이 넘은데 비해 포로는 고작 200명에 불과했다. 그리하여 레이테 섬은 일본군들의 시체로 산을 이루고 피가 강을 이루는 끔찍한 죽음의 섬으로 변했다. 이 전투에서 바탄에서 무자비하게 죽음의 행진을 몰아가 연합군 포로 2만 5천 명의 생목숨을 앗아냈던 16사단은 단 한 명도 남김없이 전멸했다. 일본군들은 최고 실력자인 쇼군의 명령 없이는 항복 할 수 없다는 사무라이 전통에 갇혀 안 죽어도 될 수많은 꽃다운 젊은이들이 피어보지도 못한 채 안개 같이 사라졌다.

싱가포르에 기지를 두고 있던 일본군 연합함대(중앙함대, 남방함대, 북방함대) 사령관 도요타스 에무 제독은 레이테에서의 패전

소식을 듣고 반전의 기회를 노리고 일본의 주력 전함인 야마토함과 무사시함을 주축으로 휘하의 모든 전단을 이끌고 1944년 10월 23~26일까지 레이테 바다에서 4차에 걸쳐 윌리엄 헬시 제독의 미 3함대. 킹게이스 제독의 미 7함대와의 태평양 전쟁의 최대 해전인 레이테 해전을 벌렸다.

이 해전에서 일본 연합함대는 혼선이 일어나 지휘계통이 제대로 서지 않아 우왕좌왕 하다가 제대로 대처하지도 못하고 결국 미 3, 7함대에 무릎을 꿇고 말았다.

이 해전에서 일본의 연합함대는 항공모함 4척과 일본이 자랑하는 전함 무사시호를 잃었다. 전함 무사시호는 일본의 거함거포주의에 의해 야마토함과 함께 건조된 세계 최대의 전함으로 무게만도 69,594t을 자랑했으며 포탑에 한 발에 1,300kg의 포탄을 날리는 18인치 함포 77문이 장착되어 있었고, 전면에 40cm 두께의 철갑을 덮어 불침함을 꿈꾸고 있었다.

그러나 1944년 10월 24일 미 3함대에서 날아온 급강하 폭격기에 의해 5차례의 집중 공격을 받고 시브얀 해, 깊은 바다 속에 가라앉아 버리므로 도요타스 에무 제독의 꿈은 무산되고 말았다.

무사시호의 함장 이노구치 도시하라 소장은 미처 탈출하지 못한 1,030명의 부하 수병들과 함께 소용돌이치는 물결 속으로 빨려 들어감으로 전함 무사시호와 함께 흔적도 없이 사라졌다.

일본이 자랑하는 최고의 전함을 무사시호라고 명명하게 된 것은 일본 역사상 최고의 검객 무사시의 이름을 애칭으로 붙인데서 연유한다. 미야모토 무사시(1584~1645) 는 어느 한쪽이 죽어야 끝이 나는 진검승부를 13세 때부터 시작하여 79회에 이르도록 단 한 차례도 패한 적이 없는 일본 최고의 사무라이였다. 그는 쌍칼 잡이로 일본에서 검성으로까지 추앙받는 전설적인 인물이었다.

일본은 무사시호를 진수하면서 미야모토 무사시 같은 불패의 신화를 자랑하는 전함이 되기를 바랐으나 레이테 해전에서 패하여 시브얀 해에 가라 앉으므로 그 꿈도 함께 사라졌다. 일본 최고의 전함 무사시호의 침몰은 일본 열도의 침몰을 예고하는 전조와도 같았다.

맥아더 장군은 이번 전투의 승리도 고난과 긴장 속에서도 충직하게 보좌해준 참모들이 있었기에 가능했으며 궁극적으로는 어제나 오늘이나 변함없이 연합군을 가호해주신 자비로우신 하나님의 은총이라고 생각하며 영광과 존귀와 찬사를 받으시기에 합당하신 하나님께 모든 영광을 돌려드렸다.

연합군이 레이테를 점령함으로 드디어 필리핀 관문을 통과했다. 다음 공격 목표는 필리핀의 주도이며 수도가 있는 루손 섬이다. 루손 섬은 맥아더 장군에게 아픈 추억이 서린 바탄과 코레히돌이 있는 곳이다.

이제 루손 섬만 정복하면 사실상 필리핀 탈환전은 대단원의 막을 내리게 된다.

맥아더 장군은 성공적인 레이테 섬의 점령과 레이테 해전에서 거둔 승리로 인하여 미 육군참모총장 마샬 장군으로부터 성공을 축하하는 축하전문을 받고, 이어서 1944년 12월, 5성 장군인 원수(General of the army) 에 오르게 된다. 맥아더 장군에게 따라붙는 원수라는 직함은 이때에 주어졌다.

"그를 높이라 그가 너를 높이 들리라 만일 그를 품으면 그가 너를 영화롭게 하리라 그가 아름다운 관을 네 머리에 두겠고 영화로운 면류관을 네게 주리라 하셨느니라"(잠언4:8~9)

맥아더 장군은 먼저 하나님을 높이고 범사에 그를 인정했더니 하나님은 그에게 잔이 넘치는 축복을 허락하셨다. 번쩍이는 5성장군의 계급장은 영광으로 빛나는 관이었다.

부하를 위한 기도

맥아더 원수는 레이테 섬을 떠나기 전 미 공군 조종사 중에서 가장 뛰어난 리처드 본 소령에게 미 의회가 수여하는 명예훈장을 수여했다. 그는 뉴-기니 전투에서 레이테 점령까지 수많은 공중전에서 일본 공군기 40대를 격추한 특출한 조종사였다.

맥아더 원수는 하나님께서 전도가 양양한 이 젊은 용사를 축복해 주시도록 하나님께 간절히 기도드렸다. 미국이 자랑하는 최고의 공군조종사에게 지휘관으로서 해줄 수 있는 최고의 선물은 그를 위하여 하나님께 중보적인 기도를 하는 것이었다.

"전능하신 하나님!

주께서 리쳐드 본 소령의 앞날을 축복해주옵소서! 리쳐드 본 소령은 정의의 사도로서 하나님의 심판을 대행해 왔나이다. 앞으로도 변함없는 사랑과 애정 어린 손으로 그의 애기와 함께 그의 생명을 생명싸개 속에 지켜주셔서 공중에서 적기와 싸울 때에 늘 승리하게 하옵소서 주님!"

전투기 조종사는 언제 사고를 당할지 예측할 수 없다. 비행기 사고는 목숨을 잃는 경우가 다반사이므로 조종사들은 한 순간이라도 하나님의 보호가 절실한 것이다. 리쳐드 본 소령은 하늘을 지배했으며 기지와 용기가 뛰어난 조종사였다. 맥아더 원수는 이런 숙련되고 카리스마가 넘치는 조종사를 얻게 된 것을 자랑스럽게 여기며 그의 앞날에 하나님의 가호가 항상 함께 하시기를 간절히 빌었다.

승리의 깃발

> "여호와여 주의 원수들은 패망하리이다 정녕 주의 원수들은 패망하리니 죄악을 행하는 자들은 다 흩어지리이다. 그러나 주께서 내 뿔을 들소의 뿔같이 높이셨으며 내게 신선한 기름을 부으셨나이다"(시편 92:9~10)

루손 섬은 필리핀의 수도 마닐라가 소재한 주도이며 맥아더 장군에게 아픈 추억이 서려있는 바탄 반도가 있는 곳이다.

뿐 만 아니라 루손 섬은 필리핀 군도에 흩어져 있는 30만의 일본군을 관할 하는 필리핀 방명군 사령부가 있는 곳이기도 하다. 일본군은 레이테 전투에서 8만 명이 희생되었으나 아직도 루손 섬과 필리핀 군도에 22만의 군대가 건재했다.

그러나 루손 섬만 점령하면 점점이 흩어져있는 필리핀 군도에 잔존하는 일본군 진지는 문제 될 것이 없었다. 그러므로 루손 섬 공략은 사실상 필리핀 탈환전의 끝을 보는 전투이다. 연합군은 상륙목표를 북쪽에 있는 링가엔 만으로 정했다. 맥아더 원수는 일본군을 속이기 위해 폭격기를 발진시켜 루손 섬 남쪽을 공격하는 시늉을 했다. 루손 섬 남쪽 바다에 부설해 놓은 기뢰를 제거하고 게릴라들을 남쪽지역으로 보내어 활발하게 움직이도록 주문했다. 결국 필리핀 주둔 사령관 야마시다 대장은 연합군의 기만작전에 말려들어 주력부대를 남쪽으로 이동시킴으로 정녕 지켜야 할 북쪽 링가엔 만을 비워두게 되었다. 때를 같이 하여 중폭격기들은 일본군 진지를 향해 쉴 새 없이 폭격을 가했다. 그러는 사이 맥아더 원수는 루손 섬 공략을 위한 전열을 정비하기에 여념이 없었다. 공격선단은 레이테를 공략할 때 보다 3배나 많은 2,500 척이었다. 이 전단은 주도인 루손 섬과 필리핀 군도에 잔존하고 있는 20만이 넘는 일본군을 완전히 소탕하기 위하여 동원된 군대였다. 때는 1945년 1월 4일 드디어 태평양 서남해 전투의 마지막 대미를 장식할 대망의 루손 섬 공략을 위하여 공격 신호탄이 허공을 갈랐다. 이와 때를 같이 하여 필리핀 해를 뒤덮은 거대한 선단이 적진을 향하여 움직이기 시작했다.

출항에 앞서 장군은 이번에도 하나님께 먼저 기도로 출전 보고를 드렸다.

"전능하신 하나님 아버지!

우리 군대에 불패의 신화를 안겨주심을 감사드리오며 모든 영광과 찬송을 주님께 돌립니다.

우리 부대는 이 땅에 도전받는 민주주의와 위기에 처한 근대문명을 구하고자 정의의 십자군으로 일어섰사오니 저희들을 가호하여 주시고 두 손 들어 축복하옵소서! 그리하여 이 땅에 진정한 양심이 회복되고 숭고한 이상이 실현됨으로 정의로운 하나님의 나라가 임하게 하옵소서!

이제 우리 부대는 대망의 수도 마닐라 탈환을 위하여 출전하오니 가는 길에 복병을 만나지 않게 하시고 장도를 지켜 주시옵소서!

이번 전투는 저 야수와도 같은 일본군들의 본영을 해머로 내려쳐 필리핀 탈환전을 마무리 짓는 마지막 전투이오니, 이번 전투에도 승리의 상징인 우리의 깃발이 적의 심장부에 나부끼게 하옵소서!

잠시 후면 우리 병사들이 처절한 전장으로 뛰어드오니 하나님의 전신갑주로 감싸 주셔서 적의 유탄으로부터 저들의 생명을 지켜 주시옵소서! 주님!

언제나 변함없이 저희들을 사랑하시는 주 예수님의 이름으로 간절히 기도드립니다. – 아멘 –

맥아더 장군은 3년 전 "I shall return!" 나는 다시 돌아온다! 는 말을 남기고 떠나갔던 그 필리핀의 주도 루손 섬을 향하여 약속대로 다시 돌아가게 되어 흥분을 감출 수 없었다.

중요한 전투이니만큼 참가하는 규모도 엄청났다. 출전하는 함대는 미 3함대와 7함대 그리고 호주함대에 배속된 항공모함과 순양함, 구축함, 그리고 무기와 전쟁 물자를 실은 전단이 무려 2,500척이나 되었다.

공군부대로는 미 제5공군과 13공군이 참가하여 쉴 새 없이 일본군을 공격하고 한편으로는 항진하는 전단을 엄호하였다.

지상군 부대로는 미 제6군과 8군 그리고 1군단과 14군단 그리고 5개 예비사단이었다. 당시 미국의 군사편제상 1개 군은 2개 군단으로 구성되어 있었으며 1개 군단은 2개 사단으로 구성되어 있었고, 1개 사단은 약 1만 명의 장병들로 구성되어 있었다. 이 편제는 사정에 따라서 신축적으로 늘어날 수도 줄어들 수도 있었다.

필리핀 해를 뒤덮은 연합군 대 전단은 뱃머리를 북으로 돌려 파도를 가르며 항진했다. 저 멀리 수평선 너머 꼬리를 물고 이어진 전함들은 끝이 보이지 않았다.

1945년 1월 9일 새벽, 드디어 연합군 함대는 상륙지점에 도착하여 대 역사를 위하여 함포사격을 시작했다. 일본군의 주력은 기만전술에 속아 남쪽으로 이동했으므로 링가옌 만은 약간의 수비대만 남아 있었다. 일본군 수비대에서 저항을 해왔으나 연합군의 강력한 화력 앞에 진지는 휴지조각이 되어 날아가 버렸다. 그리하여 연합군은 링가옌 만에 무혈입성 하였다.

지상군은 육중한 탱크와 장갑차를 앞세우고 지축을 흔들며 수도 마닐라를 향하여 힘차게 내달렸다. 이번 전투는 미국이 개발한 최신형 탱크와 수륙양용 장갑차와 사정거리가 길고 성능이 탁월한 대포와 기타 장비들의 시험대가 되었다.

상륙부대를 향해 일본 공군기들이 공격해 왔으나 이어서 대공포가 불을 뿜자 대공포에 맞은 적기들은 공중에서 산산 조각나 버렸다. 항공모함에서 발진한 함재기들은 진군하는 연합군을 엄호하며 한편으로는 가나안 정복전쟁에서 맹활약한 왕벌 같이 일본군 진지와 거점을 향해 무섭게 덤벼들었다. 상륙군의 총공세와 함께 게릴라들도 맥아더 사령관의 전투개시 명령에 따라 맹렬하게 활동했다. 그들은 일본군의 전선을 절단하고, 통신시설을 파괴하고, 교량을 폭파하고, 지뢰를 매설하여 일본군의 작전을 방해하였다. 보병 제14군단이 전차를 앞세우고 선봉에 서서 루손 섬 중부평야와 넓은 도로망을 이용하여 쾌속 질주해 들어갔다. 14군단의 뒤를 이어 다른 부대들이 속속 상륙하여 성난 파도와 같이 내륙으로 달렸다. 육중한 탱크를 앞세우고 적진을 향하여 황토바람을 일으키며 진군하는 연합군의 행렬은 장관이었다. 루손 섬 북부 링가옌 만에서 타고나 만 까지 약 200km에 걸쳐 필리핀 중부평야가 펼쳐져 있다. 산악지대와는 달리 평야를 건너지르는 진격은 예상외로 속도가 빨랐다.

맥아더 원수는 일본군들이 숨 돌릴 틈도 주지 않고 마지막 목줄을 죄어갔다. 무엇보다 한시라도 빨리 포로들을 수용소에서 해방시켜야 겠다는 생각으로 밤낮을 가리지 않고 달렸다. 마닐라 입성을 위한 마지막 작전이 전개되었다. 포위된 일본군들은 절망상태에서도 폭탄을 안고 인간 방패막이로 맞섰으나 질풍노도 같이 밀려드는 연합군의 진격을 멈추게 할 수 없었다. 많은 사상자를 내고 건물도 파괴되었다. 마닐라를 포위하여 육박해 들어오던 연합군부대들이 사방에서 탱크를 앞세우고 밀고 들어왔다. 일본군들은 결사항전하며 자살공격으로 맞섰으나 연합군을 막기엔 역부족이었다.

비로소 작렬하던 포성이 멈추었다. 필리핀의 심장 마닐라가 연합군 수중으로 들어왔다. 일본군의 마지막 남은 초소까지도 연합군에 접수 되었다. 때를 같이하여 마닐라 시민들이 아직 포연이 가시지 않는 거리로 쏟아져 나왔다. 거리마다 광장마다 사람들로 발 디딜 틈조차 없었다. 마닐라가 진동했다. 세상이 뒤집어 졌다. 말 그대로 인산인해였다. 시민들은 두 팔을 번쩍 들어 올리며 "마부하이!!" 만세!! 라고 목이 터져라 외쳤다. 남녀노소 할 것 없이 춤을 추는가 하면 기쁨의 눈물을 흘리는 사람도 적지 않았다. 거리로 쏟아져 나온 시민들은 이때까지 어깨를 짓누르던 억압에서 풀려나 어느 누구의 간섭도 받지 않고 자유롭게 거리를 활보하게 되었다. 시민들의 자유스러운 걸음걸이와 얼굴에 가득한 미소는 금방 거리를 살아 움직이는 에너지가 넘치는 거리로 만들었다. 필리핀 탈환작전은 적은 희생으로 큰 성공을 거둔 기적이었다. 일본군의 진을 하나하나 공략하지 않고 보급로만 확실하게 끊어버리고 개구리뜀 전법으로 건너뜀으로서 시간상으로도 크게 앞당길 수 있었고, 전력상으로도 손실을 최소화하였다. 루손 섬 공략에서 일본군의 희생은 12만 4천 명이나 되었다. 그들은 자존심을 내세워 항복하지 않고 끝까지 대항하다 사살됨으로 일본의 상징인 벚꽃처럼 일시에 피어나 아름다움을 자랑하다가 한꺼번에 저버렸다.

숱한 화재를 뿌리며 가는 곳 마다 선전하여 승리를 거두었던 맥아더 원수와 휘하의 장병들은 뉴-기니 전투에서 필리핀까지 그 멀고도 험한 전투에서 오로지 이 땅에 하나님의 정의를 실현하고 공법이 강 같이 흐르는 이상세계를 구현하고자 싸우고 또 싸웠다. 뉴-기니, 부나, 사나난도, 와우, 라에, 살라모아, 비스마르크, 라바울, 그린제도, 부겐빌, 애드미럴티, 아이타페, 홀란디아, 훔볼트, 핀슈하펜, 휴온반도, 알렉시스하펜, 타나메라, 와크데, 비아크, 눔푸르, 사르미, 보겔코프반도의 산사포르, 브루네이, 발릭파판, 레이테, 사마르, 민도르, 루손에 이르기까지 서남태평양 상에 무수한 발자취를 남기고 마침내 대망의 필리핀의 주도인 루손 섬을 정복했다. 아! 이 순간을 얼마나 기다려 왔던가! 오늘에야 비로소 꿈속에서도 잊지 못하든 필리핀 탈환의 대 장정을 마감하게 된 것이다. 맥아더 원수는 루손 섬 험준한 반도 바탄과 코레히돌 섬을 떠날 때 "I shall return!" 나는 다시 돌아온다!. 하고 힘주어 말했던 그 약속을 짧은 시간 안에 지키게 됨으로 악조건 속에서 기어이 약속을 지켜냈다는 자긍심과 승리자로서 맛보는 그 기쁨과 감격을 주체할 수 없어 자비로우신 하나님께 모든 능력과 찬송과 권능이 우리 주님께 영원히 있으리로다!. 하고 영광을 돌리지 않을 수 없었다.

인간의 본질은 하나님께 영광을 돌리는데 있다.

그러므로 인간은 본질로 돌아갈 때 진정으로 행복이 있고 기쁨이 있는 것이다. 맥아더 원수는 꿈에도 잊지 못할 필리핀을 탈환했다는 감격과 기쁨 보다 하나님께 영광을 돌림으로 하늘로부터 내려오는 영광 가득한 기쁨과 감격에 더욱 행복해 했다.

> "내 영혼아 여호와를 송축하라 내 속에 있는 것들아 다 그의 거룩한 이름을 송축하라 내 영혼아 여호와를 송축하며 그의 모든 은

택을 잊지 말지어다"(시편 103:1~2)

일본군은 뉴-기니에서 필리핀까지 3년에 걸친 필리핀 탈환전에서 점점이 흩어진 격전지에서 100만 대군으로 연합군에 맞섰으나 단 한 번도 이긴 적이 없었고, 오히려 연합군의 총탄에 수십만 명이 쓰러졌고 살아남은 자들은 보급로가 끊어져 절해고도 외로운 섬에 갇혀 이글거리는 태양 아래서 깡말라 죽어갔다.

봄볕 같은 자유!

일본군들은 패색이 짙어지자 감시하던 포로들을 잔인하게 괴롭혔다. 맥아더 원수는 무엇보다 포로들의 안전이 염려되었다. 이들을 한시라도 빨리 구출하지 않으면 굶주림과 학대로 목숨을 부지하지 못할 것이다. 만에 하나라도 목숨을 잃는다면 해방의 문턱에서 봄볕 같이 찾아온 자유를 맛보지도 못한 채 죽어간다면 이보다 더 슬픈 일이 어디 있겠는가? 그리하여 비상수단을 강구하여 특공대와 필리핀 게릴라들을 동원하여 포로 구출작전에 나섰다. 특공대 요원들은 전선에서 60km 후방에 있는 카바나투안 포로수용소를 급습하여 억류자들을 구출하는 데 성공했다. 포로들은 먹지 못하고 입지 못하여 몰골이 말이 아니었다. 핏기 없는 얼굴에 눈은 쏙들어가고 가죽은 뼈에 붙었다. 옷은 낡아서 남루한 누더기가 되었다. 머리는 헝클어져서 사람인지 짐승인지 분간이 가지 않았다. 이런 모습으로 죽지 않고 살아있는 것이 기적이었다. 포로들은 하루가 천년 같은 세월을 인내심으로 버티다가 구출하러온 특공대원들을 보자 힘이 소생하여 그 자리에서 일어나 함성을 질렀다. 포로들은 병사들을 끌어안으며 뜨거운 눈물을 흘렸다. 이날이 오기를 얼마나 기다려왔던가! 자유를 잃고 인간의 존엄과 가치를 유린 당했던 나날이었다. 이제 다시 그 자유를 찾았으니 기운이 솟아나고 눈에는 빛이 나기 시작했다. 아! 자유, 이 얼마나 고귀한 것이더냐!

자유를 잃었을 때 비로소 자유의 귀중함을 깨달았다. 일본군들의 감시와 학대 속에서 포로들이 할 수 있는 일이라고는 하나님께 기도하는 길 뿐이었다. 굶주림과 말라리아에 견디지 못하고 죽어가는 동료들을 볼 때 마다 가슴이 메어졌다. 그 가운데서 그들은 밤마다 하나님께 눈물로 애절한 기도를 올렸다. 하나님은 그 기도를 들으시고 구원자를 보내 주신 것이다.

> "이에 그들이 그 환난 중에 여호와께 부르짖으매 그들의 고통에서 구원하시되 흑암과 사망의 그늘에서 인도하여 내시고 그들의 얽어맨 줄을 끊으셨도다"(시편 107:13~14)

포로들은 지옥과도 같은 포로수용소를 나와 대지를 숨 쉬며 흙냄새를 맡으니 가슴이 후련했다. 눈에 보이는 파란 하늘, 나무와 꽃들, 지저귀는 새소리… 이때까지 하늘과 땅이 이렇게 아름답게 느껴진 때가 없었다. 자유 속에서 누리는 아름다움은 속박 속에서 보았던 것과는 또 다른 느낌이 있었다. 포로들은 이 모든 감사와 영광을 자유를 주신 하나님께 돌려드렸다. 그들의 입에서는 감사하다는 말 밖에 없었다. 그 뒤에도 똑 같은 방법으로 다른 수용소에 억류된 포로들을 해방시켰다. 맥아더 원수는 37사단과 함께 아직 시가전이 벌어지고 있는 마닐라에 입성했다. 전쟁이 나기 전 자신이 숙소로 썼던 마닐라 호텔의 맨 위층으로 올라가 보았다. 마닐라시가 온통 전화에 휩싸였다. 호텔을 나와 주네타 공원으로 갔다. 잠시후 기관총소리가 걸음을 멈추게 했다. 뒤를 돌아보니 마닐라호텔이 화염에 휩싸였다. 맥아더 원수는 간발의 차이로 또 한 번 죽음을 모면했다. 아직도 시내 곳곳에는 포탄이 작렬했고, 연합군은 잔당들을 소탕하느라 비지땀을 흘렸다. 이번에는 발걸음을 옮겨 마닐라 시내에 산재한 포로수용소로 향했다. 맥아더 원수가 들어서자 피골이 상접한 포로들이 어디서 그런 힘이 솟아났는지 "와아!" 하고 소리를 질렀다. 맥아더 원수는 먼저 억류된 자들을 위로했다. 포로들의 몰골은 예외 없이 어디나 마찬가지였다. 뼈만 앙상하게 남은 대다가 다

맥아더 장군이 당도했을 때의 필리핀 포로수용소의 모습

헤어지고 악취가 풍기는 옷을 걸치고 있었다. 그들은 맥아더 원수를 보자 눈물을 흘리며 잡은 손을 놓지 못했다. 이번에는 바탄과 코레히돌에서 격전을 벌렸던 병사들이 억류된 곳을 가 보았다. 군인들은 민간인들과 따로 격리되어 있었다. 이곳의 상태는 최악의 상태였다. 그들의 얼굴은 깊게 파인 주름과 텁수룩한 수염에 옷은 다 찢어지고 구두는 헤어져 발가락이 삐져나와 있었다. 그들의 모습은 그때 함께 싸웠던 역전의 용사들의 모습이 아니었다. 맥아더 장군이 그들의 앞을 천천히 걸어가자 포로들은 상관에 대한 예우로서 부동자세를 취했다. 그들은 "고맙습니다. 장군! 돌아와 주셨군요!" 하고 인사를 건넸다. 맥아더 장군은 돌아오기는 했지만 "너무 늦어 미안하네!" 하는 말로 그들이 겪은 아픔에 대한 위로를 대신했다. 맥아더 원수는 바탄과 코레히돌이 무너져 일본군의 포로가 된 후 뉴-기니니 포트 모레스비 연합군 진지에서 하나님께 가슴을 도려내는 심정으로 오! 하나님! 저들을 버리지 마시고 구제받는 그날까지 저들의 목숨만은 붙어있게 하옵소서! 하고 절규하며 눈물로 기도의 씨를 뿌린 결과 오늘과 같이 그리운 얼굴들을 반갑게 다시 만날 수 있었다.

> "여호와께서 우리를 위하여 큰 일을 행하셨으니 우리는 기쁘도다 여호와여 우리의 포로를 남방시내들 같이 돌려 보내소서 눈물을 흘리며 씨를 뿌리는 자는 기쁨으로 거두리로다"(시편 126:3~5)

약속의 땅으로

필리핀을 관할하고 있는 일본군의 심장부를 해머로 내려쳐 정복함으로 이제 필리핀 군도에 깔려있는 일본군들을 소탕하는 것은 별 문제가 되지 않았다.

맥아더 원수는 제6군 예하의 4개 사단을 보내어 루손 섬에 잔재하고 있는 일본군 진지를 소탕하게 하였다. 그중 존즌 여단은 과거에 맥아더 장군이 방어전을 폈던 바탄과 코레히돌에 있는 일본군 수비대를 공격했다.

그러나 일본군들의 저항은 완강했다. 그리하여 해군과 공군이 동시에 맹렬한 함포사격과 공중폭격을 가했으나 일본군은 최후의 저항을 계속해왔으므로 뉴-기니의 라에와 살라모아 전투에서 용맹을 떨쳤던 503공수부대를 동원하여 적을 앞뒤로 포위하여 괴멸시킴으로 6천 명의 일본군 수비대는 단 한 명도 남김없이 전멸했다.

이제 아련한 추억과 함께 뼈아픈 상처를 남겨 주었던 바탄과 코레히돌도 연합군의 손에 들어오게 되었다.

그리고 제8군 예하의 4개 사단은 비시야제도와 민다나오 섬에 있는 잔당 소탕전에 투입되었다. 이 지역의 지형은 난공불락의 요새였다. 그러나 2월초에 공격을 개시한 미군은 공격을 멈추지 않고 열대지방의 밀림으로 뒤덮인 정글과 험한 계곡을 넘어 공중폭격을 쏟아 부었고 진격이 불가능했던 험준한 지형도 공병대가 들어가 길을 뚫고 그 뒤를 탱크 부대와 포병대가 들어갔다. 일본군들은 폭탄을 안고 백병전으로 진지를 사수했으나 연합군은 물러서지 않고 험준한 산악지대에 구축된 진지를 포병대로 제압하고 들어갔다. 카가야 계곡의 발레테 고개는 탄탄한 요새였으나 이 요새도 미군의 포대에서 날아간 포탄 세례에 끝내 정복되고 말았다.

"너의 마음의 교만이 너를 속였도다 바위틈에 거주하며 높은 곳에 사는 자여 네가 마음에 이르기를 누가 능히 나를 땅에 끌어내리겠느냐 하니 네가 독수리처럼 높이 오르며 별 사이를 깃들일지라도 내가 거기에서 너를 끌어내리리라 여호와의 말씀이니라"(오바댜 1:3~4)

맥아더 장군은 해군의 고속 어뢰정인 PT. 보트를 타고 바탄과 코레히돌을 탈출할 때 동행했던 일행들과 함께 바탄과 코레히돌 섬으로 향했다. 아침햇살을 받으며 옛 추억을 더듬어 그때의 격전지를 돌아보았다. 바탄반도와 코레히돌섬의 격전지는 뼈에 사무치도록 절설한 사연을 간직한 곳이었다. 그칠 줄 모르는 일본군의 공격을 헐벗고 굶주린 몸으로 막아내며 분전하던 곳, 그의 가슴에서 지울 수 없는 아픈 추억이 서린 곳이었다. 내가 다시 돌아온다는 마지막 말을 남기고 떠났던 바탄 반도에 그의 약속대로 그때 같이 떠났던 참모들과 함께 다시 돌아왔다. 바탄과 코레히돌은 이제 막 전투를 끝낸 듯 아직 포연이 가시지 않았다. 포위망 속에서 달빛을 벗 삼아 어린 아들과 함께 기도하던 관사가 있던 언덕을 바라보았다. 건물은 무너지고 옛터만 남았다. 그때 그 애절한 기도가 헛되지 않았기에 다시 이곳에 올 수 있었다. 하나님은 이렇게 간절한 기도에 간증

거리를 주셨다. 맥아더 장군은 지난 일들이 스쳐가면서 옛 격전지를 찾은 것도 약속대로 다시 돌아온 것도 다 하나님의 은혜임을 깨닫고 자비로우신 하나님께 진심어린 감사를 드렸다. 맥아더 장군은 기억을 더듬어 3년 전 이곳에서 꽃다운 젊음을 바쳐 피로써 분전하다 죽어갔던 병사들을 생각했다. 이곳에서 3개월 동안 죽음을 무릅쓰고 지연작전을 펴 일본군의 발목을 잡음으로 연합군들이 전투력을 결집시킬 시간을 벌게 해주었다. 그때 만약 바탄과 코레히돌이 무너졌으면 호주와 뉴-질랜드가 함락되어 참담한 결과를 가져왔을 것이다. 고로 오늘의 이 영광은 그때 전사했던 영웅적인 용사들에게도 돌아가야 한다고 생각했다. 살아남은 자의 영광은 언제나 전사자의 희생 앞에 빛이 바래기 마련이다.

연합군의 필리핀 공략으로 레이테에서 민도루, 루손 섬, 바탄과 코레히돌, 비시야제도, 민다나오, 카가야 계곡에 이르기까지 30만이 넘는 일본군 수비대는 거의 전멸했다.

6

일본의 패망과 점령지 정책

6

무너지는 일본 열도

이제 연합군의 칼끝이 일본 본토를 겨누게 되었다.

일본 본토공략에서 맥아더 원수가 최고사령관으로 정해졌다. 일본 열도는 소수 강경파들이 득세하여 죽창을 들고서라도 본토를 지키겠다는 결사항전의 분위기였다. 그리하여 미국은 일본의 강경파의 기세를 꺾기 위하여 청야전법을 택했다. 청야전법이란? 소이탄으로 전쟁을 수행하는 군수산업기지 뿐 아니라 사회기반시설, 산업시설, 주거시설 할 것 없이 무차별적으로 불로 태우는 전법을 말한다. 미국은 이미 1944년 6월 19~20일 남태평양 사령관 니미츠 제독에 의해서 마리아나의 사이판, 로타, 테니안 섬을 손에 넣고 이곳에 비행장을 건설하고 이곳에서 2,000km 떨어진 일본 본토 공습을 위하여 B-29 전략폭격기를 전진 배치를 끝 낸 상태였다

마리아나 제도는 일본의 도쿄 내각이 튼튼한 무장을 갖추고 있으므로 어떤 일이 있어도 지킬 것이라고 호언장담했었다. 그러나 미

국의 남태평양 함대에 빼앗김으로 도죠 내각이 문책을 받고 총사퇴하게 된 곳이다.

남태평양 사령관 니미츠 제독에 의해 이오섬(유황도) 공격이 한창이든 1945년 3월 9일 미 제5공군과 제13공군은 B-29 전략폭격기 334대를 띄워 일본 본토 공략에 들어갔다. 1차 공격목표는 일본의 왕궁과 대본영이 있는 수도 동경이었다. B-29 전략폭격기 편대는 저공비행하며 동경시가지를 X자 모형으로 교차하며 50만개의 네이팜탄을 투하했다. 네이팜탄은 건물과 인명을 파괴하는 폭탄과는 다른 것으로 도시를 불로 태워버리는 불폭탄이었다. 네이팜탄은 터질 때 공기를 빨아들이므로 거대한 불 바람을 일으켜 삽시간에 동경시내를 불길로 휩쓸어 버렸다. 그 불길은 240km 밖에서도 볼 수 있을 정도로 하늘을 뒤덮으며 거대한 화염으로 타 올랐다. 네이팜탄을 적재한 B-29 폭격기 편대가 한번 휩쓸고 지나가면 수만 채의 가옥이 불탔고, 수십만 명의 이재민이 생겨났다. 소방차가 동원되어 불길을 잡으려고 했으나 소방차마저도 뜨거운 불길에 녹아버렸다. 동경에 이어 요코하마, 오사카, 나고야, 삿포로, 고베, 후쿠오카, 가와사키를 비롯한 일본의 대도시들이 차례로 불벼락을 맞았다. 다음으로 중소도시로 불길이 옮겨 붙으면서 일본 열도는 화마에 휩싸였다.

이제 일본인들은 B-29 폭격기가 일본 상공에 모습을 드러내기만 해도 공포에 질려버렸다. 그래서 B-29는 공포의 폭격기, 하늘의 제왕이란 별명을 얻게 된 것이다.

"죄의 삯은 사망이라"(로마서 6:23)고 하신 바와 같이 하나님께서 죄가 가득한 소돔, 고모라, 아드마, 스보임을 하늘에서 유황과 불을 비같이 쏟아 그 성들을 엎어 멸하신 것같이 하나님은 제국주의 일본이 태평양의 평화를 파괴하고 제3국을 무자비하게 짓밟고 빼앗은 죄악이 위험수위에 찼으므로 일본 열도를 둘러엎어 버리고자 밤낮을 가리지 않고 네이팜탄을 쏟아 붓게 하셨다. 일본 열도가 비같이 쏟아지는 네이팜탄에 맞아 한창 불길에 휩싸이든 1945년 5월 7일 독일이 항복했다. 추축국에 가담했던 이탈리아가 1943년 9월 8일 항복한 후 1년 10개월 만에 독일도 손을 들었다. 세계를 전쟁의 화마 속으로 몰아넣어 전 유럽을 잿더미로 만들었던 히틀러가 베를린이 포위되어 벼랑 끝으로 내 몰리자 자살하므로 마침내 유럽에서 전쟁이 끝이 났다. 그러나 일본의 기세는 꺾일 줄 몰랐고 일본의 자존심은 항복을 몰랐으므로 전쟁의 잔혹성은 계속 되어만 갔다.

> "여호와께서 하늘 곧 여호와께로부터 유황과 불을 소돔과 고모라에 비같이 내리사 그 성들과 온 들과 성에 거주하는 모든 백성과 땅에 난 것을 엎어 멸하셨더라"(창세기 19:24~25)

원자탄 투하

1945년 7월 26일 포츠담 선언이 발표되었다. 미, 영, 중, 소 수뇌들이 독일의 베를린 근교 포츠담에서 발표한 선언이었다. 포츠담 선언은 일본에 대한 최후통첩이었다. 철저한 파괴로부터 일본 국민을 구제하기 위한 마지막 카드였다. 필리핀을 잃은 후 일본의 기류는 양분 되었다. 한쪽은 태평양전쟁에서 이미 기울어진 대세를 만회할 수 없으므로 강화하자는 비둘기파였고 또 한쪽은 아직도 본토를 지키는 100만의 군대와 5,000명의 가미가제 자살 특공대가 건재하고 5,000만의 국민이 있는 한 죽창을 들고서라도 끝까지 본토를 사수한다는 매파였다. 일본은 소수 강경파가 득세하여 이끌어가는 형국이었다. 그러므로 의견의 일치를 보지 못하고 포츠담 선언의 결정을 미루는 사이 시간은 급박하게 돌아갔다. 1945년 8월이 되면서 그 치열했던 태평양전쟁도 막바지에 이르고 있었다. 미국은 극약 처방이 아니면 일본을 항복시킬 수 없다고 판단하고 폭발실험을 마친 원자폭탄을 실전에 배치하였다. 때는 1945년 8월 6일 트루먼 대통령의 명령에 따라 마리아나 제도의 테니안 기지에서 이륙한 B-29 폭격기 에놀라게이(Enolagay)조종사 폴 티베츠 대령은 히로시마를 향하여 기수를 돌렸다. 그날따라 하늘은 회색 구름이 가리고 있었다. 공교롭게도 히로시마 상공은 이제 막 구름이 걷히면서 햇살이 비치기 시작했다. 마치 비수를 들고 겨누는 적 앞에 앞가슴을 열어주듯 히로시마는 열리기 시작했다. 오전 8시 15분 원자탄을 탑재한 B-29 폭격기가 히로시마 상공에 이르자 탄약수 펠레비소령이 폭탄을 투하했다. 낙하산에 매달려 떨어지던 원자탄이 지상 530m, 상공에서 거대한 버섯구름을 토해내며 폭발했다. 오랜지색 섬광이 빛났다. 순간 히로시마는 20만 명의 목숨과 함께 이 땅에서 사라져 버렸다.

"이에 한 힘센 천사가 큰 맷돌 같은 돌을 들어 바다에 던져 이르되 큰 성 바벨론이 이같이 비참하게 던져져 결코 다시 보이지 아니하리로다"(요한계시록 18:21)

원자탄이 떨어지기 전 미국은 먼저 경고의 삐라를 뿌렸다. 1945년 8월 6일 아침 히로시마에 원자탄이 투하될 예정이오니 시민들은 8월 6일 0시 이전까지 50리 밖으로 몸을 피하라는 내용이었다. 일본이 진주만을 공격할 때 경고도 없이 기습 공격한 것과는 대조적이었다. 미국은 적과 전쟁하는 중에도 전쟁규범에 따라 신사도를 지켰다. 전쟁에도 법칙이 있고 양심이 있는 법이다. 하나님은 인류역사를 통하여 여러 번 심판을 행하셨다. 한 가지 주목할 것은 심판하시기 전에 반드시 경고를 하셨다. 경고의 목적은 죄악의 수위가 넘어 멸하셔야 함에도 불구하고 하나님의 자비하심으로 마지막 회개할 기회를 주시는 것이다. 그러므로 경고를 받아들이는 자는 마지막 기회의 수혜자가 되는 것이요, 경고를 무시하는 자는 마지막 기회를 스스로 저버리는 것이다. 히로시마 시민들도 경고를 귀담아 듣고 시내를 빠져나간 사람들은 살았고 경고를 무시한 사람들은 한 줌의 재가 되어 흔적도 없이 사라졌다. 전 세계가 원자탄 투하로 인하여 신문지상을 도배하고 있었다. 이어서 1945년 8월 9일 두 번째로 원자탄이 나가사키에 투하되었다. 거대한 폭발음과 함께 나가사키도 순식간에 날아가 버렸다. 한순간에 10만 명의 목숨이 사라졌다. 하나님은 심판주로서 악인들에 대하여 그간 너무 오랫동안 침묵하셨다. 여호와께서 이제 그 침묵을 깨고 "주께서 잠에서 깨어난 것처럼 포도주를 마시고 고함치는 용사 같이 일어나사 그의 대적들을 쳐 물리쳐서 영원히 그들에게 욕되게 하셨도다” (시 78:65~66) 고 하신 바와 같이 일본에 대하여 철저히 응징하셨다. 이제 일본이 당하는 처절한 파멸과 가공할 재앙은 자신이 뿌린 씨에 대하여 열매를 거두는 것이었다.

무조건 항복

일본군 대본영에서는 이미 대세가 기울어졌음을 알면서도 그들의 자존심이 항복을 허락지 않았다. 1945년 8월 14일 트루먼 대통령은 일본이 항복하면 일왕의 존재를 보장하겠다는 성명을 발표하자 히로히토 일왕은 군부에 일본군이 연합군에 대항하여 싸움을 계속하는 것은 무모한 짓이며 결국 죽음만을 가져올 뿐이라는 것을 주지함으로 일본군은 항복 쪽으로 급선회했다. 그리하여 1945년 8월 15일 항복을 선언하는 일왕 히로히토의 떨리는 목소리가 전파를 타고 전 세계에 울러 퍼졌다. 살아있는 신으로 추앙받던 일왕이 항복했다. 세계를 집어 삼킬 듯 날뛰던 일본이 항복을! 그것도 아무 조건이 없는 무조건 항복이었다. 일본인들은 기미가요를 부를 때마다 “천황의 치세는 천 년 만 년토록 이르고 조약돌이 바위 되고 이끼가 끼도록 …” 일왕의 통치가 무궁하기를 노래했었다. 그러나 그 일왕이 항복함으로 일왕의 치세도 마침내 비감하게 막을 내리고 말았다. 일본 국민들은 방송에서 이때까지 일본군이 가는 곳마다 이긴다는 소식만 들어왔다. 국민들이 이때까지 고통과 불편함을 참아온 것도 승리에 대한 기대감 때문이었다. 그런데 항복이라니! 너무나 뜻밖이었다. 일본 국민들은 충격을 넘어 경악했다. 시민들은 거리와 광장으로 나와 왕궁을 향하여 엎드린 채 흐느껴 울었다. 일본 군대도 항복이라는 두 글자를 모르는 채 전쟁터에서 죽어가면서도 일왕을 위하여 죽는 것을 최고의 영예로 여기며 싸웠는데 지금 그 쇼군이 항복을 선언하고 있는 것이다. 그리하여 충격에 빠진 일본군 중에는 할복자살을 하거나 동료에게 군도를 내 주며 자신의 목을 쳐 줄 것을 주문했다. 그리하여 일왕에 대한 충성심이 강한 장교들이 목을 내려뜨리고 내려치는 군도에 목이 떨어지는 일들이 비일비재했다. 이렇게 일본군들은 알 수 없는 힘에 의해 집단 최면에 걸려 있었고, 일본열도는 흐느낌과 깊은 슬픔에 잠겼다.

트루먼 대통령은 일본의 항복을 받아 들이고 태평양에서의 모든 전투행위를 종결하였다. 그 치열했던 태평양전쟁, 1941년 12월 7일 일본의 진주만 기습 공격으로 시작된 전쟁이 1945년 8월 15일 일본이 무조건 항복함으로 끝이 났다. 그리하여 3년 7개월 만에 다시 태평양에 평화가 찾아왔다. 맥아더 원수는 전쟁을 종결짓고 평화를 주신 자비로우신 하나님께 진심어린 감사를 드렸다. 수많은 격전지에서 죽을 고비를 수도 없이 넘기게 해주시고, 전투를 할 때마다 값진 승리를 안겨 주시고, 이제 적국으로부터 항복까지 받아내게 해주시니 잔이 넘치는 하나님의 축복이었다. 일본도 항복함으로 처절한 파멸을 면하게 되었고, 인류도 문명파괴로부터 구제받게 되었으며, 연합군도 그만큼 희생자를 줄일 수 있어 이것도 감사한 일이었다. 이제 국가의 부름을 받고 찌는 듯 한 무더위 속에서 목숨

바쳐 싸웠던 병사들은 승리라는 값진 명예를 안고 그리운 고국으로 돌아갈 수 있게 되었으니 벌써부터 가슴이 설레었다.

항복식

항복식 절차가 정해졌다. 항복 조인식은 1945년 9월 2일 도쿄 만에 정박 중인 4만 5천 톤 급의 우람한 미주리호 함상에서 거행하기로 결정을 보았다. 일본은 무조건 항복한 마당에 전승국으로부터 어떤 무거운 책벌이 떨어질지 가슴 졸이며 긴장하고 있었다. 세계는 희대의 전범에게 어떤 처벌이 내려질지 또 얼마의 배상이 떨어질지 지켜보고 있었다. 그러나 전승국인 미국 정부는 맥아더 원수에게 패자에게 전쟁의 대가로 어떤 조건을 요구하라는 언질도 없었다. 패자에게 지우는 부담과 모든 조건은 맥아더 최고사령관의 양심과 주관에 맡겨졌다. 그리하여 맥아더 원수의 어깨는 더 한층 무거웠다.

일본의 항복 대표단이 정해졌다. 대표는 시게미츠 외상이었고 부대표는 육군참모총장 우매즈 대장이었다. 시게미츠 외상이 9명의 수행원을 대동하고 미주리호 함상에 나타났다.

일본인들은 패전국 국민으로서 역사적인 항복식을 모멸감 속에서 지켜봐야만 했다. 지금 온 세계의 눈은 미주리호 함상으로 집중하여 점령군 최고사령관 맥아더 원수의 입에서 무슨 말이 나올지 촉각을 곤두세우고 있었다. 맥아더 원수가 마이크 앞에 서서 먼저 주요 교전국들의 대표들이 평화를 회복하는 엄숙한 협정을 체결하기 위하여 이 자리에 모인 취지를 짤막하게 말한 후 다음의 연설을 이어갔다.

"우리가 이곳에 모인 것은 승자도 패자도 한 마음이 되어 지금부터 우리가 추구하고자 하는 보다 높은 존엄을 향하여 일어서고 모든 나라의 국민이 이 자리에서 맡으려는 의무를 충실하게 수행하기 위해서입니다. 이 엄숙한 식을 계기로 유혈과 학살의 과거를 청산하고 신뢰와 이해를 바탕으로 한 보다 나은 세계, 인간의 존엄과 인간이 가장 갈망하는 자유와 관용과 정의의 완성을 목표로 하는 세계의 탄생이 저의 진심어린 소망이며 또한 모든 인류의 소망입니다. 연합군 최고사령관인 저는 제가 대표하는 국가의 관례에 따라 항복 조항이 완전하고도 즉각적으로 그리고 성실히 이행 되도록 모든 조치를 취하면서 정의와 관용으로 책임을 수행해 나갈 것임을 선언하는 바입니다." 하고 연설이 끝난 후 항복문서에 서명했다. 먼저 패전국인 일본 대표가 서명하고 그 다음 미국 대표가 서명하고 이어서 중국, 영국, 캐나다, 프랑스, 네델란드, 뉴질랜드 등 각국 대표가 서명했다.

서명이 끝나자 맥아더 원수는 "이제 세계는 다시 평화가 찾아왔습니다. 저는 하나님께서 이 평화를 지켜주시도록 여러분들과 함께 기도드리고자 합니다." 하고 공식적으로 태평양전쟁이 종식되었음을 선언했다.

항복식이 끝나자 일시에 하늘을 뒤덮은 B-29 폭격기 400대와 함재기 1,500대가 거대한 굉음을 내며 축하퍼레이드를 펼치며 지나갔다. 그 모습은 전승국 미국의 거대한 힘을 보여주는 듯 했고 마치 독수리 떼들이 하늘을 뒤덮고 날아가듯 장엄한 장관이었다.

맥아더 장군의 입에서 어떤 무거운 부담과 책벌이 떨어질까 가슴 졸이며 경청하던 일본 대표들은 안도의 숨을 내쉬며 짓눌렸던 가슴을 쓸어내렸다. 그것은 1894~1895년에 일어난 청일 전쟁에서 일본이 승리함으로 패전국 청나라에 대하여 당시 청나라 국가예산의 3년치(은화 2억냥)에 해당하는 거액을 배상한 것 같이 미국도 패전국 일본에 대하여 태평양전쟁의 책임을 물어 엄청난 배상을 요구해 오지 않을까 속으로 큰 걱정을 하고 있었다. 그런데 뜻밖에도 맥아더 원수의 연설의 요지는 패전국에 대한 배상 같은 말은 단 한마디도 언급하지 않고, 이제 인류는 유혈과 학살의 과거를 청산하고 인간의 존엄과 인간이 가장 갈망하는 자유와 정의의 완성을 목표로 하는 세계의 탄생이 자신의 소망이라고 하는 말 뿐이었다. 결국 이 땅에 유혈참극을 피하고 인류가 갈망하는 자유와 평화를 사랑한다는 것이었다. 시게미츠 외상은 평화에서의 승리는 전쟁에서의 승리보다 훌륭하다는 말이 이처럼 가슴에 와 닿을 때가 없었다. 그리고 이처럼 도량이 크고 폭넓은 사람이 점령군 최고사령관이 되어 일본의 앞날을 짊어진 데 대하여 일본으로서는 행운이라고 생각했다.

만약 입장이 바뀌어 일본이 승자가 되었더라면 과거 일본이 패전국 청나라에 대한 전력으로 봤을 때, 과연 패자에게 이처럼 관대하게 대할 수 있을까? 하고 반문해 보았다. 또 맥아더 장군의 연설을 들으면서 전쟁에 대한 아쉬움도 미련도 없이 마음속으로부터 미국을 진정한 승자로 인정했다. 일본은 전쟁에서 우수한 무기 앞에 굴복했으나 진정한 패배를 인정한 것은 정신력보다 더 높고 숭고한 이상 앞에 승복한 것이다. 그 숭고한 이상은 바로 승리했을 때에는 유연하며 패자에게는 긍휼과 자비의 눈으로 바라보는 기독교정신이었다.

> "오직 위로부터 난 지혜는 첫째 성결하고, 다음에 화평하고 관용하고 양순하며 선한 열매가 가득하고 편견과 거짓이 없나니 화평하게 하는 자들은 화평으로 심어 의의 열매를 거두느니라"(야고보서 3:17~18)

일본의 개혁 정책

점령지 일본의 치안을 담당할 미 제8군이 도쿄 만에 상륙하였다. 미 8군은 예하에 4개 사단을 거느리고 있었다. 왕궁 앞 광장에는 미 기병사단 의장대가 도열한 가운데 점령군 최고사령관 맥아더 원수를 기다리고 있었다. 바탄과 코레히돌 방어전 때 일본군이 수만 명의 병력을 희생시켜 가면서 수도 없이 공격을 시도했으나 실패하자 독이 오른 일본군 대본영에서 맥아더를 잡으면 왕궁 앞 광장에서 공개적으로 교수형에 처하겠다고 공언했던 바로 그 자리에서 맥아더 원수는 개선장군이 되어 씩씩하고 늠름한 세계최강의 미 기병사단 의장대를 사열하였다. 사열식이 끝난 후 왕궁 맞은편에 있는 다이이치 빌딩에 점령군 총사령부를 설치했다.

이제부터 일왕과 일본 정부는 국가통치에 관한 모든 권한이 중지되며 그 권한은 점령군 최고사령관에게 귀속하게 된다. 일본은 전

국토가 잿더미가 되었고 산업시설은 파괴되고 국가기관은 마비된 상태였다. 맥아더 장군은 폐허의 잔해 속에서 새로운 일본 건설을 위한 모든 책임을 떠맡게 되었다. 먼저 무엇부터 손을 써야할지 산적한 난제가 한 둘이 아니었다. 맥아더 장군의 어깨에 메워진 숙제는 일본에 해묵은 군국주의 잔재를 털어내고 국제 사회의 책임 있는 민주국가로 거듭나게 하려면 혁명적 개혁이 필요했다. 이제 맥아더 사령관은 전쟁하는 군인이 아닌 정치가로서 외교가로서 그 능력의 시험대에 서게 되었다. 그의 강한 개성, 전략적 두뇌, 전술적 재능, 그리고 폭넓은 시야와 관대한 성격이 점령지 정책에 어떻게 작용될지 기대되는 바가 컸다.

맥아더 장군은 점령군 사령관으로서 시무식에 들어가기에 앞서 먼저 전상자를 제외하고도 무려 700만을 헤아리는 일본군의 무장을 해제했다. 이제 일본은 군대가 없는 국가가 되었으므로 그간 군대를 앞세워 침략전쟁을 일으키고 자국의 이익을 위하여 제3국을 희생 세물로 삼는 제국주의는 조종을 고하게 되었다. 다음으로 전범을 단죄하여 처벌했다. 일본을 군국주의로 몰아넣어 수많은 국가에 피해를 주고 수많은 사람들의 생명과 재산을 수탈하여 되돌릴 수 없는 고통을 안겨주었던 전범들을 재판에 회부하여 처단하였다. 사형수 중에는 전쟁법규를 무시하고 바탄과 코레히돌에서 항복한 포로들에게 '죽음의 행진'을 몰아 무려 2만 5천 명의 생목숨을 앗아냈던 혼마 중장도 포함되었다. 혼마 중장은 군인의 명예를 더럽힌 죄로 그간 받은 모든 서훈과 관작과 명예를 박탈당한 채 단두대의 이슬로 사라졌다.

맥아더 원수는 전범을 처형함으로 모든 나라들이 인류에게 가장 참혹하고 고통스러운 전쟁이 얼마나 무익한 가를 깨닫고 전쟁을 포기하기를 바랐으며 사형집행일에는 자비로우신 하나님께 다시는 이 땅에 전쟁광들이 일어나지 않게 하시고 전범을 처단하는 일이 이것이 마지막이 되기를 바라며 간절히 기도드렸다.

아사자 구제

맥아더 사령부가 당면한 가장 시급한 과제는 무엇보다 굶주리는 국민을 구제하는 일이었다. 전쟁으로 폐허가 된 일본은 무엇 하나 성한 곳이 없었다. 산업시설과 도로, 항만, 통신시설도 파괴되고 배도 다 파손되어 무역도 끊어졌다. 어디서부터 손을 써야 할지 헝클어진 실타래를 푸는 것 만큼이나 난맥이었다. 무역에 의존하여 식량을 조달하던 섬나라 일본이 무역이 끊어져 지금당장 먹을 양식이 없었다. 국민은 굶주렸다. 풀뿌리로 연명하고자 했으나 그것도 한계가 있었다. 종전이 되던 1945년 한 해 동안 굶어서 죽은 자가 무려 250만 명이나 발생했다. 이대로 두면 일본 열도가 굶주림에 멸망할 것 같았다. 맥아더 원수는 결단을 내려 미국이 유사시를 대비하여 태평양에 비축해둔 군량미 중에서 급한 대로 3백 5십 만t을 들여와 빈민을 구제했다. 또한 미군은 급식반을 편성하여 소외된 곳에 급식을 보급했다. 급식은 일본 국민들에게 생명줄과 같은 것이었다. 이것은 받을 자격이 없는 사람에게 값없이 베푸는 사랑, 조건 없는 그리스도의 사랑이었다.

그런데 문제가 발생했다. 미 하원 세출 위원회에서 "미 육군의 군량미를 빼돌려 이전의 적을 먹여 살리는 것을 어떻게 정당화 할 수 있는가?" 하고 문제를 제기해 왔다. 그 문제에 대하여 맥아더 사령관은 "우리는 이번에 승리에 대한 책임으로 굶주리는 일본인들을 포로로 떠맡게 되었다. 만약 이들을 굶는 채로 버려 둔다면 그것은 범죄행위나 다를 바 없다. 지난날 우리는 바탄과 코레히돌에서 우리의 장병들이 일본군의 포로가 되었을 때 우리의 포로들을 굶어죽게 방치한 일본군 책임자를 색출하여 처단하였다.

우리가 그들과 같이 굶어 죽게 내버려 둔다면 그들보다 나은 것이 무엇인가? 전승국의 자비를 믿고 항복한 국민을 먹여 살리는 것이 전승국의 아량이자 책임이다. 만약 일본인들에게 구휼을 중단한다면 그것은 기사도 정신이 아니며, 그들은 결국 기아로 멸망하게 될 것이다. 나에게 빵을 주든지 아니면 탄환을 주기 바란다." 고 하여 문제는 맥아더 장군의 뜻대로 잘 해결되었다.

맥아더 장군은 철천지 원수였던 일본인들에게 복수의 칼 대신 청교도로서 "나는 너희에게 이르노니 너희 원수를 사랑하며 너희를 박해하는 자를 위하여 기도하라"(마태복음 5:44)는 예수 그리스도의 말씀을 몸소 실천하며 패자에 대한 긍휼한 마음을 가지고 사랑을 실천하였다.

기독교 선교정책

일본은 전통적인 사무라이 나라로서 명예를 존중했다. 그들은 전쟁하다 패했으면 명예를 지키기 위하여 항복하지 않고 깨끗이 죽음을 택했다. 일본 국민들은 적에게 항복함으로 민족을 배반했다는 죄책감과 명예를 더럽혔다는 굴욕감으로 국민들은 집단 우울증과 정신적인 공항상태를 맞았다. 거기다가 맥아더 사령부에서 천황제를 폐지하고 민주헌법을 제정하여 일왕을 상징적인 존재로만 인정하여 신의 자리에서 한 인간의 위치에 돌려놓았다.

1945년 9월 27일 궁내대신과 함께 점령군 사령부를 찾은 일왕이 맥아더 사령관과 함께 포즈를 취한 사진이 일간지에 실렸는데 그 모습은 보통 사람과 다를 바 없었다.

이때까지 베일에 가려 신비감을 더해주던 일왕의 모습은 맥아더 장군의 서구풍의 당당한 모습에 비해 왜소하기 짝이 없었다.

1945년 9월 맥아더 원수와 일왕 히로히

1946년 1월에 일왕은 스스로 신년 칙지를 발표하면서 자신이 살아있는 신이라는 것을 부정했으며, 일본 국민은 다른 민족보다 우월한 민족으로서 세계를 지배할 운명을 타고 났다는 것도 일체 부정했다. 그러므로 일본인들은 이때까지 일왕을 마음속깊이 경모하며 살아있는 신으로 숭배했던 일체의 신앙이 소멸하게 되자 그들은 정신적 진공상태에 빠지고 말았다. 거기다가 패전에 대한 굴욕감으로 인하여 집단적인 우울증에 사로잡혀 정신적 하중을 이기지 못하고 자살하는 자, 마약중독자, 알콜중독자, 정신이상자가 급증하여 사회문제가 되고 있었다. 일본인들은 수천 년 믿어왔던 천황숭배의 미몽에서 깨어나기까지는 상당한 진통이 따랐다.

맥아더 장군은 독실한 기독교인으로서 일본인들의 정신적 방황과 갈증을 기독교복음으로 해결하고자 했다. 또한 기독교복음으로 일본인들의 사고를 전환하여 선진화 문명화로 나아가는 지렛대로 삼고자 했다. 지금 일본인들에게 가장 절실한 것은 사랑과 행복, 자유와 평화, 섬김과 나눔 같은 덕목이다. 아이러니 하게도 이러한 사상은 일본인들이 신봉하는 불교나 신도 같은 사상이 아니라 점령군이 신봉하는 기독교사상이었다. 인간이 기독교를 받아들이면 인간의 가장 시급한 절체절명의 과제인 구원을 선물로 받게 됨은 말할 것도 없고, 나라의 통치이념으로도 그 어느 사상도 사랑과 평화, 긍휼과 자비, 희생과 봉사, 섬김과 나눔 같은 기독교사상에 필적할 수 없다.

유럽에서 피어난 민주주의도 2,000년 기독교 역사라는 토양 위에서 피어난 꽃이며. 해적의 나라 영국이 나보다 먼저 남을 배려하는 신사의 나라가 되고 문명국이 되고 민주국가가 된 것은 기독교진리를 받아들이고 그 진리로 나라를 개혁했기 때문이다.

기독교는 건설적이고 창조적인 생명의 종교임으로 동서양을 막론하고 기독교가 들어간 나라와 지역은 반드시 선진화, 문명화, 민주화가 되었다. 미국에서 만개한 자유민주주의도 영국에서 이주한 청교도들이 기독교복음위에 나라를 세움으로 가능했다.

1620년 영국에서 국교도들의 박해를 피해 102명의 청교도들은 뜨거운 신앙심과 소명감으로 메이플라워호를 타고 대서양을 건넜다. 그들은 출항한지 66일 만에 신대륙에 도착했으나 긴 항해로 심신이 몹시 지쳤다. 해풍에 묻어오는 흙 내음새에 기력을 회복한 이민자들은 지도자 브레드퍼드의 영도아래 메이플라워 서약을 하게 된다. 그 내용은 첫째 이민의 목적은 기독교복음전파와 하나님나라의 영광을 드높이는데 있다. 둘째, 그 목적을 달성하기 위하여 한마음으로 약정해 시민적 정치체제를 조직하는 것이다. 셋째, 공동체의 복지를 위해 규정된 규율과 법령에 복종한다는 것이었다. 메이플라워 서약은 이후 미 독립선언서의 선구가 되어 미국의 민주정치의 발원이 되었다.

청교도정신, 개척정신, 실용주의 정신은 미국의 건국이념이자 국가의 초석이다. 이 정신은 곧 기독교정신이었다. 미국의 가장 큰 절기인 경축일은 성탄절, 부활절, 추수감사절, 건국기념일, 현충일, 노동절이다. 이와 같이 미국은 기독교의 3대 절기인 성탄절, 부활절, 추수감사절을 국경일로 삼아 기독교정신을 구현하는 나라가 되었다.

영국의 청교도들이 개척한 나라는 비단 미국 뿐 아니라 캐나다, 호주, 뉴-질랜드 같은 나라도 하나 같이 세계인들로부터 존경과 사랑을 받는 문명국이요 선진국이며 민주주의 국가가 된 것은 위로 하나님을 사랑하고 아래로 이웃을 사랑하라는 기독교정신 위에 나라를 세웠기 때문이다.

이때까지 일본이 저지른 잔인하고 야만적인 죄악은 짐승만도 못한 짓이며, 그 죄는 만 번을 죽어도 다 갚을 수 없는 만행이었다.

그러나 지금 미국은 패전국 일본에 대하여 전쟁의 책임을 물어 무거운 멍에를 지우는 대신 전승국의 모든 권리를 포기하고 긍휼한 마음과 관대한 정책으로 신 일본건설을 위하여 일본이 나아갈 비전을 제시해주고 있다. 이렇게 용서할 수 없는 전범자에게 면죄부를 줄 뿐 아니라 분에 넘치는 은혜를 베푸는 것은 전승국 미국의 밑바탕에는 원수를 용서하고 사랑하라는 기독교정신이 깔려 있었기 때문이었다.

그러나 일본인들은 기독교에 대하여 배타적이고 냉소적이었으며 기독교신앙을 받아들이는 사람을 열등한 인간으로 치부하였다. 일본인들이 기독교에 대하여 거부하며 경계하는 이유는 일본의 기독교 수난사에서 찾아볼 수 있다.

일본에는 이미 1549년 포르투칼의 프란시스코 자비에르 신부에 의해 천주교가 전래되었다. 당시의 전국시대의 패권을 다투던 오다 노부나가는 서양의 신무기인 조총을 입수할 목적으로 천주교에 대하여 호의적이었다. 그리하여 천주교는 오다 노부나가의 도움으로 신도 수가 급속히 늘어나 1592년 임진왜란이 일어날 당시에는 일본의 천주교인 수가 무려 국민의 5%에 이르렀다. 봉건영주가 개종하여 세례를 받으면 백성들도 집단적으로 개종했다. 그리하여 일본의 8개 지방에서는 집단적으로 천주교를 받아들였다. 그러나 오다 노부나가가 부하의 손에 암살 된 후 그의 막료였던 도요토미 히데요시가 세력을 잡으면서 천주교에 대한 박해가 시작되었다. 일본은 전통적으로 사무라이를 정점으로 하는 철저한 신분적 계급사회였다. 그러므로 기독교의 평등사상은 용납될 수 없었다. 1597년 2월 5일 도요토미 히데요시는 6명의 서양신부와 일본인 최초의 천주교인 20명을 포함하여 26명을 처형했다. 이들은 배교하면 살려준다는 회유에도 교토에서 2천리 길을 끌려와 나가사키의 니시자카 언덕에서 예수님처럼 십자가에 못 박혀 순교하였다. 그 가운데는 12, 13, 15세 되는 3명의 어린 소년들도 있었다. 이것은 일본 천주교 박해의 서막에 불과했다. 1598년 임진왜란의 원흉 도요토미가 죽은 후 그의 수하에 있던 무장들이 주도권을 놓고 세력다툼을 하다가 1,600년 10월 21일 도쿠가와 이에야스와 이스다 미스나리로 양분된 세력이 세키가하라에서 30만의 군대가 뒤엉켜 운명을 건 전투를 하게 된다.

이 전투에서 도쿠가와 이에야스가 승리함으로 반대편에 섰던 무장들은 무자비한 보복과 함께 멸문을 당하게 된다.

그때 일본 최초의 천주교인 영주였던 고니시 유키나가가 이스다 미스나리 편에 가담했으므로 그와 그의 가문도 몰락하게 되고, 아울러 그가 믿었든 천주교도 박해를 받게 된다.

일본 최고의 쇼군이 된 도쿠가와 이에야스는 4차에 걸쳐 정적들을 무자비하게 제거한 후 1603년 에도(동경)에 군사 정권인 막부를 세우고 1868년 명치유신 때까지 향후 265년간 일본을 통치하면서 천주교를 극심하게 탄압하게 된다.

일본 최고의 쇼군이 된 도쿠가와 이에야스에 의해 1612년부터 천주교 박해가 시작되더니 1614년에 이르러 천주교 금교령이 내려지면서 선교사들은 추방되고, 30만의 신도들은 배교하든지 아니면 순교의 제물이 되었다. 여기서 그치지 않고 도쿠가와 막부 사무라이들은 잔인성과 야만성으로 천주교인을 색출해내기 위하여 5가구를 한 단위로 묶어 서로 감시하게 하였고, 신생아가 출생하면 무조건 신사에나 절에 이름을 올리게 했으며, 사람이 죽으면 화장하여 그 유골을 신사에나 절에 안치하게 하였다. 그리고 연중행사로 십자가 밟기, 성화에 침 뱉기, 같은 행사를 통하여 천주교인을 색출해냈다. 이렇게 256년 동안 천주교는 철저하게 파괴되었으므로 그 공백을 일본의 신도와 불교가 자리매김하게 되었다. 도쿠가와 막부는 천주교뿐 아니라 일반 백성들에게도 철권통치로 억압하였다. 무사계급 외에는 성을 가질 수 없었고 칼을 차는 것도 금지되었다. 무사들이 지나갈 때 백성들은 길가에 꿇어 엎드려 머리를 조아리지 아니하면 목을 베 버려도 죄가 되지 않았다. 그리하여 백성들은 권력자 앞에 살아남기 위하여 연신 허리를 굽히며 속은 아니면서도 겉으로는 '하이! 하이!' 하면서 복종의 뜻을 표하였다. 이 같은 행동은 권력자 앞에 살아남기 위한 몸부림이었다. 지금도 일본인들은 상대 앞에서 '하이! 하이!' 하며 연신 허리를 굽히는 것은 강한 독재치하에서 살아오며 몸에 밴 습성 때문이다. 독재치하의 유물로서 또 하나 일본인들의 울음문화를 빼 놓을 수 없다. 일본인들은 세계에서 유일하게 소리를 내지 않고 흐느껴 우는 민족이다. 그들도 원래는 다른 민족들과 같이 슬플 때에는 소리 내어 울었고, 기쁠 때에는 마음껏 웃었다. 이것은 자유를 누려온 인간에게 자연스럽게 형성된 심성이다. 그러나 일본인들은 도쿠가와 막부의 사무라이들의 억압에 눌려 살아온 탓에 울음조차도 마음대로 울지 못했다. 그것이 세월이 흐르면서 하나의 문화가 되어 지금도 그들은 아무리 슬퍼도 소리를 내지 않고 흐느끼기만 한다.

그들은 일왕이 항복을 선언하던 가장 슬픈 순간에도 거리로 나와 궁성을 향하여 엎드린체 흐느껴 울었다. 265년 동안 계속된 도쿠가와 막부의 기독교 탄압으로 기독교는 일본 국민들에게 부정적으로 각인되었고 사람이 믿어서는 안 될 종교로 여겨졌다. 천주교가 자취를 감추자 국가의 비호아래 신도와 불교가 더욱 융성하여 일본 사회의 주류로 자리 잡게 되었다. 신도는 '아미데라스 오미가미' 즉 '태양신'을 주신으로 하여 역대 일왕과 전쟁하던 잔혹하고 포악한 무사들을 흠모하여 신으로 떠받드는 종교이므로 일본인들의 심성은 잔인하고 야만적인 인간형으로 바뀌어져 갔다. 자국의 이익을 위하여 제3국을 아무 거리낌 없이 무자비하게 침략하는 제국주의가 여기에서 싹이 텄다. 일본인들은 약소국들을 무자비하게 짓밟았으나 그들은 양심의 가책도 없었고, 잘못을 잘못으로 인정할 줄도 몰랐고 뉘우치는 법도 없었다. 독일이 2차대전 때 히틀러가 유태인들에게 저지른 만행에 대하여 1970년 12월 빌리브란트 독일 수상이 폴란드의 유태인 희생자 추모비 앞에서 무릎을 꿇고 눈물로 사죄한 것과는 대조된다.

일본군들은 대한의 청년들을 전쟁터로 혹은 강제 노역장으로 끌고 가 혹사시켰으며, 꽃다운 소녀들을 성 노예로 끌어가 인간의 존엄과 가치를 짓밟는 엽기적인 만행을 저질렀다. 그럼에도 그들은 지금까지도 자기들의 과거사를 반성하지 않고 망언을 서슴지 않고 있다.

무엇이 일본인들의 심성을 이토록 사악하고 야박한 인간형으로 만들어 놓았는가?

그것은 잔학하고 파괴적인 사무라이를 추앙하는 일본의 신도라는 종교가 그렇게 만들어 놓은 것이다.

화인 맞은 인간은 하나님의 심판이 아니면 다스릴 방법이 없다. 그러기에 하나님의 심판의 맷돌은 쉬지 않고 돌아가고 있는 것이다.

하지만 기독교신앙은 '나는 죄인이로소이다!' 하는 자기반성으로 부터 시작된다. 절대자이신 하나님 앞에 내 자신이 죄인임을 깨닫고 죄를 자백하며 구원자이신 그리스도를 받아들일 때 자비로우신 하나님께서 은혜의 손을 내 밀어 허물과 죄를 용서하시고 하나님의 자녀로 삼아주신다. 자연인이 예수 그리스도 안으로 들어오면 근본적인 변화가 일어나 사망에서 생명으로 옮겨지게 된다. 그리하여 구원을 받고 새로운 피조물이 되는 것이다. 사람이 그리스도 안에 들어와 하나님의 자녀가 되면 좋으신 하나님은 과거를 용서하시고 품어주실 뿐 아니라 다시 세워주신다. 하나님께 내 인생을 맡기면 천지를 지으신 위대하신 하나님은 창조의 영으로 방황하는 나를 가장 아름답고도 복된 인생으로 세워주신다.

> "그런즉 누구든지 그리스도 안에 있으면 새로운 피조물이라 이전 것은 지나갔으니 보라 새것이 되었도다"(고린도후서 5:17)

기독교 복음전파

맥아더 사령관은 영적으로 황폐한 땅, 인간의 심성이 뒤틀어져 불모지가 된 일본 땅에 기독교 복음을 전함으로 뉘우침이 없는 민족이 깊은 최면에서 풀려나 절대자이신 하나님 앞에 '나는 죄인이로소이다' 하고 참회하며 눈물로 사죄하는 거듭난 인간이 되기를 바랐으며, 피해자들에게도 용서를 구하며 화해의 손을 내미는 아름다운 모습을 보기를 원했다. 기독교 복음은 마비된 인간의 신경조직을 살아나게 하고 죽은 양심을 되살리는 능력이 있다.

맥아더 사령관은 정신적 공백을 맞고 있는 일본인들에게 기독교 복음으로 채워주지 못한다면 공산주의가 그 공백을 메울 것이라고 경고하며 당시 미국에서 활발하게 활동하던 복음전도자들을 일본으로 초청하여 복음운동에 불을 지폈다. 미국의 복음주의를 대표하는 남 침례회 총재에게 서한을 보내어 지금이야 말로 유사 이래 극동에서 복음을 전할 수 있는 좋은 기회이므로 많은 선교사들을 보내줄 것을 요청하였다. 그리고 선교사들을 외국인 입국제한 대상에서 면제하여 선교활동에 제약을 풀어주었다.

일본인들은 수천 년 믿어온 신도를 국교로 하여 신헌법에 명문화할 것을 요구했으나 맥아더 원수는 이를 단호히 거부하고 오히려 종교의 자유를 가로막는 독소조항을 걷어내고 종교의 자유를 보장함으로 기독교 복음전도에 문을 활짝 열어 놓았다.

그리하여 일본의 복음화는 일본인들의 구원과 함께 공산주의를 막는 첨병으로서 빛을 발하였다. 맥아더 장군은 자신도 일본에 기독교와 민주주의를 전파하는 전도사로 자처하며 그는 패전국 국민을 대하는 점령지 정책에서 강압적인 자세와 권위주의를 버리고 낮은 자세에서 그들을 섬기는 모습을 보여 주었다. 그리하여 일본인들이 처음에는 점령군에 대한 거부감으로 냉소적이었으나 시간이 갈수록 눈앞에서 펼쳐지는 현실과 피부에 와 닿는 그 무엇을 느끼면서 이때까지 가졌던 편견을 버리고 마음속으로 기독교를 존경하여 기독교 신자가 되는 자가 많았다.

맥아더 사령관은 일본을 방문한 해군장관 제임스 포리스텔에게 "나의 가장 중요한 사명은 기독교를 위해 아시아를 확보하고 팽창하는 공산주의의 위험으로부터 지키는 것"이라고 할 정도로 일본의 복음화와 반공에 힘을 기울였다.

그는 공산주의의 침투를 막기 위하여 기독교 선교정책과 함께 토지개혁을 단행하여 일본에 소작농을 없애고 모든 농민이 토지를 소유하게 함으로 원천적으로 좌익분자들이 침투하지 못하게 만들었다.

후에 그는 회고하기를 자신이 이룩한 점령지 정책에서 가장 눈부신 업적은 일본인들의 사고에 혁명을 가져온 민주주의와 기독교 복음전도라고 할 정도로 일본의 복음사역에 크게 기여하였다. 그는 일본에 민주헌법을 제정하여 일본인들의 사고에 혁명을 가져오게 하여 수천 년 이어온 생활습관과 봉건주의 사상에서 깨어나게 하였고, 기독교 복음운동으로 일본인들의 정신에 일대 혁신을 일으켜 자유와 평화를 애호하는 세계시민으로 거듭나게 하는 견인차 역할을 하였다.

히로시마에 원자탄을 투하했던 B-29 에롤라게이와 조종사 폴 티베츠 대령

일왕 히로히토의 항복선언에 흐느끼는 일본 국민들

일본의 항복 조인식(미주리호 함상)

7

자유대한의 탄생과 6.25!

7

해방과 자유!

일본의 패망으로 대한민국은 새아침이 밝았다. 일제 36년 간 나라 잃은 백성들의 설움은 말로 다 할 수 없었다. 대한제국의 백성들은 일본의 수탈과 강제노역에 동원되어 크나큰 고초를 겪었다. 청, 장년들은 전쟁터로 혹은 지하 막장으로 내몰려 혹사 당하였고, 소녀들은 꽃다운 나이에 성 노예로 끌려가 피어보지도 못하고 인생을 송두리째 짓밟혔다.

수많은 대한의 국민들은 낯선 이국땅에서, 전쟁터에서, 노역장에서 짐승 이하의 취급을 받으며 노예노동을 견디지 못하고 죽어간 동족이 그 얼마였던가? 그들에게 죄가 있다면 조선인으로 태어난 죄밖에 없었다. 또 다른 국민들은 북만주로 낯선 이국땅으로 유랑의 길을 떠났으나 나라 잃은 백성들은 이 세상 어디에도 쉴 만한 곳이 없었다. 일본 제국주의가 인류역사에 끼친 해악은 엄청났다. 그 가운데 조선인들에게 저지른 만행은 하늘을 덮고도 남을 것이다.

자기의 죄를 수치로 여기지 아니하고 도리어 자랑으로 여기는 자는 하나님의 공의가 결코 용서하지 않을 것이다. 그런 의미에서 일본의 패망은 하나님의 공의로운 심판이었다.

일본이 항복할 당시 한국에 거주하던 일본인들은 민간인과 군인을 합쳐 약 75만 명에 달했다. 조선총독부는 한국인들에게 저지른 악행이 들어날 것을 두려워 10일 간에 걸쳐 3,000여 곳의 군부대와 각급기관에 산재해 있던 기밀문서를 불태웠고, 서울 남산의 조선신궁과 부여신궁을 포함하여 전국에 있는 1,141개의 신사를 한국인들에 의해 저주스럽게 파괴되기보다 스스로 불태우는 자결을 택하였다. 이와 같이 일본인들은 자기들의 잘못을 시인하고 용서를 구하는 대신 끝까지 은폐하고 숨기기에만 급급했다.

빼앗긴 들에도 봄이 오듯 삼천리 강산은 해방을 맞이하였다. 일본의 식민 지배에서 압박과 설움에서 숨을 죽이며 살아온 36년! 자비로우신 하나님의 은혜로 대한민국은 새가 사냥꾼의 올무에서 벗어남 같이 그 무서운 속박에서 벗어났다. 항복을 선언하는 일왕 히로히토의 떨리는 목소리가 전파를 타고 한반도에 울려 퍼지는 순간 대한민국은 속박의 사슬에서 벗어나 해방을 맞았다. 해방은 곧 자유다! 해방을 맞은 온 국민은 한 마음으로 손에 손에 태극기를 들고 거리로 쏟아져 나와 목이 터져라 만세를 부르며 감격해 했다. 그 가운데는 감격을 이기지 못하여 기쁨의 춤을 추는 사람, 눈시울을 붉히며 눈물을 흘리는 사람, 소리를 지르며 그간 받은 울분을 삭이는 사람들도 있었다. 해방의 감격을 맞는 방식도 가지각색이었다. 이제 대한민국은 하나 된 기쁨에 더하여 내일에 대한 기대감으로 가슴이 설레었다. 누가복음 15장 8절 이하에 한 여인이 집안을 쓸고 세간을 정리하며 잃었던 동전 한 닢을 찾았을 때 벗과 이웃을 불러 모아 잔치하며 함께 기뻐한 것을 보게 된다. 하물며 잃었던 조국을 다시 찾았는데 어찌 흥분하지 않으랴, 아! 한민족 해방의 날! 온 국민이 하나 된 거리에는 자유의 열기로 충만했다. 이제 대한민국은 세계사에 당당한 자유독립국으로 이름을 올리게 되었다. 독립운동가들과 신사참배를 거부하다 감옥에 갇힌 성도들이 감옥에서 풀려나 자유를 얻었다. 그들은 일본 제국주의에 맞서 싸우다 햇빛을 볼 수 없는 캄캄한 감옥에서 숱한 고초를 당하였다. 성도들 중에는 일본 순사들의 잔인한 고문으로 순교의 제물이 되기도 하고, 살아남은 사람들은 육신이 지치고 망가졌다. 일본은 신사참배를 거부하는 성도들과 독립투사들을 조선 총독부 보호관찰령 제3호 지령에 의해 학살을 계획하였다. 학살예정일은 1945년 8월 18일이었다. 그러나 이 음모가 시행되기 3일전 1945년 8월 15일 하나님께서 해방을 주심으로 처형자 명단에 이름이 올라있던 옥중성도들은 8월 17일 밤에 석방됨으로 간발의 차로 죽음을 면하게 되었다. 하나님께서 일본인들의 음모가 실행되기 3일 전에 해방을 주심으로 마태복음 24장 22절에 "그러나 택하신 자들을 위하여 그 날들을 감하시리라"고 하신대로 환난의 날들을 감하여 주셨다.

하나님께서 신사참배를 거부하여 감옥에 들어간 성도들을 순교의 제물로 받으시기보다 장차 한국교회의 부흥의 씨앗으로 삼고자 그 생명을 되돌려 주신 것이다.

앞이 보이지 않던 어두운 밤이 지나고 여명이 밝아왔다. 깊은 산중에 숨어 가슴을 졸이며 살아오던 성도들이 밝은 세상으로 나왔다. 이제 하나님을 마음껏 찬양하며 그간 가슴에 쌓였던 울분을 토해내게 되었다.

> "여호와께서 시온의 포로를 돌려보내실 때에 우리는 꿈꾸는 것 같았도다. 그 때에 우리 입에는 웃음이 가득하고 우리 혀에는 찬양이 찼었도다 그 때에 뭇 나라 가운데에서 말하기를 여호와께서 그들을 위하여 큰 일을 행하셨다 하였도다"(시편 126:1~2)

기도로 세운 대한민국

해방은 많은 변화를 가져왔고 나라는 새로운 과제에 직면했다. 대한민국은 해방은 맞았으나 아무 준비도 되어있지 않았고, 소리 없이 비극이 싹트기 시작했다. 3.8선을 사이에 두고 남북이 분단되었다. 태평양전쟁에서 일본의 패색이 짙어지자 그간 관망만하던 소련이 1945년 8월 8일 선전포고를 하고 대일전에 참전하였다. 소련군은 8월 9일 한반도로 들어와 일본 관동군을 공격하여 8월 10일에 함경도 웅기와 나진과 경흥을 차례로 점령하였다. 이어서 청진을 점령하고자 남하하던 중 1945년 8월 15일 일본이 항복하게 된다. 그러자 아직 오키나와에 있던 미군은 소련이 한반도 전역을 점령하는 것을 막고자 8월 15일 저녁 미 국방성 작전국의 찰스 본스틸 대령과 국무성의 딘 러스크 대령이 한반도 지도에 38선을 긋고 소련에 제의하여 38선 이북은 소련군이 이남은 미군이 일본군의 무장을 해제하기로 결정을 보게 된 것이다. 소련군은 계속 남하하여 8월 17일 청진을 접수하고 8월 24일에는 평양에 진주하였다. 미군은 소련보다 한 달 늦은 9월 9일 인천항을 통해 한반도에 들어왔다. 미국이 3년 동안 일본과 싸우는 동안 구경만 하던 소련이 종전 1주일 전에 참전했어도 제몫을 챙기려 들었으므로 안타깝게도 북녘 땅은 소련의 볼모가 되어 공산정권이 들어서게 된 것이다.

남한에는 40여 년을 해외에서 독립운동을 하던 이승만 박사를 중심으로 독립정부를 세울 준비작업에 들어갔다. 당시의 한국의 경제사정은 국민소득 50$로서 세계에서 아프리카의 토고와 공동으로 끝에서 두 번째로 가난한 나라였다. 그러므로 무엇부터 손을 써야 할지 아무것도 갖추어진 것이 없었다. 희망이라고는 찾아볼 수 없는 나라, 먹고사는 인생고 문제도 해결하지 못하여 해마다 춘궁기에 양식이 떨어져 보릿고개라는 말이 생겨날 정도로 국민들의 삶은 가난하고 고달팠다. 그때 국민들은 일 할 곳이 없었고 청년들은 내일에 대한 꿈이 없었다. 그러므로 대한민국은 희망이 보이지 않는 불모지에서 시작해야만 했다. 그러나 대한민국의 탄생은 세계에서 유래를 찾아 볼 수 없을 정도로 기도로 시작한 경이적인 나라가 되었다. 사방을 둘러봐도 희망이 보이지 않는 그 암울했던 시절 오직 한곳 열려진 하늘을 향하여 전능하신 하나님의 도움을 구하는 기도로 대한민국의 문을 열었다.

1948년 5월 10일 총선거를 통해 198명의 의원을 선출하였고 그 해 5월 31일 오전 10시 제헌국회 제1차 본회의를 개원하였다. 임시의장으로 선출된 이승만 박사가 등단하여 순서에도 없는 제안을 하였다. "대한민국 독립민주국 제1차 회의를 여기서 열게 된 것을 우리가 하나님께 감사해야 할 것입니다. 종교와 사상을 떠나서 누구나 오늘을 당해 사람의 힘만으로 이루어진 것이라고 자랑 할 수 없을 것입니다. 그러므로 하나님께 감사하지 않을 수 없습니다.이제 우리가 다 일어서서 하나님께 감사를 드릴 터인데, 이윤영 의원 나오셔서 간단한 말씀으로 하나님께 기도를 올려주시기 바랍니다."

198명의 전체의원들이 기립한 가운데 이윤영 의원은 전능하신 하나님께 "이 우주만물을 창조하시고 인간의 역사를 섭리하시는 하나님이시여 이 민족을 돌아보시고 이 땅에 축복하셔서 감사가 넘치는 오늘이 있게 하심을 주님께 저희들은 성심으로 감사하나이다. 오랜 시일 동안 이 민족의 고통과 호소를 들으시사 정의의 칼을 빼서 일제의 폭력을 굽히시사 하나님은 이제 세계만방의 민심을 움직이시고 또한 우리 민족의 염원을 들으심으로 이 기쁜 역사적 환희의 날을 이 시간에 우리에게 오게 하심은 하나님의 섭리가 세계만방에 정시하신 것으로 저희는 믿나이다. 하나님이시여! 이로부터 남북이 둘로 갈리어진 이 민족의 어려운 고통과 수치를 신원하여 주시고 우리 민족 우리 동포가 손을 같이 잡고 웃으며 노래를 부르는 날이 우리 앞에 속히 오기를 기도하나이다. 하나님이시여! 원치 아니한 민생의 도탄은 길면 길수록 이 땅에 악마의 권세가 광대되나 하나님의 거룩하신 영광은 이 땅에 올 수밖에 없을 줄 저희들은 생각하나이다. 원컨대 우리 조선독립과 함께 남북통일을 주시옵시고 또한 우리 민생의 복락과 아울러 세계평화를 허락하여 주시옵소서. 거룩하신 하나님의 뜻에 의지하여 저희들은 성스럽게 택함을 입어 가지고 글자 그대로 민족의 대표가 되었습니다. 그러나 우리의 책임이 중차대한 것을 저희들은 느끼고 우리 자신이 진실로 무력한 것을 생각할 때 지와 인과 용과 모든 덕의 근원이 되시는 하나님 앞에 이러한 요소를 저희들이 간구하나이다. 이제 이로부터 국회가 성립되어 우리 민족의 염원이 되는 모든 세계만방이 주시하고 기다리는 우리의 문제가 원만히 해결되며 또한 이로부터 우리의 완전 자주독립이 이 땅에 오며 자손만대에 빛나고 푸르른 역사를 저희들이 정하는 이 사업을 완성하게 하여 주시옵소서. 하나님이 이 회의를 사회하시는 의장으로부터 모든 우리 의원 일동에게 건강을 주시옵시고 또한 여기서 민심의 정의와 위신을 가지고 이 업무를 완수하게 도와주시옵기를 기도하나이다. 역사의 첫걸음을 걷는 오늘의 우리의 환희와 우리의 감격에 넘치는 이 민족적 기쁨을 다 하나님께 영광과 감사를 올리나이다. 이 모든 말씀을 주 예수 그리스도의 이름을 받들어 기도하나이다.

– 아멘 –"

이 내용은 고스란히 국회 속기록 제1호 1쪽에 기록되어 있다.

이윤영 의원은 감리교 목사로서 항일 운동을 하다가 강제로 목사직을 박탈당했으며, 후에 국무총리 서리를 지내신 분이다.

대한민국은 제헌 국회의원들이 회의에 앞서 기립한 가운데 하나님 앞에 겸손히 기도를 드렸고, 그 바탕 위에서 헌법을 만들고, 그 헌법에 의해서 건국된 나라이다. 그리하여 대한민국은 영광스럽게도 세계에서 몇 안 되는 기도로 건국한 나라가 되었다. 기도하는 나라는 망하지 않는다. 기도하는 나라는 하나님이 붙잡고 계신다. 비록 지금은 국민소득 겨우 50$ 세계 최빈국 헐벗고 굶주리는 민족이지만 전능하신 하나님의 도움으로 한 세대가 지나가기 전에 반드시 동방의 등불이 되어 세계를 비추는 날이 올 것이다.

공교롭게도 대한민국의 꽃은 무궁화 꽃이다. 무궁화 꽃의 영어 명을 The rose of Sharon(샤론의 수선화)이라고 한다. 솔로몬은 아가서 2장 1절에서 "나는 사론의 수선화(I am the rose of Sharon)" 즉 무궁화 꽃이라고 했다. 이 말씀은 영적으로 예수님을 가리키는 말씀이다. 예수님은 샤론의 수선화 즉 무궁화 꽃이시다.

대한민국은 무궁화 꽃(The rose of Sharon)을 나라꽃으로 삼고, 사랑하듯 무궁화 꽃으로 상징되는 예수님을 모시고 사랑하는 나라이다.

대한민국 국민은 누구나 애국가를 부를 때 "동해물과 백두산이 마르고 닳도록 하나님이 보우하사 우리나라 만세!" 하고 목청껏 노래한다. 애국가는 우리 민족의 염원을 담아 하나님께 기도하는 노래이다. 영국인들이 낮고 은은한 목소리로 국가(God Save The Queen!)를 부를 때 마다 "하나님이시여 우리의 자비로운 여왕을 도우시고 고귀한 우리의 여왕이 만수무강하게 하소서 그녀에게 승리와 행복 영광을 주시고 오래도록 우리를 다스리게 하소서 하나님이시여 여왕을 도우소서!" 하며 하나님께 기도하는 마음으로 국가를 불렀다. 이 국가를 제정할 당시 빅토리아 여왕(victoria Queen 1837~1901) 은 국가 원수이며 나라의 상징이므로 'God Save The Queen!' 이라는 말은 곧 하나님이시여! 영국을 도우소서! 하는 뜻이었다. 작은 섬나라 영국이 그들의 기도대로 하나님의 도우심을 받아 5대양 6대주를 주름잡으며 세계 67개국을 다스리는 해가 지지 않는 나라, 대영제국 (The Great Kingdong)을 건설하였다.

이와 같이 "동해물과 백두산이 마르고 닳도록 하나님이 보우하사 우리나라 만세!," 하며 하나님께 기도하는 마음으로 애국가를 부르는 대한민국도 마르고 닳도록 하나님이 보호하사 세계만방에 위대한 영광을 떨치며 만세를 부르게 하실 것이다.

> "여호와를 자기 하나님으로 삼은 나라, 곧 하나님의 기업으로 선택된 백성은 복이 있도다"(시편 33:12)

북한의 경제사정은 남한보다 훨씬 우위에 있었다. 북한은 일본의 만주 진출을 위한 병참기지였으므로 남한과는 비교가 안 될 정도로 많은 산업시설이 있었다. 전기사정도 96%가 북한에 있었다. 소련군의 진주와 함께 북한에 들어온 김일성은 소련군의 비호아래 북한에 공산정권을 세웠다. 김일성은 가난하고 헐벗은 노동자 농민들을 선동하여 토지를 무상으로 나누어주겠다. 이밥과 고기국을 먹게 해주겠다. 비단옷을 입고 기와집에 살게 해 주겠다. 노동자와 농민이 주인이 되는 세상을 만들어주겠다 고 하며 입에 침이 마르도록 선동하였다. 이때까지 헐벗고 소외되었던 노동자와 농민들은 공산당의 선전 선동에 환상을 가지고 가세하는 자들이 날로 늘어만 갔다. 한편 북한 공산당은 공산주의를 반대하는 민족진영의 지도자와 지주, 자본가, 종교인들을 인민재판에 끌어내어 무자비하게 숙청하고 박해하였다. 이제 그들에게 남은 과제는 한반도 적화였다. 북한공산당은 국가를 병영체제로 만들어 소련제 T-34 탱크와 야포로 무장하고 한반도 적화를 목표로 인민군들을 밤낮을 가리지 않고 훈련시켜 남침준비에 광분하고 있었다. 1948년 2월에 북한은 벌써 소련제 무기로 무장한 5만의 인민군을 창설하였고, 1950년 6.25가 임박했을 때에는 20만의 정예군이 전쟁준비를 완벽하게 끝내고 전방에 배치되어 있었다.

남한은 1948년 8월 15일 정부수립은 했으나 아직 국가의 기틀이 채 잡히기도 전에 북한 공산당의 사주를 받는 좌익세력들이 국가전복과 공산혁명을 획책하고 있었다. 당시 남한의 사정은 국민의 80%가 농민이었고 농민의 80%가 소작농이었다. 이 같은 사회구조는 공산주의가 기생 할 수 있는 가장 적합한 토양이었다. 공산당의 총책인 남노당의 박헌영은 북한의 김일성이 했던 것처럼 노동자와 농민들을 속여 거짓 선전, 선동에 열을 올렸다. 국민의 절대 다수인 가난한 노동자 농민들은 남노당의 선전 선동에 환상을 가지기 시작했다. 당시로서는 아직 공산주의가 검증되지 않았던 관계로 많은 사람들이 그들의 기만술에 속아 동조하는 세력이 늘어만 갔다. 그리하여 남한은 좌우 갈등과 이념대립으로 사회가 혼란스러웠다. 시골로 갈수록 관공서에 낮이면 태극기가 올라가고 밤이면 인공기가 올라감으로 밤, 낮 주인이 바뀌는 기현상이 벌어졌다. 남한의 군사력은 5개 사단이 있었으나 북한에 비하면 규모도 작았고, 무장도 전쟁하는 군대가 아니라 경무장한 상태에서 치안을 담당하는 경비대 수준이었다. 당시 미국은 남한이 북침할 것을 우려하여 군사원조에 소극적이었다. 이것이 악수가 되어 북한 공산당의 남침을 불러들이게 되었으니 결국 소심주의는 적의 침략을 불러들이고 적을 이롭게 하는 이적행위가 되고만 것이다.

그러던 중 1949년 10월 1일 거대한 중국대륙이 공산화 되자 김일성은 한층 고무되어 적화통일에 대한 환상을 가지게 되었다.

아! 6.25

1950년 6월 25일 일요일 새벽, 동경의 미 대사관에 있는 맥아더 원수의 침실에 요란한 전화 벨 소리가 울렸다. 무엇인가 사태가 심상치 않은 듯 했다. 당직 장교의 다급한 목소리가 들려왔다. "각하! 방금 서울에서 보내온 긴급전보에 의하면 북한군의 대 부대가 오늘 새벽 4시를 기해 38선 전역에서 전면공격을 해왔다고 합니다."

"뭣이! 드디어 올 것이 오고야 말았구나!" 때는 1950년 6월 25일 일요일 새벽 4시, 곤히 잠든 새벽을 틈타 북한 공산군이 기습남침을 해 왔다.

한국군은 주말인지라 긴장을 풀고 휴식을 취하고 있었다. 뿐만 아니라 많은 장병들이 휴가를 떠나 전선은 기강이 풀어져 있었다. 해방직후 군내의 좌익세력을 척결하고자 숙군작업을 했으나 아직도 군 내에는 좌파들이 암약하고 있었다. 한국군 수뇌들은 좌익세력들의 사술에 농락당하여 6.25사변 하루 전에 전군에 비상경계를 해제하고 많은 장병들을 휴가를 떠나보내고, 전방을 지키는 군인들도 긴장을 풀고 휴식을 취하게 하였다. 그리하여 전선은 무방비 상태나 다를 바 없었다.

남침 준비를 끝낸 20만의 인민군은 야포와 소련제 탱크로 중무장하고 38선 전역에서 일시에 공격해왔다. 사태는 경미한 충돌이 아니라 전면 남침이었다.

한국군은 용감히 맞섰으나 압도적인 군사력과 신무기 앞에 분루를 삼키며 퇴각하지 않을 수 없었다.

38선을 무너트린 인민군은 서울을 향하여 계속 밀고 내려왔다.

맥아더 사령부는 공산군의 남침에 대한 보고를 받은 즉시 워싱턴의 국방성에 긴급 타전했다. 마침 고향에서 휴가를 보내고 있던 해리 트루먼 대통령은 애치슨 국무장관으로부터 긴급전화를 받고 공산군의 침략에 분노하며 워싱턴으로 급히 돌아왔다. 그리고 미국 시간으로 1950년 6월 25일 7시 30분 백악관의 별관인 블레어 하우스에 도착했을 때 정부의 관계자들과 군 수뇌들이 전원 대기하고 있었다. 블레어 하우스 회의에서 전원이 미국은 북한 공산군의 무력침공을 절대로 좌시하지 않겠다는 의견의 일치를 보았다. 만약 한국이 공산화 되도록 그냥 내버려둔다면 공산주의자들은 세계도처에서 분쟁을 야기시켜 결국 3차대전이 일어나게 될 것이라고 하였다. 그리하여 이 회의에서 먼저 UN 안전보장이사회를 소집하는데 의견을 모으고 이어서 한국에 어떤 원조를 하느냐 하는 구체적인 문제를 거론하였다. 이 자리에서 먼저 벤더버그 공군참모총장이 한국에 지상군을 투입할 것까지는 없고 해군과 공군만 파견해도 공산군들은 겁을 먹고 타협안을 내 놓을 것이라고 했다. 그래서 일단 해군과 공군을 투입함과 동시에 한국군에게 즉각 무기와 탄약을 제공하기로 결의하였다. 그리고 한국전쟁을 지휘할 총사령관에 일본 점령군 최고사령관 맥아더 원수를 임명하였다. 이렇게 하여 일본 점령군 사령관으로서 행정을 맡아 일본의 재건을 위하여 분투하던 맥아더 원수는 다시 국가의 부름을 받고 전쟁터로 나가게 된 것이다.

이때 벌써 70고령인 맥아더 원수는 다시 한 번 인류의 평화를 위하여 봉사할 기회를 얻게 된 것을 하나님께 진심으로 감사드렸다.

이렇게 발 빠른 미국의 군사원조는 다급한 한국군에게 목마른 자에게 단비 같은 반가운 소식이었다. 미국의 신속하고도 때에 맞는 군사원조는 신명기 32장 11~12절에 "마치 독수리가 자기의 보금자리를 어지럽게 하며 자기의 새끼 위에 너풀거리며 그의 날개를 펴서 새끼를 받으며 그의 날개위에 그것을 업는 것 같이 여호와께서 홀로 그를 인도하셨고 그와 함께 한 다른 신이 없었도다"고 하신 말씀과 같이 하나님께서 기도로 건국한 대한민국을 당신의 두날개를 펴서 업으신 것이다.

그러나 트루먼 대통령은 Truman Line을 설정하여 해군과 공군의 작전범위를 38선 남쪽에서만 가능하도록 하고 38선 북쪽으로 올라가지 못하도록 지침을 내렸다. 트루먼 대통령의 복안은 이참에 공산군을 괴멸시키고 두 동강난 한국을 통일시키는 것이 목표가 아니라 공산군을 원 위치로 되돌려 세우고 38선을 그대로 유지하려는 소극적인 전략이었다. 그리하여 미군의 해, 공군의 작전범위에 제한을 두었던 것이다.

워싱턴 시간으로 6월 26일 아침, 워싱턴에 있는 주한 미 대사관에 한국의 이승만 대통령으로부터 트루먼 대통령에게 보내는 긴급 전문이 도착했다. 장면 대사는 이 전문을 가지고 급히 백악관을 찾았다. 이승만 대통령의 전문은 간절한 호소와 함께 애절함이 담겨 있었다.

"각하 6월 25일 이른 아침에 북한군은 우리 대한민국을 무력침공해 왔습니다. 각하와 미국의회가 이미 알고 있는 바와 같이 우리 한국인들은 오늘과 같은 변란이 있을 것을 예견하여 극동에서 민주보루를 공고히 하고 아울러 세계 평화에 기여하려는 목적에서 국방력을 길러왔습니다. 본인은 우리를 해방해 주시고 우리 공화국을 세우는데 각하가 베풀어 주신 원조에 다시 한 번 감사드리는 바입니다. 국가 재난에 처해 우리가 용감히 싸우는 이 마당에 있어 본인은 각하의 보다 더 많은 지원과 함께 세계 평화를 파괴하는 행동을 분쇄하기 위해 효율적이며 시기에 적절한 원조를 제공해 줄 것을 호소하는 바입니다."

이 전문은 트루먼 대통령의 마음을 움직이기에 충분했다. 전문을 다 읽은 트루먼 대통령은 한국의 참담한 사정을 알았다는 뜻, "장면 대사! 기운을 내십시오. 하나님은 결코 용기를 잃지 않는 사람에게 실망시키지 않습니다. 이제 세계는 한국을 도울 것입니다. 우리 미국도 한국을 원조 할 것입니다." 하고 자상하게 위로의 말을 건넸다. 맥아더 사령부는 본국의 지시에 따라 한국전에 즉각 미 극동 해군과 공군의 F-80 제트기와 B-26 경폭격기를 출격 시켜 인민군의 진격을 저지했으나 파죽지세로 밀려오는 인민군은 멈춰 설 줄 몰랐다.

한편 50년 6월 26일 미국은 UN 안전보장 이사회 소집을 요청하였다. UN 안전보장 이사회에서 북한을 침략자로 규정하고, 한국의 안전과 평화를 지키기 위하여 한국을 지원하기로 결의하였다. 안전보장 이사회는 5개 상임이사국 중 하나라도 거부권을 행사하면 군대를 파병할 수 없었다. 그런데 소련대표가 마침 대만문제로 불참했으므로 UN의 이름으로 한국에 군대를 파견할 수 있게 된 것이다.

수도 서울 함락

개전 3일째 되는 날, 벌써 서울 외곽에 북한군 탱크가 나타나기 시작했다. 한국군은 화염병을 들고 육탄으로 적의 탱크에 맞섰으나 적의 월등한 화력을 당해 낼 수 없었다. 서울 시민들은 서울을 사수한다는 정부의 발표를 그대로 믿고 있었는데 어느덧 인민군 탱크가 시내로 밀고 들어왔다. 화들짝 놀란 시민들은 황급하게 길거리로 쏟아져 나왔으나 6월 28일 이미 한강 인도교가 끊어져 피난길이 막혀 버렸다. 그럼에도 서울 시민들은 한강 인도교로 계속 밀고 들어왔으므로 끊어진 다리위에서 강물에 떨어져 죽는 자가 셀 수 없었다. 한강 변에는 살길을 찾아 뗏목을 타고, 혹은 헤엄을 쳐서 강을 건너는 사람들, 미쳐 강을 건너지 못한 사람들은 불안에 떨고 있는 모습, 부모 잃은 아이들의 울부짖는 소리 그 광경은 차마 눈뜨고 볼 수 없는 처절한 모습이었다. 한강을 건너지 못한 사람들은 발만 동동 구르다가 결국 인민군에게 볼모로 잡히는 처지가 되고 말았다.

서울을 점령한 인민군들은 마각을 들어내어 거짓선전에 열을 올리는가 하면 한편으로는 우국지사, 자본가, 지주, 종교인, 언론인, 전문지식인, 문화예술인 할 것 없이 사회 저명인사들을 잡아 철사 줄로 손을 묶어 미아리 고개를 넘어 북으로 끌어가기도 하고 혹은 인민재판이란 미명하에 잔인하게 살해하는 만행을 저질렀다.

서울에서의 인민군들의 요인납치, 인민재판, 양민학살과 같은 광란은 앞으로 인민군들이 닥치는 곳마다 예외 없이 저질러질 만행의 서막에 불과했다.

그리하여 시민들은 하루하루를 살얼음판을 걷듯 가슴 졸이며 악몽 같은 나날을 보내고 있었다. 인민군들이 서울에서 3일간 머무르며 남로당의 수괴 박헌영이 구축해놓았다는 지하조직의 주도로 민중봉기가 일어나기를 기다렸으나 남한 국민들은 이때까지 들어온 선전과는 다른 공산당의 살기 띤 모습을 보고 공포에 질려 공산당을 기피할 뿐 누구하나 나서서 민중봉기를 주도하는 자가 없었다. 이렇게 나라 안이 어수선하고 경황이 없는 와중에 성도들은 골방에서 혹은 산속에서 하루속히 공산군이 물러가고 자유가 오기를 하나님께 간절히 기도드렸다. 일본시대 때 그들의 눈을 피하여 기도하던 성도들은 오늘과 같은 국난을 당하여 다시 하나님 앞에 기도의 무릎을 꿇었다.

"여호와 내 하나님이여 내가 주께 피하오니 나를 좇아오는 모든 자들에게 나를 구원하여 내소서 건져 낼 자가 없으면 그들이 사자

같이 나를 찢고 뜯을까 하나이다"(시편 7:1~2)

전선시찰

맥아더 장군은 미 해군과 300대의 공군기를 투입했으나 전선이 멈추지 않고 계속 밀려 내려오자 전쟁을 해군과 공군의 투입만으로 계속해야 할지 아니면 강력한 지상군을 투입해야 할지 결정이 서지 않았다. 그리하여 장군은 직접 전선에 나가 현지정세를 살핀 후에 판단하는 것이 옳다고 생각하여 개전 4일째인 6월 29일 오전 10시 15명의 참모들을 대동하고 전용기 바탄호에 올랐다. 날씨는 흐리고 바람은 스산했다. 사령관의 전용기는 한국 상공을 향하여 날아올랐다. 맥아더 장군은 기내에서 미 극동 공군사령관 스트레이트 메이어 중장으로부터 미 공군의 애로사항에 대하여 브리핑을 들었다. 무엇보다 가장 큰 장애물은 공군기들이 Truman Line에 의해 38선 이북에 있는 군사시설을 폭격 할 수 없다는 것이었다. 소련과 중국으로부터 군수물자가 한반도로 계속 유입되고 있는데 북폭을 할 수 없으니 인민군의 진격을 멈추게 할 수 없었다. 그러므로 이 사정을 워싱턴에 상세히 알려서 대통령의 재가를 얻어 미 공군의 활동범위를 북한 전 지역으로 확대하는 것이 시급하다고 보고했다. 이 보고를 들은 맥아더 장군은 자신이 한국전의 책임을 맡은 이상 그 책임을 완수하려면 38선 이북에도 무제한 폭격을 가해야 된다고 여겼다. 따라서 북한지역에 있는 군사목표물을 제거하는 것도 어디까지나 자신의 재량이라고 생각했다. 그래서 워싱턴 당국에 건의할 것도 없이 기내에서 스트레이트 메이어 장군에게 지금 즉시 Truman Line을 넘어 북한 전역을 폭격하도록 명령을 내렸다. 이것은 사실상 군의 최고통수권자인 대통령의 권위를 묵살하는 것이며, 상관의 명령에 불복하는 행위였다. 맥아더 원수는 현지 사령관의 판단으로 볼 때 북폭은 당연하다고 여겼다. 총사령관의 명령을 받은 스트레이트 메이어 미 극동 공군사령관은 즉시 오키나와 가데나 공군기지에 명령을 내려 38 이북지역에도 무제한적으로 폭격할 것을 명령했다. 그리하여 2차대전 때 그 진가를 발휘했던 하늘의 요새 B-29 중폭격기 편대가 긴 잠에서 깨어나 은빛 날개를 펴고 북한 상공에 출격하여 군사목표물에 맹타를 가하였다. 지휘부, 비행장, 레이더기지, 산업기지, 철도, 도로, 교량, 군수물자, 할 것 없이 무제한적으로 폭탄을 퍼부었다. 그리하여 실전용 항공기 198대를 보유하고 있던 북한 공군은 전쟁 초기에 궤멸되고 말았다. 미 공군의 폭격기 편대가 평양에 나타나자 인민군 수뇌들은 공포를 느끼기 시작했다.

드디어 맥아더 사령관이 탄 비행기가 서울 남쪽 수원 비행장에 착륙하기 시작했다. 이날따라 북한 공군의 야크기가 수원지역을 집중 공습했다. 미 공군 수송기 한 대가 야크기의 공격을 받고 격추되었다. 그 사이를 뚫고 맥아더 장군의 전용기 바탄호가 착륙했다. 비행장에는 미리 연락을 받고 마중 나온 이승만 대통령과 무초대사 일행이 기다리고 있었다. 맥아더 원수는 전용기 바탄 호에서 내리자마자 이승만 대통령과 뜨거운 포옹을 했다. 이때 갑자기 북쪽에서 적기 한 대가 나타나 대통령 일행이 모여선 쪽으로 저공비행을 해

오기 시작했다. 갑작스럽게 벌어진 일이었다. 맥아더 사령관은 잽싸게 이승만 대통령을 부축하여 비행장 옆 논두렁 밑에 엎드렸다. 적기가 한 차례 공습을 끝낸 후 비행장은 아수라장이 되었다. 다행히 다치지는 않았다. 이승만 대통령 일행은 임시수도로 정해진 대전으로 떠나가고 맥아더 사령관 일행은 지프차를 타고 한강전선으로 올라갔다. 가는 도중에도 몇 차례 적기의 공습을 받아 아찔한 순간들이 있었으나 다행히 무사했다. 맥아더 장군 일행은 피난민 대열을 거슬러 영등포에 도착하여 한강변에 높이 솟은 언덕에 올라 망원경으로 적의 동태와 전쟁의 양상을 살폈다. 그때에 적진에서 날아온 포탄이 터짐과 동시에 적의 총탄이 빗발쳤다. 수행하던 참모들은 누가 먼저랄 것도 없이 순식간에 몸을 굽혀 엎드렸다. 잠시 후 포격이 멈추고 참모들이 사방을 살피며 일어났을 때 맥아더 장군은 언덕위에 우뚝 선 채로 망원경으로 계속 적진을 살피고 있었다.

죽음도 두려워하지 않는 장군의 대담함에 주위는 또 한 번 놀랐다.

"네가 물 가운데로 지날 때에 내가 너와 함께 할 것이라 강을 건널 때에 물이 너를 침몰하지 못할 것이며 네가 불 가운데로 지날 때에 타지도 아니할 것이요 불꽃이 너를 사르지도 못하리니 대저 나는 여호와 네 하나님이요 이스라엘의 거룩한 이요 네 구원자임이라"(사 43:2~3)

서울을 점령한 인민군은 3일간 움직이지 않고 있었다. 그 이유는 남로당 총책이었던 박헌영이 위조지폐사건의 주모자로 경찰의 수배를 받자 북으로 도주하여 김일성에게 인민군이 남침하기만 하면 남한 내에 자신이 심어놓은 좌익 세력들이 들불처럼 일어나 남한 정권을 뒤엎을 것이므로 한반도 적화 통일은 손바닥을 뒤집는 것보다 쉬울 것이라고 사주하였다. 그 말을 믿은 김일성은 한강을 건너지 않고 민중봉기가 일어나기만을 기다렸다. 그러나 현실은 박헌영의 말 대로 되지 않았다.

이때까지 공산주의에 대하여 막연한 기대를 가졌던 시민들도 공산당의 실체를 똑똑히 보고 비로소 공산당의 거짓 선전에 속았다는 것을 깨닫고 공산주의에 대한 환상이 깨어지면서 그들에게 동조하는 사람이 없었다. 인민군의 움직임이 없었던 3일간은 한국군에게는 천금 같은 시간이었다. 그 3일 동안 뿔뿔이 흩어져 와해되었던 한국군이 한강 남쪽 지정된 장소로 모여들어 다시 대오를 정비할 시간을 벌었기 때문이다. 인민군들은 3일을 기다려 봐도 민중봉기가 일어나지 않자 박헌영에게 속은 줄 알고 그 때야 한강을 건너기 시작했다. 강 건너 서울의 하늘은 검은 연기에 휩싸였다. 다시 집결한 국군은 한강에 저지선을 구축하고 비록 수도서울은 적에게 내주고 말았지만 한강만은 적이 건너지 못하게 하겠다는 굳은 의지로 한강을 지켰으나 인민군의 우수한 화력을 막기에는 역부족이었다.

한국군은 한강 인도교가 갑자기 끊어짐으로 대포와 같은 중화기를 버리고 소총과 기관총 같은 개인화기만 겨우 챙겨 왔으므로 인민군의 포대에서 쏴대는 포탄을 막을 도리가 없었다.

그 중에 국군 1사단은 뗏목을 만들어 대포와 차량을 싣고 한강을 건너던 중 인민군으로 오인한 미 공군의 오폭으로 중화기를 한강에서 고스란히 잃어버리고 손에 든 무기는 소총밖에 없었다.

그리하여 국군은 인민군의 도하를 막지 못하고 기약 없이 남으로 밀리게 된 것이다. 맥아더 원수가 서있는 언덕 아래에는 대열이 무너진 한국군의 후퇴행렬이 잇따랐고 그 사이에는 피난민 대열이 끝없이 이어졌다. 맥아더 장군의 시선에는 모든 것이 비극이었다. 맥아더 장군은 한강변 언덕위에서 머리에 이고지고 남으로 내려가는 행색이 초라한 피난민 대열을 바라보며 목자 잃은 양 같음을 인하여 마음이 무거웠다. 맥아더 장군은 8년 전 자신이 일본군에게 포위된 바탄과 코레히돌을 탈출할 때 부두에서 힘없는 눈빛으로 바라보던 필리핀 난민들을 버려둔 채 혼자 떠나온 것이 못내 마음이 아팠는데 지금 또 다시 저 가련한 피난민들을 그대로 버려둔다면 평생 마음을 짓누르는 짐이 될 것만 같았다. 그리하여 장군은 기독교인의 신앙 양심으로 도탄에 빠진 국민들을 저대로 방치해두어서는 안 된다는 뜨거운 사명감 같은 것을 느꼈다.

전선을 직접 시찰한 맥아더 장군은 한국군은 이미 방어능력을 잃었다는 것을 확인했다. 공산군의 기세를 이대로 두면 단숨에 부산까지라도 집어삼킬 태세다. 수많은 전쟁을 치룬 칠십노장 맥아더 원수는 한강의 언덕위에 서서 한국전쟁의 양상을 단숨에 뒤바꾸어 놓을 묘책을 구상하게 된다.

한편 평양방송은 즉시 B-29의 북폭을 비난하며 전 세계에 떠들어 대기 시작했다. 워싱턴에서는 평양방송이 허위로 보도한다고 성명서까지 발표했으나, 확인해본 결과 북폭은 사실이었다. 트루먼 대통령은 황당하여 존슨 국방장관을 불러 존슨 장관 도대체 북폭이 어떻게 된 것이냐고 물었다. 그랬더니 존슨 장관이 도리어 대통령 각하 어떻게 된 것입니까? 하고 되물었다. 분명히 블레어 하우스 회합에서 한국전에 해군과 공군만을 투입하기로 결정했고, 그것도 38선 이남에서만 작전하도록 결정했는데 북폭이라니… 도대체 어떻게 된 것인가? 두 사람은 의아해 하지 않을 수 없었다. 트루먼 대통령은 북폭은 맥아더 장군이 상관인 자신의 뜻을 묵살하고 일방적으로 저지른 것으로 짐작하고 이일로 인하여 심기가 매우 불편했다. 전선 시찰을 마치고 동경으로 돌아온 맥아더 장군은 즉시 워싱턴에 한국의 급박한 사정을 긴급 타전했다.

"지금 한국의 상황은 최악의 상태이며 강력한 미 지상군을 빠른 시일 내에 투입하지 않으면 교두보 확보도 어려워져 미국의 노력은 무용지물이 될 것이며 최악의 경우 실패로 끝날 수도 있음" 하는 사태가 매우 긴급한 전문이었다. 북폭 문제로 심기가 몹시 불편하던 트루먼 대통령은 사태가 심상치 않음을 알고 군 수뇌부들을 다시 블레어 하우스에 불러 미 지상군 투입문제를 논의 하게 되었다. 군 수뇌회의에서 콜린스 육군참모총장이 해군과 공군만으로는 인민군을 막을 수 없으므로 강력한 미 지상군을 투입해야 된다는 제의에 대통령을 비롯하여 전원이 공감하여 지상군을 투입하기로 결정을 보게 된 것이다. 그 결정에 따라 주일 미군을 일본의 안전을 해치지 않는 범위 내에서 24시간 내에 한국전선으로 투입한다는 내용과 함께 파병에 따르는 모든 문제는 맥아더 사령관에게 일임한다는 전문이 도착했다. 그리하여 B-29 폭격기의 북폭 논란은 보다 더 중대한 사안에 묻혀 버리고 말았다.

이승만 대통령과 맥아더 사령관

맥아더 원수(중앙) 8군 사령관 워커 중장(우)

좌로부터 리치웨이 중장(워커 장군 후임 8군 사령관), 정일권 총참모장, 맥아더 원수

8

미 지상군 투입과 지연작전

8

맥아더 장군은 다짐했다. 미국이 해군과 공군만을 투입했을 때에는 지원군에 불가했으나 지상군을 투입하기로 결정한 이상 이 전쟁은 어디까지나 미국의 전쟁이다. 전통적으로 미국은 평화를 위한 정의로운 전쟁에는 승리외에는 다른 대안이 없으며 모든 수단을 동원하여 끝까지 싸운다는 것이었다.

그러나 지금 미국의 군사력은 2차대전 때와는 비교도 안될 만큼 약체였다. 군사비도 2차대전 종전당시 군비에 비해 1/10로 줄어 있었고, 군대도 주력은 나토군으로 유럽에 주둔하고 있었다. 지금 맥아더 장군 휘하에 있는 주일 미군은 4개 사단에 불과했고 그나마 그 부대는 중무장한 전투부대가 아닌 일본의 치안을 담당하는 경비대에 불과 했으며, 인원도 원래 보병의 편제에서 1/3이 부족한 상태였다. 당시 미국의 군사정책은 평화시에는 병력의 1/3이 부족한 상태에서 유지하다가 전시나 긴급사태가 나면 본토로부터 병력과 장비를 충원하게 되어 있었다. 그러나 지금 한국의 사태가 급박하여 병력과 장비를 보강할 여유가 없어 경무장한 상태에서 출전 할 수밖에 없었다. 맥아더 사령부는 먼저 기동타격대를 급파하여 적의 진격을 지연시켜 시간을 벌 동안 주력부대를 투입한다는 계획을 세웠다.

스미스 부대도착

인민군의 남진을 저지할 기동타격대로 선발된 부대는 일본 최남단 큐슈에 주둔하고 있던 미 제24사단이었다. 그 중 선봉에서 적의 예봉을 꺾을 부대로 21연대 1대대가 차출되었다. 1950년 7월 1일 오전 8시 대대장 찰스 B. 스미스 중령과 부대원 406명이 C-54 수송기로 부산에 공수되었다. 이 부대는 대대장 스미스 중령의 이름을 애칭으로 붙여 일명 '스미스 부대' 라고도 했다. 부산에 도착한 스미스 부대는 7월 4일 밤 11시 경무장한 상태에서 부산에서 서울까지 연결된 1번 국도를 따라 이동하여 수원 남쪽 10km 지점에 있는 오산 북쪽 국도변에 솟은 죽미령 고개에 진을 쳤다. 스미스부대를 지원하여 적의 선봉부대를 맞아 진격을 저지할 부대는 한국군 17연대였다. 이튿날 새벽 인민군은 아군이 포진하고 있는 것도 모르는 채 1번 국도를 따라 계속 내려오고 있었다. 이때를 틈타 한국군 17연대 포병중대가 스미스 부대로부터 지원받은 2.36인치 로켓포로 적의 탱크를 쐈으나 끄떡도 않고 계속 굴러오고 있었다. 2.36인치 로켓포로는 소련제 T-34 탱크의 두꺼운 철갑을 뚫을 수 없었다. 이에 적 탱크의 위력에 놀란 17연대장 백인엽 대령은 사태가 심상치 않음을 직감하고 더 이상 공격할 자신이 없었다. 적의 탱크는 한국군 17연대가 포진하고 있는 곳을 향하여 집중 포격을 가해왔다. 17연대는 적의 진격을 저지하며 용감히 맞섰으나 경무장한 상태에서 탱크를 상대할 수는 없음으로 평택으로 퇴각할 수밖에 없었다. 인민군 제 1진의 탱크부대는 미쳐 스미스 부대를 발견하지 못하고 17연대를 따라 평택 방향으로 내려가 버렸다.

이튿날 7월 5일 새벽 4시에 적의 1진의 포격을 피했던 스미스 부대가 적의 2진에 의해서 기습을 당하고 말았다. 적의 2진의 탱크부대가 요란한 굉음을 내며 국도를 타고 내려오고 탱크 뒤로는 수천 명의 연대 규모의 인민군들이 뒤 따르고 있었다. 대대장 스미스 중령은 지원 나온 제52야전 포병중대장에게 적진을 향하여 포격하도록 명령했다. 포탄이 적의 탱크에 작열했으나 인민군 탱크는 잠시 주춤할 뿐 계속 내려오고 있었다. 미군의 52야전 포병중대에 배속된 포는 적의 T-34 탱크의 두꺼운 철갑을 뚫을 수 있는 155mm 중포가 아닌 105mm 경포였다.

미 52야전 포대와 인민군의 탱크 간에 포탄이 작렬하면서 사상자가 늘어나기 시작했다. 포병중대를 감독하러 나왔던 포병대대장 페리 중령이 포탄에 맞아 쓰러지자 겁에 질린 대원들은 대오에서 흩어져 도망치기 시작했다. 이틈을 타고 적병들이 달려와 스미스 부대와 포병중대 간에 설치해놓은 전선을 절단해 버렸다. 그리하여 스미스 부대와 포병중대 간에 연락이 두절되어 작전에 차질이 생겼다.

탱크를 뒤 따라오던 인민군들은 스미스 부대가 진치고 있는 언덕위로 일시에 수천 명이 기어오르니 대대장 스미스 중령은 아연하여 정신을 차릴 수 없었다. 스미스 부대원들도 얼굴이 하얗게 질려 어찌할 바를 몰랐다. 스미스 부대원들은 더 이상 2차대전 때 명성을 날리던 미군이 아니었다. 거의 대부분 전투경험이 없는 나이 어린 신병들이었다. 한 병사가 적탄에 맞아 쓰러지자 병사들은 겁을 집어먹고 참호 속에 웅크리고 있거나 달아나기 바빴다. 상사가 멈춰서라고 고함을 질러도 소용이 없었다. 달아나는 병사들에게는 오직 삶 밖에 생각나지 않았다. 그리하여 스미스 중령 자신이 기관총을 잡고 분전했으나 탱크는 스미스 부대가 진치고 있는 언덕을 향하여 포격을 가하며 계속 다가오고 있었다. 그냥두면 스미스대대를 깔아뭉갤 기세였다. 대대장 스미스 중령은 다급한 나머지 진지를 사수해야 한다는 사명감으로 "적의 탱크를 멈추게 할 특공대를 조직하라!" 고 명령했다. 대대장의 명령과 동시에 자기 목숨과 맞바꿀 특공대가 조직 되었다. 특공대는 스텝 상사와 10명의 대원이 지원하고 나섰다. 그들은 한 사람이 수류탄 10개씩 들고 적의 탱크 대열로 뛰어들어 수류탄을 집어 던져 적 탱크 4대를 파괴하는 전과를 올렸으나 34대는 대열을 지어 계속 전진해 오고 있었다. 이때는 이미 적의 대 부대가 언덕위로 기어올라 스미스 부대를 에워싸고 따발총을 난사하기 시작했다. 적의 공격이 갈수록 치열해지자 용감하고 유능했던 스미스 중령도 잔존하는 부대원들을 구하고자 후퇴명령을 내리지 않을 수 없었다. 이때가 7월 5일 오전 11시였다. 스미스 부대는 적의 숫자에 밀려 결국 퇴각하고 말았다. 인원을 점검해본 결과 대대원 406명 중 살아남은 대원은 260명이었고 나머지는 전사하거나 도망쳐 버렸다. 미 지상군 선발대로 한국전에 참전한 스미스 부대는 첫 전투에서 호된 신고식을 치렀다. 스미스 부대는 적의 간담을 서늘케 하여 미국의 힘과 위력을 보여 주려던 야심과는 달리 많은 상처를 입고 쓴 잔을 마셨다. 스미스 부대가 이렇게 많은 상처를 입고 치른 전투에서 적의 진격을 겨우 7시간 늦추는데 그치고 말았다.

24사단 34연대의 실책

스미스 부대에 이어 전선에 도착한 24사단 34연대는 평택에 진지를 구축하고 적을 기다렸다. 미 24사단의 임무는 일본에 주둔한 주력부대가 도착할 때까지 적의 남하를 지연시키는 것이 주 임무였다. 그런데 34연대 1대대와 3대대도 적을 너무 얕잡아 보았다. 미군은 2차대전 때 유럽전선에서 명성을 떨쳤던 군대다. 태평양전쟁에서도 인민군은 비교도 안 될 800만의 일본군을 상대로 싸워 승리한 군대였다. 그래서 미군이 나타나기만 해도 인민군 따위는 겁을 집어먹고 줄행랑을 칠 줄 생각했다. 7월 5일 밤 깊은 시각에 스미스 부대에서 탈출한 미군 병사 3명이 평택에 주둔하고 있는 34연대 1대대를 찾아왔다. 도망쳐온 병사들은 탱크를 앞세워 내려오는 북한군을 막으려면 단단한 대비책을 세우지 않으면 안 된다고 요란스럽게 떠들었다. 그러자 34연대 1대대장 아이레스 중령은 우리 부대는 너희 부대와는 달라! 이 머저리 같은 놈들아! 도망쳐온 주제에 왠 말이 그리도 많으냐! 헛소리 그만하고 잠이나 자둬! 하고는 전혀 대비책을 세우지 않았다. 34연대 1대대장 아이레스 중령은 인민군과의 전쟁을 들판에서 꿩 사냥하는 것 쯤으로 생각하는 것 같았다. 그러다 마침내 탱크부대를 앞세우고 물밀듯 밀고 들어오는 적병이 나타나자 1대대장 아이레스 중령은 황급하여 포병중대에 명령을 내려 중대장! 적이 나타났다. 포격하라! 적이야! 하고 외쳤으나 이미 적은 코앞에 와 있었다. 아군의 박격포가 쉴 새 없이 적진을 향하여 포탄을 날렸으나 적의 진격은 멈춰 설 줄 몰랐다. 이제 적의 탱크에서 포문이 열리면서 85mm, 포가 아이레스 대대에 떨어지자 병사들은 참호 속으로 들어가기 바빴다. 참호 속에는 비가 내린 탓에 진흙탕 물이 고여 있었다. 중대장이 전원 사격개시! 하고 소리쳐 봐야 적을 향해 총을 쏘는 것은 일선 소대장과 분대장 정도였다. 적 탱크가 참호 쪽으로 달려오자 1대대장 아이레스 중령은 이대로 있다간 적의 탱크에 깔려 죽을 것 같아 황급히 후퇴! 전원후퇴! 하고 소리쳤다. 도로위에 한 줄로 늘어선 적 탱크는 아군의 좋은 표적이었으나 아이레스 1대대장은 적의 탱크를 잡는 75mm, 바주카포를 가지고 있어도 정녕 적의 탱크를 날려버릴 포탄은 단 한발도 준비해 두지 않았다. 1대대가 천안 아래로 후퇴하여 부대를 점호해 보니 병사들의 얼굴 모습은 흙탕물을 뒤집어 쓴데다 군복과 군화는 진흙탕에 빠져 몰골은 영락없는 패잔병 꼴이었다. 안성에 배치되었던 34연대 3대대도 지레 겁을 먹고 전투다운 전투를 해보지도 못하고 천안으로 퇴각하고 말았다. 적의 남진을 최대한 지연시키라는 맥아더 장군의 특명을 받고 한국전에 투입된 미 24사단장 딘 소장은 21연대 1대대 스미스 부대의 참패에 이어 34연대 1대대와 3대대의 어이없는 실책으로 그 임무를 다하지 못하자 울화통이 터졌다.

무너지는 천안 방어선

24사단장 딘 소장은 비상시에 자기의 임무를 다하지 못한 34연대장 라블리스 대령을 해임시켜 쫓아버리고 그 후임에 유능한 로버트 마틴 대령을 임명하였다. 마틴 대령은 적의 눈앞에서 갑작스럽게 연대를 인수받은 까닭에 지휘계통이 잘 서지 않았다. 그리하여 연대장 자신이 전 부대원 앞에서 솔선수범하는 모습으로 부대를 지휘하고자 하였다. 마틴 대령은 안성에서 천안으로 퇴각한 제3대대장 데이비드 중령에게 천안을 지킬 것을 명령했다. 대대장 데이비드 중령은 무너진 3대대를 수습하여 7월 7일 오후 5시쯤 천안시 둘레에 진지를 구축하고 일본으로부터 긴급 공수해온 전차 지뢰를 천안시로 들어오는 도로 입구에 매설하고 기다렸으나 무슨 연유인지 지뢰는 터지지 않았다. 7월 8일 새벽 6대의 전차를 앞세우고 시가지로 들어온 인민군과 시가전이 벌어졌다. 34연대장 마틴 대령은 손수 2.36인치 로켓포를 들고 부대를 지휘하다 마침 적 탱크를 발견하고 탱크를 겨냥해서 방아쇠를 당겼으나 로켓탄은 적의 탱크의 철갑을 뚫지 못했다. 거의 동시에 적 탱크에서 포문이 열리면서 85mm, 포탄이 날아와 마틴 대령의 몸은 산산조각 나고 말았다. 참으로 비통한 일이었다. 34연대장의 전사로 미군은 큰 혼란에 빠졌고, 후퇴하려고 해도 벌써 사방이 적의 포위망에 갇혀버렸다. 그리하여 아군의 포대에서 연막탄을 터트려 일부 병력이 겨우 탈출하는데 성공하였다. 34연대 3대대가 전선에 투입될 때 대원이 700명이었으나 2일간의 전투로 병력의 70%를 잃어버리고 겨우 175명이 살아남았다. 이렇게 하여 천안도 34연대장 로버트 마틴 대령의 전사와 함께 날아가 버렸다.

맥아더 사령관은 7월 7일 천안 전투의 전황을 보고받고 북한 인민군의 전력을 다시 인식하기에 이른다. 인민군은 근대 병기로 무장한 정예군으로서 결코 얕잡아 볼 상대가 아니라는 것을 인지하게 된다.

맥아더 원수는 전세가 심상치 않음을 간파하고 워싱턴에 증원 군을 요청하는 긴급 전문을 보냈다. 증원군은 강력한 포병단과 탱크부대로 무장한 지상군 5개 사단, 해병특공대 1개 여단, 공수특전단 1개 연대 그리고 공군의 폭격기를 비롯한 항공기 700대였다.

한국전선은 사정이 급박했으나 증원군 요청은 기각되고 말았다. 미국은 아직도 한국의 현지 사정에 눈이 어두워 인민군의 실체를 가볍게 여기는 것 같았다. 천안을 손에 넣은 인민군은 이제 대전을 목표로 금강을 향하여 내려오고 있었다.

무너지는 금강 방어선

7월 8일 천안이 인민군의 수중에 떨어지자 금강 방어선을 사수하라는 미 24사단 작전명령 제3호가 하달되었다.

그리하여 50년 7월 9일 금강 방어망을 구축하고 미 24사단 21연대는 조치원 선을 19연대는 연기, 대전선을 34연대와 국군 17연대와 경찰대는 공주 선을 담당하게 하고 포병대대와 탱크대대는 각 연대에 1개 중대씩 분산 배치하였다.

드디어 7월 11일부터 인민군과 금강을 사이에 두고 접전이 벌어졌다. 인민군 3사단은 미 19연대의 연기, 대전 선을 공격하고, 인민군 4사단과 109탱크 연대는 미 34연대와 국군17연대와 경찰대가 맡은 공주 방어선을 공격해왔다. 7월 14일 109탱크 연대를 앞세운 인민군 4사단이 우회하여 금강을 건너 측면에서 공주를 공격해오자 7월 15일 미 24사단은 결국 금강 방어선을 포기하고 대전으로 퇴각하고 말았다.

1950년 7월 14일 미 24사단이 외로운 금강 방어선을 지키며 분전하던 그 시각에 캘리포니아주 샌디에고 항에는 한국으로 떠나는 6,534명의 미 해병특공여단을 파병하는 환송식이 성대하게 거행되었다. 하늘에는 오색찬란한 만국기와 각종 휘장들이 바람에 나부끼고, 군악대의 장엄한 연주가 울러 퍼지는 가운데 세계 최강의 전투력을 자랑하는 미 해병특공여단 대원들이 시민들의 환송을 받으며 꼭 이기고 돌아오겠다는 결의에 찬 모습으로 수송함에 올랐다.

미국 시민들은 사랑하는 아들들이 낯선 이국의 전쟁터로 떠나가는 모습을 바라보며 이것이 마지막이 될지도 모른다는 생각에 손수건을 흔들며 "장한 내 아들아! 이기고 돌아오라! 내 아들아!" 하며, 그들의 장도를 하나님께 빌며 눈물로 환송하였다.

드디어 특공여단이 탄 수송선이 긴 쌍고동을 울리며 태평양을 향하여 움직이기 시작했다. 해병특공대의 파병은 한국군이 계속 밀려 서울에 이어 수원까지도 인민군에게 점령되자 미 해군 작전부장인 셔먼 대장이 공산군으로부터 한국을 구하는 길은 강력한 해병특공여단을 파병해야 된다고 주장하여 보내게 된 것이다.

해병특공여단은 특별한 사고가 없는 한 일본을 경유하여 19일 만에 한국전에 투입될 예정이었다.

해병특공여단의 파병을 시작으로 한국전의 양상이 갈수록 꼬여 앞으로 180만의 증원군이 미국에서 한국 전선을 향하여 출항할 줄을 그때는 아무도 몰랐다.

외롭게 분투하던 맥아더 원수는 해병특공여단 6,534명이 한국전선을 향하여 출항했다는 전문을 받고 모처럼 기쁜 소식에 고무되었다.

무너지는 대전 방어선

50년 7월 15일 기대했던 금강 방어선이 무너지자 8군 사령관 워커 중장은 24사단장 딘 소장에게 잔여 병력을 수습하여 어떤 일이 있어도 대전을 사수 하라는 특명을 내렸으나 24사단 병사들은 이미 지치고 탈진한 상태였다. 그러나 딘 소장은 불굴의 의지와 사명감으로 잔류 병력을 수습하여 대전 방어를 위하여 준비를 서둘렀다. 딘 소장은 T-34 탱크를 앞세우고 밀려오는 적을 보병만으로 막아야 했던 불리한 전황 속에서 병력의 열세에도 불구하고 사단장 자신이 앞장서서 3.5인치 로켓포를 들고 적의 탱크를 폭파해 가며 대원들을 독려한 결과 50년 7월 18~20일까지 적의 진격을 3일간 지연시킬 수 있었다.

이때까지 미군이 쓰던 로켓포는 2차대전 때 쓰든 2.36인치 포였다. 2.36인치 포로는 인민군 탱크의 두꺼운 철갑을 뚫지 못하자 신형 3.5인치 로켓포를 긴급 공수하여 대전방어에 첫 선을 보이게 된 것이다.

딘 소장은 결국 인민군의 화력에 밀려 후퇴하던 중 산속에서 길을 잃어버렸다. 부대에서 떨어진 딘 소장은 35일간 농가 마을과 산속을 헤매다 결국 5$의 포상금에 눈이 먼 농부의 밀고로 인민군의 포로가 되고 말았다.

이로서 한국전쟁을 통하여 고위급 장성이 포로로 잡히는 초유의 사태가 벌어졌다.

딘 소장의 불굴의 의지와 감투 정신으로 대전을 지켜낸 3일은 연합군에게 천금 같은 시간이었다. 그 3일 동안 미 공병대가 영동방어선을 구축할 시간을 벌게 되었고 한국군은 미군으로부터 소총과 탄약을 지급받아 영동 전투에 대비하게 되었다.

미 24사단이 50년 7월 1~4일 부산에 도착하여 7월 4일 오산전투, 7월 6일 안성전투, 7월 7~9일 천안전투, 7월 11~15일 금강전투에서 지연작전을 펴고 있는 동안 맥아더 원수는 일본의 모든 철도와 차량과 함정을 징발하여 미 25사단의 병력과 장비를 50년 7월 10~15일 혼슈지방에서 한반도로 이동시켰다.

맥아더 장군은 미 24사단이 금강 방어선을 지켜준다면 아직 일본에 남아있는 미 7사단과 1기병사단을 상륙작전으로 돌려 적의 배후를 치고 전쟁을 조기에 마무리할 계획이었으나 믿었던 금강 방어선이 무너지자 서둘러 도쿄지역의 치안을 담당하던 미 1기병사단을 50년 7월 18일 영일만에 상륙시켜 영동 방어전에 대비하였다.

무너지는 영동 방어선

미 8군 사령관 워커 중장은 충북 영동고개에서 적을 맞아 싸우기로 결심하고, 일본으로부터 이동한 미군의 3개 사단과 다시 모여든 한국군 5개 사단에 탄약과 무기를 지급하여 소백산맥을 축선으로 하는 영동 방어선에 배치하였다. 이렇게 하여 맥아더 원수가 워싱턴 당국으로부터 파병을 거부당한 지상군의 공백을 다시 모여든 한국군 5개 사단이 메우게 되었다. 그러나 한국군의 무장은 6월 28일 한강 인도교가 갑자기 끊어짐으로 중화기를 버리고 개인화기만 겨우 챙겨왔으므로 전쟁하는 군대라고 하기에는 너무나 빈약했다.

한국전쟁은 UN이 개입하면서 UN의 이름으로 맥아더 원수가 UN군 총사령관이 되고, 맥아더 사령관 아래 지상군 사령관에 미 8군 사령관 월튼 H 워커 중장, 해군사령관에 미 극동함대 사령관 C 터너 제독, 공군사령관에 미 극동공군 사령관 조지 E 스트레이트 메

8군 사령관 워커 중장(우)과 24사단장 처치 소장(좌)

이어 공군 중장이 맡아 한국전쟁을 책임지게 되었다.

미 8군이란? 일본의 점령군 최고사령관 휘하 지상군 사령부로서 미 기병사단, 7사단, 24사단, 25사단을 예하에 두고 일본의 치안을 담당했으나 한국전이 발발하자 사령부가 한국으로 이동해 옴에 따라 한국전에 참전한 모든 지상군을 지휘하는 사령부가 되었다. 그리하여 한국군을 포함하여 UN군 참전 16개국에서 보내온 모든 지상군은 특별한 경우를 제외하고 8군 사령관 월튼 워커 중장의 지휘를 받게 되었다.

지금 워커 장군이 인민군과 일전을 준비하는 영동고개는 충북 영동군에 소재하고 있으며, 대전에서 약 45km 남쪽에 위치해 있었다. 이곳에서 15km 남쪽에 황간이 있고, 황간에서 8km 남쪽에 경북 김천으로 넘어가는 추풍령고개가 있었다.

워커 장군은 지금 영동고개를 지키는 미 24사단이 지연작전에 투입되어 많은 상처를 입고 지쳤으므로 상주로 퇴각시켜 재편하게 하고, 대신 그 자리에 일본에서 막 도착한 미 기병사단으로 교체하였다.

대전을 손에 넣은 인민군은 영동 방어선을 뚫으려고 13만 명의 대 병력을 여러 갈래로 분산하여 공격해왔다.

인민군 3사단과 독립 8연대가 50년 7월 23일 소련제 T-34 탱크를 앞세우고 인민군의 주공격로인 영동고개를 공격해오자 미 기병사단과 불꽃 튀기는 전투가 시작되었다.

인민군들은 후퇴를 몰랐다. 인민군 뒤에는 무릎까지 오는 가죽 장화를 신은 독전대들이 싸움을 독려하고 있었다 그들은 뒤로 돌아서는 병사들을 권총으로 위협하여 되돌려 세웠다. 때문에 인민군들은 고지를 향하여 앞으로 전진할 뿐 후퇴를 몰랐다. 인민군들은 이래 죽으나 저래 죽으나 이왕이면 싸우다 죽자는 각오로 총탄이 비 오듯 쏟아지는 진지를 향하여 결사적으로 덤벼들었다.

미 기병사단장 게이 소장은 개미떼 같이 몰려오는 적병을 향하여 미 공군의 공중지원과 함께 모든 포를 가동하여 적진을 집중으로 때렸다. 그리하여 7월 28일까지 6일간 치러진 전투에서 인민군 2,000명을 사살하고 적 탱크 8대를 파괴하여 7일간 적의 남진을 저지할 수 있었다.

인민군 3사단과 독립 8연대가 영동고개를 공격하던 그 시각에 인민군 2사단이 충북 보은으로 우회하여 황간을 공격해 왔다. 황간은 영동고개 남쪽 15km 지점에 있었으므로 만약 그대로 두면 영동고개를 지키는 미 기병사단의 퇴로가 막히게 된다. 그리하여 워커 장군은 미 25사단 예하 27연대를 신속히 이동하여 인민군 2사단의 공격을 막아냄으로 가까스로 위기를 넘기게 된다. 미 27연대장 마이켈리스 대령은 안동에서 황간까지 하루 180km를 강행군하는 초인적인 힘을 발휘하여 7월 23일부터 28일까지 인민군 2사단을 맞아 미 공군의 항공지원과 신형105mm 포와 박격포로 적진을 맹타하여 적 3,000명을 사살하고, 최신형 3.5인치 로켓포로 적 탱크 6대를 파괴하는 전과를 올렸다.

인민군 2사단은 이 전투에서 회복 불능의 상태로 상처를 입었다. 이 두 전투를 통하여 큰 피해를 입은 인민군은 미군의 화력에 놀랐고 비로소 공포를 느끼기 시작했다.

인민군 15사단은 50년 7월 16일 상주를 공격하고자 갈령고개를 넘어오다가 국군 1사단과 17연대와 미 25사단 예하 24연대의 연합작전에 덜미가 잡혀 괴멸되었으나 뒤 따라온 인민군 예비대인 13사단의 지원을 받아 갈령 고개를 향하여 내려오고 있었다.

미 24연대는 연대장과 지휘관 몇 명을 제외하고 흑인들로 구성된 흑인부대였다. 갈령전투에 투입되었던 국군 1사단은 7월 26일 작전변경으로 갈령지역을 미 24연대에 넘기고 상주로 퇴각하였다.

국군 1사단은 사단이라고 할 수 없는 5,000명도 채 안 되는 미니 사단이었으며, 병사들은 군인의 기본인 소총 조차도 없는 병사들이 많았고, 후퇴하면서 피난민 대열에 묻혀오느라 군복도 제대로 갖추지 못하여 바지저고리 차림으로 싸우는 병사들도 많았다. 이 같은 현상은 비단 1사단 뿐 아니라 당시 한국군의 현 주소였다.

워커 장군은 50년 7월 26일 상주로 퇴각한 국군 1사단의 인원과 장비가 열악함을 보고 신병인 독립 20연대를 편입시켜 사단 규모를 5,000명에서 7,000명으로 늘리고, 소총과 중화기를 지급하고, 105mm 포병대대까지 배속시켜 줌으로 이제 제법 사단다운 면모를 갖추게 되었다.

워커 장군은 이제막 재편을 끝낸 국군 1사단에 명령하여 조령을 넘어 문경으로 쏟아져 내려오는 인민군 1사단을 예천의 영강에서 저지하게 했으나 국군 1사단은 화력의 열세로 막아서지 못하고 밀려나고 말았다.

그런데 지금 상황판을 놓고 전황을 살피던 워커 장군은 인민군들이 영동 방어선 좌우측면에서 경쟁적으로 돌파하는 것을 보고 아연

했다.

지금 인민군 13, 15사단이 미 24연대의 저지선을 뚫고 갈령 고개를 넘어 상주의 화령장으로 내려오는 외에도 인민군 1사단은 국군의 저지선을 뚫고 조령을 넘어 문경으로 쏟아져 내려오고, 인민군 8사단과 12사단은 역시 국군의 저지선을 뚫고 죽령을 넘어 안동으로 내려오고, 인민군 5사단은 동해축선을 따라 영덕으로 내려오고, 인민군 4사단은 우회하여 전라도 전주로 내려가고, 인민군 6사단은 전남을 석권하고 경남 진주로 향하고, 인민군 독립 9연대는 전북 무주로 들어갔다. 그 외에도 인민군 7, 9, 10사단과 독립연대가 탱크와 포병대의 지원을 받아 계속 남으로 내려오고 있었다.

특히 갈령을 넘어 화령장으로 내려오는 인민군 13, 15사단이 경부축선을 따라 내려오면 영동고개를 지키는 미 기병사단과 황간을 지키는 미 27연대의 퇴로가 차단된다. 만약 이대로 두면 인민군에게 포위되어 전멸 할 수도 있다.

그리하여 워커 장군은 용단을 내려 7월 29일 영동 방어선을 포기하고 전 군에 경북 상주로 퇴각할 것을 명령했다.

무너지는 상주 방어선

상주로 퇴각한 워커 장군은 상주를 정점으로 하여 방어선을 구축했다. 방어선의 서쪽 Line은 낙동강 줄기를 따라 내려가다 창녕에서 거창을 거쳐 하동으로 연결하고 북쪽 Line은 상주에서 의성과 청송을 거쳐 영덕 앞바다로 연결하였다. 그런데 영동에서 우회하여 전라도로 내려간 인민군 4사단이 전주를 점령하고 7월 말에 창녕군 영산을 공격해오자 워커 장군은 상주에서 재편성하던 미 24사단을 영산에 급파하여 인민군의 공격을 막아내자 이번에는 천안에서부터 행방이 묘연하던 인민군 6사단이 영동에서 우회하여 전남을 석권하고 7월 30일에는 경찰대의 저지선을 뚫고 경남 진주를 점령하고 마산을 위협해오자 워커 장군은 기동력이 빠른 킨 장군의 미 25사단을 상주에서 240km떨어진 마산까지 신속히 이동하여 인민군의 공격을 막아냈다. 그런데 문제는 인민군들이 경쟁적으로 소백산맥을 넘어 방어선 전면을 위협해 오는데 방어선 전면에서 인민군을 막아섰던 미군의 2개 주력사단이 서쪽 Line으로 빠져 나가자 방어선 전면에 공백이 생기게 되었다.

지금 일본에서 한국으로 이동해온 미군은 3개 사단에 불과했고, 그나마도 평화 시에 유지되던 편제에서 병력이나 장비를 보강할 사이도 없이 이동해왔으므로 전시에 1개 보병사단의 인원이 1만~1만2천 명인데 비해 고작 7,000명에 불과했고, 장비도 보병을 지원할 포병단과 탱크부대가 턱없이 부족하여 경무장한 상태였다. 한국군도 5개 사단이라고 하지만 지연작전 중 대오가 무너지고 전사자와 부상자가 속출하여 전시의 1개 보병 사단병력이 1만 명인데 비해 거의 반 토막 난 상태였다.

워커 장군은 제한된 군사와 열악한 장비로 파죽지세로 밀려드는 적을 막아낼 수 없다고 판단하여 7월 31일 상주 방어선을 포기하고 또 다시 퇴각을 서두루지 않을 수 없었다.

9

낙동강 방어선

9

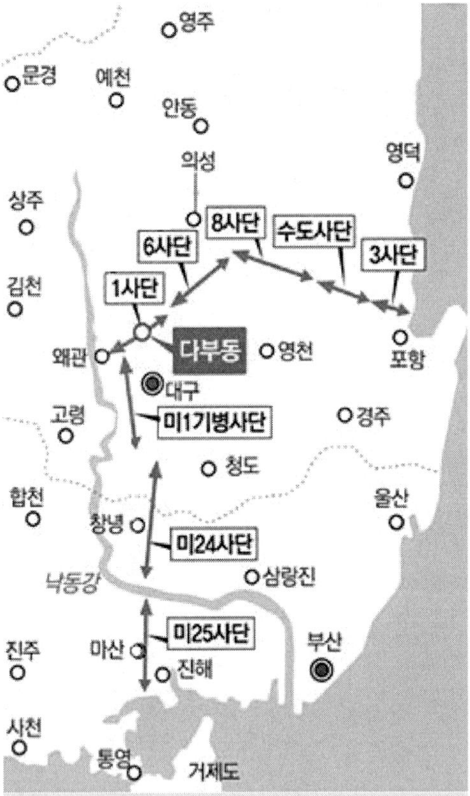

낙동강 방어선

워커 장군은 1950년 8월 3일 경북 왜관으로 물러나 낙동강을 방패막이로 삼아 낙동강 방어선을 구축하였다.

낙동강 방어선의 서쪽 Line은 북에서 남으로 흐르는 낙동강이 해자가 되어 1차적으로 적을 막아주었고, 북쪽 산악 능선은 팔공산 줄기가 방패막이가 되어 적을 막아주는 천혜의 요새였다.

낙동강 방어선의 서쪽 Line은 왜관을 정점으로

낙동강 줄기를 따라 내려가다 창녕에서 내륙으로 꺾어 마산으로 연결하고, 북쪽 Line은 왜관에서 낙정리로 올라가 대구북방 칠곡군 다부동과 팔공산 능선과 영천을 거쳐 포항 앞바다로 연결하였다.

50년 8월 3일 전군이 퇴각하여 낙동강 방어선의 윤각이 갖추어지자 이 방어선을 8군사령관 워커 중장의 이름을 따라 Walker Line이라고 명명되었다.

서쪽 Line 160km와 북쪽 Line 80km를 합쳐 총 길이 240km의 울타리로 둘러쳐진 이 방어선은 국토의 8%에 불과했으며 대한민국의 최후의 보루요, 사활이 걸린 생명선이었다. 한, 미 연합군은 강적을 만나 제한된 군사와 열악한 장비로 증원군이 도착할 때까지 이 방어선을 사수해야만 한다. 만약 이 방어선이 무너지면 대한민국은 부산 앞바다 속으로 수장될 처지에 놓인다.

세계 제1, 2차대전을 두루 거친 노련한 전략가인 워커 장군의 시각으로 볼 때 방어선을 축소하여 전면을 그 만큼 줄이면 적어도 2개 사단을 증원한 효과가 있었고 또한 대구 점령을 목표로 마지막 총력전으로 나올 적을 좁은 지역으로 끌어들여 괴멸시키기에 안성맞춤이었다.

8군은 낙동강 방어선에서 인민군과 대치했다. 거듭되는 후퇴에 아픔도 컸다. 그러므로 방어선에 웅크린 채 심적 고통과 육체적 아픔을 삯일 시간이 필요했다.

낙동강 방어선의 왜관에서 마산까지 160km의 서쪽 Line은 미군의 3개 사단과 한국군 독립 17연대와 국군 해병연대와 경찰부대가 맡았고, 왜관에서 포항까지 80km의 북쪽 Line, 산악 능선은 한국군 5개 사단이 맡았다.

50년 8월 3일 인민군은 아직 낙동강 방어 Line이 갖추어지기도 전에 벌써 여기저기서 옥죄어 오기 시작했다.

국군이 영동 방어선에서 미군으로부터 소총과 탄약을 지급받은 이래 낙동강 방어선까지 밀리고서야 미군으로부터 소련제 T-34 탱크의 두꺼운 철갑을 관통하는 3.5인치 로켓포를 비롯하여 57mm 대전차포, 박격포, 기관총과 같은 중요 장비들을 지급받게 됨으로 이제 제법 전력이 갖추어지게 되었다. 최신형 3.5인치 로켓포는 1개 연대에 불과 2~3정씩 지급될 정도로 희소했으며, 미 지휘관으로부터 이것은 절대 적에게 빼앗겨서는 안 된다는 주의를 여러 번 받을 정도로 보물 취급받는 장비였다.

한편 인민군은 낙동강 방어선만 뚫으면 그들이 꿈꿔왔던 한반도 적화 통일은 손에 잡은 것이라 생각하고 사생결단하고 전 전선에서 공격해왔다. 그때 마다 국군과 미군은 이것이 내 무덤이라고 생각하고 목숨 걸고 지켰다. 전투는 밤과 낮이 따로 없는 처절한 혈투였다. 지휘관들은 하룻밤 지나고 나면 수북이 쌓이는 시체더미를 바라보며 울고 싶었다. 만약 낙동강 방어선이 뚫리면 대한민국의 앞날은 어떻게 될 것인가? 대한민국은 국토 중 겨우 8% 남은 낙동강 방어선에 민족의 사활이 걸려있는 까닭에 국운을 걸지 않을 수 없었다. 국가의 안위가 아침 이슬 같이 위태한 이때 청년들은 누란의 위기로부터 나라를 구하고자 자기의 일신을 초개 같이 버리고 자원하여 전선으로 달려갔다. 아직 신혼의 단꿈에서 깨어나지 못한 서랑들도 꺼져가는 나라를 구하고자 전선으로 떠나갔다. 사랑하는 남편을 전쟁터로 보내며 이것이 마지막 이별이 될지도 모른다는 슬픔 앞에 그녀들은 뒤돌아서서 눈물을 감추었다. 공부하는 학생들도 꺼져가는 조국의 운명 앞에 펜을 던지고 대신 총을 잡았다. 나라의 운명이 바람 앞에 등불 같이 가물거리는 이때에 나라를 지키는 일에 너와 나가 따로 없었고, 남녀노소가 따로 없었다. 참으로 눈물겨운 항쟁이었다. 신생 대한민국의 운명은 낙동강 방어선에 매어달린 채 꺼져가고 있었다.

맥아더 원수는 동경에서 전용기를 타고 날아와 낙동강 방어선을 시찰하는 자리에서 장병들에게 피를 토하는 심정으로 "대한민국의 운명이 귀관들의 양어깨에 달려있다!. 우리에게 제 2의 덩케르크 철수는 없다! 그러므로 이곳에서 단 한 발자국도 물러서서는 아니 된다!, Stand or Die!!." "버티든지 아니면 죽든지!!" 하면서 비장한 어조로 방어명령을 내렸다.

총사령관의 확고한 방어 의지를 확인한 8군 사령관 워커 중장은 인민군의 움직임에 촉각을 곤두세우며 최고 사령관의 결연한 의지를 받들어 끝까지 낙동강 방어선을 지킬 것을 다짐하였다. 워커 장군은 경남 마산전선에 투입된 미 25사단을 시찰하는 자리에서 사자후를 토하며 "우리는 더 이상 물러 설 곳이 없다! 더 이상 후퇴도 없다! 무조건 지켜야 한다! 나는 죽는 한이 있더라도 반드시 이 생명선을 지킬 것이다!!" 고 하며, 자기 목숨을 담보로 낙동강 방어선을 끝까지 지킬 것을 맹세하였다. 최고 사령관의 확고한 의지를 확인한 워커 장군은 낙동강 방어선에 대한 애착은 남달랐고, 자기의 신앙과도 같은 강한 집착을 보여주었다.

다부동 전투

8월에 접어들면서 전 전선에서 인민군들의 움직임이 무척 바빠졌다.

김일성이 충북 수안보까지 내려와 8.15광복절까지 부산을 점령하여 통일 성전을 끝내라는 독촉이 있은 터라 8월에 접어들기 무섭게 인민군들의 공격은 더욱 날카로워졌다. 50년 8월 4일 국군의 방어망의 윤곽이 갖추어지기 바쁘게 왜관에서 낙정리와 다부동을 거쳐서 팔공산능선까지 42km에 이르는 국군 제 1사단의 방어구역 전면에 인민군 제 1, 13, 15사단과 1개 독립 연대가 소련제 T-34 탱크 38대를 앞세우고 한밤에 은밀하게 모래마대를 강바닥에 깔아 만든 수중부교를 타고 도강하여 집결하기 시작했다.

국군 1사단은 빈약한 장비로 소련제 T-34 탱크를 앞세운 몇 배나 많은 적과 맞서게 됨으로 마치 회오리바람 앞에 촛불의 운명과도 같은 위기를 맞게 되었다.

50년 8월 5일 드디어 T-34 탱크를 앞세운 인민군의 선재공격으로 국군 1사단이 맡은 왜관에서 낙정리까지의 낙동강 연안과 다부동 전투가 시작되었다.

만약 낙동강 연안과 다부동 방어선이 무너지면 인민군 대부대가 대구로 쏟아져 들어와 부산까지 밀리게 될 판이다. 국군 1사단장 백선엽 준장은 인민군들의 수상한 움직임에 불안을 느꼈으나 8군에 지원군을 요청할 처지가 못 되었다.

지금 전선의 상황은 인민군 6사단은 낙동강 방어선 서쪽 Line의 마산과 진동을 공격해 오고, 인민군 4사단은 창녕군 영산을 공격해 오고, 인민군 10사단은 현풍과 구지를 공격해오고, 인민군 1사단은 방어선 북쪽 Line의 하양과 신령을 공격해오고, 인민군 8사단은 영천을 공격해오고, 인민군 12사단과 766유격부대는 기계를 공격해 오고, 인민군 5사단은 포항을 공격해왔으므로 워커 장군은 터진 봇물을 틀어막느라 숨 돌릴 여유가 없었다.

그러한 가운데 국군 1사단이 담당한 왜관에서 낙정리까지의 낙동강 연안과 다부동 전투는 날이 갈수록 더욱 치열해져만 갔다. 8월 13일 장마철, 칠흑 같은 어두운 밤을 이용하여 인민군들이 야습해왔으므로 아군과 인민군 사이에 고지 쟁탈전이 벌어졌다. 고지를 빼앗기면 암석을 기어올라 다시 빼앗고, 빼앗기면 다시 빼앗기를 되풀이 했으므로 1사단 13연대가 담당한 유학산 839고지는 주인이 무려 9번이나 뒤바뀌었다. 야간 전투에 능했던 인민군들은 아군의 허점을 파고들어 주로 어두운 밤을 이용하여 야습해왔으므로 국군과 학도병들은 진흙탕 속에서 육탄으로 막아내며 선전하였다.

밤이 가고 날이 새면 낙동강 물은 피가 되었고, 백사장은 적병들의 시체가 겹겹이 널려 있었다. 병사들이 죽어나가기는 아군도 마찬가지였다. 하룻밤 새고 나면 죽은 병사들의 시체가 수북히 쌓였다. 부족한 병사를 신병과 학도병으로 보충했으나 그들도 일선 지휘관들이 그들의 얼굴이나 이름을 기억하기도 전에 태반이나 죽어 나갔다.

인민군은 전 전선에서 동시에 공격해 왔으므로 1사단의 방어구역

외에 국군 6사단, 8사단, 수도사단, 3사단이 맡은 북쪽 산악능선과 미군의 3개 사단과 국군 17연대와 국군 해병연대와 경찰대가 맡은 서쪽 방어 Line도 매일 같이 뺏고 빼앗기는 처절한 전투가 벌어지기는 마찬가지였다.

국군과 학도병들은 억수 같이 쏟아지는 빗속에서 온갖 고생을 무릎 쓰며 사랑하는 조국을 위해 젊은 생을 아낌없이 바쳤으나 우수한 화력과 육중한 탱크를 저지할 힘이 없어 여기저기서 진지가 무너져 밀리기 시작했다. 안타까운 것은 이렇게 절박한 순간에 장마철인지라 짙은 구름이 깔린 탓에 미 공군의 항공지원을 받을 수 없는 점이었다. 그리하여 신생 대한민국의 운명은 국토의 8% 남은 낙동강 방어선 끝자락에 매달린 채 꺼져가고 있었다.

비상 구국 기도회

> "아무것도 염려하지 말고 다만 모든 일에 기도와 간구로 너희 구할 것을 감사함으로 하나님께 아뢰라 그리하면 모든 지각에 뛰어난 하나님의 평강이 그리스도 예수 안에서 너희 마음과 생각을 지키시리라"(빌립보서 4:6~7)

항도 부산은 임시수도로 정해지면서 전국 각지에서 몰려온 피난민들로 북새통을 이루었다. 이제 조국의 운명은 바람 앞에 촛불의 운명과도 같이 위태한데 어둠의 그림자는 시시각각 옥죄어오고 있었다.

이렇게 절박한 때에 부산 초량교회에서는 나라를 위한 비상 구국 기도회가 열렸다. 전국에서 모여든 목회자들과 성도들이 사면이 막혀 있는 암담한 현실 앞에 바라볼 곳은 주님밖에 없었다. 그들은 열려진 하늘을 향하여 전능하신 하나님께 비통한 심정으로 부르짖어 기도했다. 먼저 하나님 앞에 가슴을 치며 지은 죄를 통회 자복했다. 일제시대 때 신앙의 정조를 지키지 못하고 변질하여 신사에 참배한 죄를 뼈아프게 뉘우쳤다. 그리고 예레미야 선지자처럼 민족의 아픔과 동족의 죄를 끌어안고 눈물로 참회하였다. 우리 민족이 조상대대로 우상과 잡신을 섬겨온 종교적인 죄와 윤리적으로 타락한 죄를 간이 저리도록 참회하는 기도를 드렸다. 벼랑 끝에 선 사람이 지푸라기라도 잡는 절박한 심정으로 마지막 생명의 끈을 잡고 민족의 구원을 위하여 하나님 앞에 울부짖었다.

거룩하신 아버지 하나님! 우리나라를 불쌍히 여겨주소서. 우리 민족이 유사 이래 최대의 시련을 맞고 있습니다. 지금 공산군의 침략으로 나라의 운명은 벼랑끝으로 내몰려 꺼져가고 있나이다. 이제 우리의 힘은 바닥에 떨어져 우리의 자력으로 일어설 기력이 없습니다. 자비로우신 아버지시여! 저희들을 긍휼히 여기사 주님의 자비의 손길로 구원해 주시옵소서. 지금 공산군의 침략으로 온 국토는 폐허가 되었고 산업시설은 잿더미가 되었나이다. 이제 공산군은 우리의 목숨까지 노리고 있나이다. 상한 갈대를 꺾지 아니하시고, 꺼져가는 심지를 끄지 아니하시는 주님! 지금 우리 민족이 처한 형편은 상한 갈대와 같고 꺼져가는 등불 같사오니 저희들의 간구를 외면치 마시고 불쌍히 여겨 주시옵소서! 지금 우리 민족은 공산치하에서 짓밟히고 있사오며 한 줌도 안 되는 이 방어선 마저도 적에게 위협받고 있나이다.

"우리가 사방으로 우겨 쌈을 당하여도 싸이지 아니하며 박해를 받아도 버린바 되지 아니하며 꺼꾸러뜨림을 당하여도 망하지 아니한다"(고후 4:8~9)고 하였사오니 지금 사방으로 우겨 싸이고 꺼꾸러뜨림을 당한 우리민족을 긍휼히 여기시고 다시 일으켜 세워 주시옵소서!

전능하신 하나님 아버지시여 구원하옵소서! 늦기 전에 우리민족에 구원을 베풀어 주시옵소서!!…

밤, 낮 부르짖는 기도회는 끝날 줄 몰랐고 날이 갈수록 기도의 열기는 식을 줄 몰랐다.

전능하신 하나님께 부르짖는 애절한 기도는 자유를 지키려는 대한민국의 마지막 희망이었다.

장마철인지라 흐린 날씨 탓에 폭격기가 뜨지 못하므로 낙동강 방어선이 위태롭다는 소식을 듣고 하나님께 속히 구름이 걷히기를 간절하게 기도드렸고, 또한 우리를 도울 UN군이 늦기 전에 어서 속히 당도하게 해달라고 하나님께 빌고, 또 빌었다. 또한 맥아더 장군이 상륙작전을 준비하고 있으니 성공할 수 있도록 기도를 요청해옴에 따라 일동은 이 문제를 놓고도 합심하여 간절하게 기도 드렸다. 이 기도는 위기에 처한 나라를 구하고 도탄에 빠진 백성을 구하는 힘이었다.

기도회 기간에 이승만 대통령이 각료들과 함께 찾아와 성전 안에 가득히 모인 회중들을 향하여 기울어져가는 나라를 위해 기도하는데 대하여 감사의 뜻을 전하고, 우리나라가 공산화 되지 않도록 더욱 간절히 기도해 줄 것을 당부하고 자리를 떴다.

같은 시각에 부산 대신동 초등학교에서도 300여 명의 목회자들이 모여 하나님 앞에 금식하며 나라를 위해 기도드리고 있었다.

내륙에 있는 성도들도 인민군의 눈을 피해 산속에서 혹은 골방에서 민족의 구원을 위하여 애타게 부르짖으며 밤을 지새우며 하나님 앞에 기도의 무릎을 꿇었다.

전능하신 하나님께 드리는 기도는 예수 그리스도의 십자가의 보혈과 부활생명을 믿는 자들이 누리는 특권이자 은총이다.

> "나는 제비 같이 학 같이 지저귀며 비둘기 같이 슬피 울며 내 눈이 쇠하도록 앙망하나이다 여호와여 내가 압제를 받사오니 나의 중보가 되옵소서"(이사야 38:14)

기도는 전능하신 하나님의 보좌를 움직이는 능력이다. 하나님이 움식이시면 창조적인 능력이 나타난다. 무에서 유를 창조하신 위대하신 하나님이 일하시면 전세를 단번에라도 뒤집어 놓을 수 있다.

인간의 한계는 하나님의 시작이요, 인간의 위기는 하나님의 기회요, 인간의 절망은 하나님이 일 하실 때이다.

히스기야 왕 때에 앗시리아 왕 산헤립이 18만 5천의 대군을 거느리고 예루살렘을 침공해 왔을 때 히스기야 왕과 온 백성은 한 마음이 되어 전능하신 하나님께 민족의 구원을 위하여 거국적으로 기도했다. 하나님께서 그 기도를 들으시고 한 천사를 보내어 앗시리아 대군 18만 5천을 하룻밤 사이에 전멸시키시고 예루살렘을 극적으로 구원해 주셨다.(이사야 37:35~38) 하나님의 세계는 인간의 상상을 불허하는 영적세계요 하나님의 기적은 인간의 과학을 뛰어넘는 초월적 세계이다. 하나님이 돕고자 일어나시면 창조적인 기적이 나타남으로 역사를 다시 써야 한다. 패배의 역사를 승리의 역사로 치욕의 역사를 영광의 역사로 다시 쓰게 된다. 기도는 성도의 위대한 자산이다.

기독교는 우리 민족이 암울했던 일제시대 때에도 민족의 나아갈 길에 한줄기 빛이었다. 교회는 민족의 독립을 위해 분투했고 교회강단에서는 출애굽기를 가지고 이스라엘이 애굽에서 해방된 것 같이 우리민족도 일제의 압제에서 해방될 것이라는 희망을 심어 주었다.

3.1독립만세 운동의 민족대표 33인 가운데 16명이 기독교인이었고, 독립만세 운동에서도 기독교인들이 앞장섰다. 민족의 십자가를 지고 투옥된 사람들 중 기독교인들이 2,200명이었다는 사실은 당시 기독교가 민족의 향도요 등불이었다는 사실을 잘 말해준다.

한국교회는 지금 또다시 기울어진 나라를 일으켜 세우고자 눈물로 기도하며 하나님께 호소하고 있다. 초량교회에서 행해진 눈물의 기도회는 기독교의 내면 깊은 속살을 보는 듯 했다.

> "너는 내게 부르짖으라 내가 네게 응답하겠고 네가 알지 못하는 크고 은밀한 일을 네게 보이리라"(렘 33:3)

부르짖는 기도는 크고도 은밀한 일을 행하실 하나님께 통로를 열어드리는 것이다.

피난 수도 부산 초량교회에서 드려진 뜨거운 기도는 하나님께 상달되어 하나님께서 보이지 않는 손을 통하여 크고 은밀한 일을 행하시기 시작하셨다. 하나님은 트루먼 대통령이나 맥아더 원수와 같은 믿음의 사람들 속에 당신의 영으로 그들의 마음에 선한 마음을 갖게 하시고 그들을 통하여 여호와의 열심으로 신생 대한민국을 돕게 하신 것이다. "열면 닫을 자가 없고 닫으면 열자가 없는" 그 분이 돕고자 하시면 막아설 자가 없다.

B-29의 융단폭격

기도회 기간 중 연이어 꿈 같은 일이 현실로 나타나기 시작했다. 1950년 8월 16일 흐리던 날씨가 구름이 걷히면서 햇빛이 모습을 드러내기 시작했다. 간절한 기도에 대한 하나님의 응답이었다.

구름이 걷힘으로 미 공군 기상대로부터 "날씨 쾌청 기상 이상 없음" 하는 타전과 동시 9톤의 폭탄을 싣고 구름이 걷히기만 기다리던 B-29 중폭격기 5개 편대, 98대가 오키나와 가데나 공군기지를 이륙하였다. 때는 국가의 운명을 가늠하는 다부동 전투가 최대 위기를 맞던 1950년 8월 16일 11시 58분 인민군의 예비 병력과 야전병원 그리고 전쟁물자가 산더미처럼 쌓여있는 낙동강 서쪽 왜관과 약목 일대에 역사적인 대규모 융단폭격이 단행되었다. 하늘을 뒤덮은 98대의 B-29 폭격기 편대가 거대한 굉음과 함께 지축을 흔들며 나타나 정확히 26분 동안 잔디밭에 융단을 깔듯 인민군 진지에 960t의 폭탄을 깔아버렸다. 국군장병들은 고지에 엎드린 채 꿈속에서나 볼 수 있는 가공할 융단폭격의 장관을 바라보며 이것이 꿈이 아니기를 바랐다. 병사들은 눈앞에서 펼쳐지는 광경을 바라보며 평생을 살아오면서 이렇게 통쾌하고도 감격스러운 때가 없었다.

낙동강의 하늘을 지배하며 적진에 폭탄을 퍼붓는 B-29 폭격기는 마치 하늘을 날며 먹이를 낚아채는 독수리 떼의 군무와도 같았다. 병사들은 B-29의 장엄한 군무를 바라보며 마치 절경 속에서 마음이 빼앗겨 황홀경에 빠져 들어간 듯 정신을 놓고 말았다. 폭격이 지나간 후 인민군 야적장에는 시커먼 연기기둥이 하늘을 뒤덮었다. 강 건너 대기하고 있든 인민군 예비병력, 야전병원, 그리고 미공군의 폭격을 피하여 야음을 틈타 1,000리 길을 우마차와 지게로 옮겨다 놓은 탄약, 무기, 군량미, 연료, 피복, 기타 산더미 같이 쌓인 전쟁물자가 한 순간에 잿더미로 날아가 버렸다. B-29 융단폭격은 기울어져 가는 대한민국의 운명에 희망을 주는 한줄기 서광이었다. 이 폭격은 아군에게는 패배감에서 벗어나 자긍심을 갖게 한 일대 쾌거이며, 적군에게는 더할 나위 없는 충격과 함께 공황상태에 빠지게 한 공포 그 자체였다. 폭격 후 인민군 진지는 쑥대밭이 되었고, 폭탄에 맞아죽은 인민군 시체더미에서 시체 타는 냄새가 코를 찔렀다.

이로서 대한민국은 기도의 힘으로 또 한 번 위험한 고비를 넘기게 된다.

B-29의 융단 폭격

B-29 전략 폭격기는 1942년 처녀비행에 성공한 후 1944년 6월 전선에 배치되어 독일을 침몰시켰고, 더 나아가 일본의 히로시마와 나가사키에 원자탄을 투하하여 태평양전쟁의 대미를 장식한 폭격기였다. B-29 폭격기는 9t의 폭탄을 싣고 시속 560km의 속도로 날며 1만m 고도에서 작전을 수행했으므로 적의 대공포나 전투기의 접근이 쉽지 않았을 뿐 아니라 동체의 앞과 좌우로 20mm 기관포 6문과 양날개와 뒷날개에 13mm 기관총 16문이 장착되어 자체 방어가 가능한 하늘의 요새였다.

미 27연대 도착

미 공군의 융단폭격으로 교체병력과 식량을 잃어버린 인민군 수뇌부는 지구전을 하기에 절대 불리하다고 판단하여 속도전에 승부수를 띄웠다.

그리하여 인민군은 융단폭격이 있기 전 이미 국군 1사단 전면에 전진 배치된 병사들을 더욱 몰아세워 공격의 고삐를 옥죄어왔으므로 불꽃 튀던 전투가 더욱 가열하게 되었다.

그렇지 않아도 국군과 학도병들은 매일 같이 되풀이 되는 진흙탕 싸움에서 지쳐가는 판에 미친 듯이 날뛰는 인민군들로 인하여 잠도 제대로 자지 못하고, 주먹밥도 제대로 얻어먹지 못하여 체력이 고갈되고, 신경도 날카로워져 하루하루를 간신히 버티고 있었다. 그런데 국군 1사단 11연대가 담당한 다부동 전선에 갑자기 와! 하는 함성소리가 들렸다. 고개를 돌려보니 미군들이 탱크를 앞세우고 보무도

당당하게 행군해 오고 있었다.

때는 B-29의 역사적인 융단폭격이 있은 다음 날인 8월 17일 저녁 무렵 미 27연대가 다부동 전선에 나타난 것이다. 미 27연대의 도착은 B-29의 융단폭격과 함께 피난수도 부산에서 하나님의 종들과 성도들이 나라를 위하여 하나님께 간절하게 부르짖은 기도의 응답이었다.

8군의 워커 장군은 국군 1사단에 파견된 미 군사고문관으로부터 11연대 전면이 매우 위태하다는 보고를 받고 경남 창녕군 영산 전투에 투입 되었던 미 27연대를 작전 변경하여 다부동 전선에 증원군으로 급파한 것이다. 미 27연대는 원래 미 25사단 예하 부대였으나 워커 장군이 따로 떼 내어 급한 불을 끄는 소방대로 운용하고 있었다.

미 27연대는 50년 7월 21일 인민군 2사단이 영동고개에 있는 미 기병사단의 퇴로를 끊고자 충북 보은에서 황간을 공격해 오자 안동에서 황간까지 하루에 180km를 강행군하여 인민군 2사단의 의표를 찔러 괴멸시켰든 전설적인 부대였다.

이름만 들어도 모골이 오싹한 미 27연대가 다부동 전선에 나타나자 피를 말리고 있던 1사단 11연대 병사들은 기운이 소생하였고, 사기가 하늘을 찔렀다.

국군 11연대 병사들은 미 27연대가 몰고 온 탱크와 견인포 대열을 바라보자 이번 전투는 꼭 이길 것만 같은 좋은 예감이 들었다.

연대장 마이켈리스 대령이 이끌고 온 27연대의 화력은 BRA기관총과 개인화기로 완전무장한 3개 보병대대 외에도 1개 전차중대에 배속된 탱크 15대, 1개 포병대대에 배속된 105mm 경포 3개 포대 18문, 인민군의 진지를 뒤집을 수 있는 155mm 중포 1개 포대 6문, 그 외에도 인민군 탱크를 한방에 날려버릴 수 있는 3.5인치 로켓포를 비롯하여 75mm 바주카포와 박격포를 가지고 있었으며 탄약은 무제한 공급받을 수 있다고 했다. 군사 편제상 1개 사단 아래 3개 연대가 있는데 미 27연대의 화력은 당시 한국군 1개 사단의 화력을 훨씬 능가하고 있었다. 당시 한국군 1개 사단에 배속된 화력은 탱크는 한 대도 없었고, 한국군이 가장 탐내던 155mm 중포도 없었다. 대포라고는 105mm 경포 12문을 포함하여 박격포와 로켓포를 합쳐 고작 160문에 불과했다.

이제 미 27연대가 옴으로 전차대 전차의 대등한 위치에서 적과 싸우게 되었다.

미 27연대에 이어 8월 19일에는 국군 10연대가 증원군으로 왔다. 10연대는 8사단의 예비대로서 1차 기계, 포항 탈환전에 증원군으로 참전하던 중 다부동 사정이 위급하자 워커 장군이 작전 변경하여 8월 18일 기계를 출발하여 8월 19일 밤에 현지에 도착한 것이다. 국군 제10연대는 1사단 12연대가 담당한 팔공산으로 올라가 우회하여 팔공산 능선을 공격해오는 인민군 15사단을 막는데 결정적인 역할을 하게 된다.

8월 20일에는 프리먼 대령이 이끈 미 23연대가 증원군으로 왔다.

워커 장군은 만약 미 27연대가 무너지면 그자리에 즉시 투입하기 위하여 23연대를 추가로 보낸 것이다. 미 23연대는 해병특공연대에 이어 미 본토에서 증원되어 50년 8월 10일 한국전선에 도착한 미 2사단 예하 연대였다.

미 27연대장 마이켈리스 대령은 도착 즉시 국군 1사단 11연대가 담당한 구역으로 올라가 11연대와 연합하여 인민군의 주 공격로인 다부동 동북쪽 간선도로를 봉쇄하고 병풍처럼 늘어선 고지로 이동하여 부대를 배치하였다. 27연대가 부대 배치를 완료한 이튿 날인 8월 18일 사과밭에 은신해있던 인민군 대규모 병력이 소련제 T-34탱크를 앞세우고 아군을 공격해옴으로 6.25전쟁 3년 중 가장 치열했든 다부동 전투에 불이 붙었다. 이 전투는 8월 23일까지 1주일간 밤낮은 가리지 않고 계속 되었으며 무려 7차에 걸쳐 밀고 밀리는 대접전이 벌어졌다.

그런데 전투가 4일째 되던 날 8월 21일 아침 급박한 사태가 벌어졌다. 인민군과 맞섰던 11연대 1대대가 밤낮 없는 전투에 지치고 탈진한 상태에서 이틀 동안 주먹밥 하나, 물 한 모금 마시지 못하자 죽을 힘도 없는 상태에서 인민군의 기습을 막아내지 못하고 고지에서 쫓겨내려오고 있었다. 만약 이대로 두면 봇물이 터지듯 인민군들이 쏟아져 내려오면 지원 나온 미 27연대가 적에게 포위되는 것은 물론 결국 낙동강 방어선이 뚫려 모든 노력이 수포로 돌아갈 수도 있었다. 8군 사령관 워커 장군은 27연대장 마이켈리스 대령으로부터 긴급보고를 받고 깜짝 놀라 국군 1사단장에게 무전을 걸어 격한 어조로 제너럴 백!, 도대체 다부동 전선이 어떻게 된 것이냐고 질책해왔다. 1사단장 백선엽 준장은 황급하여 즉시 지프차를 타고 포탄이 떨어지는 전선으로 달려가 고지에서 쫓겨 내려오는 11연대 1대대 병사들을 돌려세우고, "우리는 여기서 더 이상 후퇴할 곳이 없다! 지금 물러서면 나라가 망하게 된다! 나라가 망하면 어디로 갈 것인가? 지금 미군들이 우리를 믿고 싸우는데 우리가 먼저 등을 돌리고 도망가면 저들이 무엇 때문에 싸워주겠느냐?

"자아! 다시 싸우자! 내가 앞장서겠으니 모두 나를 따르라! 내가 돌아서면 나를 쏴라 지금부터 너희들이 돌아서면 내가 쏜다." 하고 사단장이 앞장서서 돌격하자 지치고 허기진 11연대 1대대 병사들은 사단장의 희생정신에 감동을 받고, 사기가 충천하여 용감하게 싸워 잃었던 고지를 되찾아 가까스로 위기를 넘겼다.

일선에 선 병사들이 주먹밥 하나, 물 한 모금을 제대로 얻어먹지 못하는 날은 여지없이 인민군 포탄이 짐꾼들 앞에 떨어져 짐꾼들이 지개 채 버리고 도망쳐 버렸기 때문이다.

가까스로 위기를 모면한 국군 11연대는 지원 나온 미 27연대와 함께 다시 결의를 다지며 야간에 탱크를 몰고 기습해 오는 적은 27연대 탱크중대가 밤새도록 불꽃 튀기는 탱크전으로 가로 막고, 포

다부동전선에 지원 나왔던 미 27연대장 마이켈리스 대령(좌측)과 미 1군단장 밀번 소장

병대대는 밀려오는 적병을 향해 쉴 새 없이 포탄을 날려 적의 허리를 꺾고, 개미떼 같이 돌격해오는 적병들은 한, 미 보병들이 진흙탕 위를 뒹굴며 총검으로 막아내며 분투 항전하였다.

1주일간 밤낮으로 계속된 전투가 멎었을 때에는 다부동 산야는 온통 피로 물들었고, 포탄에 할퀸 자국뿐이었다. 눈을 들어 적진을 바라보니 셀 수 없는 인민군 시체가 뒤엉켜 언덕을 이루고 있었다.

다부동 전선을 훌륭히 지켜냈던 미 27연대는 적 탱크 12대를 파괴해가며 멸망의 문턱에 선 대한민국을 구했으나 인민군 최정예부대와 맞부딪친 결과 수많은 상처를 입고 다부동을 떠나 마산 전선으로 이동해 갔다. 국군 1사단은 왜관에서 낙정리까지 낙동강 연안 전투와 다부동 전투에서 2,300명이 전사했고, 미군은 1,300명이 전사했으며, 그 외에도 수많은 부상자가 발생했다. 이렇게 다부동 전선은 국군과 미군이 인민군의 침공을 막고 피로서 지켜낸 방어선이었다. 국군 1사단과 맞섰던 인민군은 낙동강 연안 전투에서 6,800명이 죽고 다부동 전투에서 5,700명이 죽음으로 치명상을 입게 되었다.

만약 화력이 우수한 미 27연대의 지원이 없었다면 과연 낙동강 방어선의 운명은 어떻게 되었을까? 생각만 해도 모골이 오싹하다. 이렇게 가장 위급한 때 가장 합당한 방법으로 대한민국을 도우신 하나님의 섬세하신 사랑과 은혜 앞에 다시 한 번 가슴이 찡할 뿐이다.

미 27연대가 인민군과 접전을 벌이는 그 시각에 미 23연대는 다부동 남쪽 학명마을에 투입되어 만약 27연대가 무너지면 그 자리에 즉시 투입할 채비를 갖추고 비상대기하고 있었다.

워커 장군은 이렇게 낙동강 방어선 곳곳에 균열이 생겨 경황이 없는 중에도 다부동 방어에 주도면밀하게 대처함으로 적에게 틈을 보이지 않았고 누란의 위기에서 대한민국을 구할 수 있었던 것이다.

다부동 전투가 한창일 때 워커 장군과 정일권 총참모장이 때마침 한국전선에 시찰 나온 미 육군참모총장 콜린스 대장을 수행하여 사단 막사까지 찾아와 전황을 살피고 돌아갈 정도로 다부동 전투는 사안이 중대하였다.

다부동 전투에서 인민군 15사단은 팔공산능선 공격이 막히자 영천 방어선 쪽으로 우회하는 것이 미 정보망에 포착되었다.

시간과의 싸움에서 피를 말리든 워커 장군은 미 본토로부터 해병 특공 여단과 미 2사단, 홍콩에 주둔하든 영국군 27 여단이 전선에 투입됨으로 한층 여유를 얻게 되자 50년 8월 30일 국군 1사단을 작전 변경하여 경산시 하양과 영천시 신령 쪽으로 이동하고, 그 자리에 미 기병사단으로 대체하였다. 그리하여 북쪽 산악능선을 맡은 한국군의 방어망은 한층 촘촘하게 되었다.

영산 전투

영동고개에서 우회하여 전라도로 내려갔던 인민군 4사단이 전주를 점령하고 50년 7월 말에 창녕군 영산을 공격해 왔다. 영산은 경남 창녕군에 소재했으며 낙동강물이 감아 도는 돌출부이므로 인민군은 영산을 점령하여 교두보로 삼고, 부산에서 밀양을 경유하여 낙동강 전선으로 가는 UN군의 보급로를 끊고자 했다.

8월 4일 인민군은 낙동강을 건너 영산을 침공해 오자 워커 장군은 상주에서 재편성을 끝낸 미 24사단을 현지에 투입하여 영산을 지키게 했으나 인민군의 날카로운 공격을 막아내지 못하고 밀리고 말았다. 인민군 제4사단은 서울을 점령하고 금강 방어선을 돌파하고 공주를 점령했던 최정예부대인데 비해 미 24사단은 6.25가 터지자 오산에서 대전까지 지연작전에 투입되어 많은 상처를 입고 지쳐있었다. 그리하여 제 역할을 다하지 못한 것이다.

이렇게 급박한 때 50년 8월 7일 미 본토에서 해병특공연대에 이어 미 2사단 선발대인 9연대가 증원군으로 도착했다.

50년 8월 8일 미 24사단은 9연대와 함께 적을 공격했으나 무위로 끝나고 8월 10일에는 미 24사단이 도리어 인민군의 역습을 받아 포위될 위기에 처하게 되자 워커 장군은 8월 14일 미 2사단 9연대에 이어 전선에 도착한 미 2사단 23연대에서 1개 보병대대를 차출하고 미 25사단 27연대에서 2개 보병대대를 차출하여 억수 같이 쏟아지는 빗속에서 역습을 가했으나 인민군의 저항은 수그러들 줄 몰랐다. 그리하여 8월 18일 미 해병특공 5연대를 투입하여 가까스로 위기를 넘겼다. 인민군 4사단은 성난 사자 같이 덤벼드는 미 해병 5연대에 쫓겨 수많은 사상자를 남기고 낙동강을 건너 서쪽으로 도망침으로 숨 막히는 1차 영산 전투는 끝이 났다.

미 2사단 본대가 도착하자 워커 장군은 미 2사단을 영산 방어에 투입하고 미 24사단을 8군의 예비대로 돌렸다.

50년 8월 31일 이번에는 인민군 2, 9사단이 포병대를 앞세우고 영산을 포격하고, 낙동강을 건너옴으로 2차 영산 전투가 불붙었다.

영산은 경남 내륙으로 들어가는 길목이므로 인민군은 밀양을 경유하는 미군의 보급로를 끊고자 영산에 집착하였다.

미 제2사단은 미 본토에서 19일 동안 태평양을 건너오느라 아직 여독이 덜 풀렸음인지 영산을 지켜내지 못하고 밀리고 말았다.

이 방어선이 뚫리면 밀양을 거쳐 낙동강 방어선으로 연결된 미군의 보급로가 위협을 받게 된다.

사정이 다급해진 워커 장군은 맥아더 원수의 재가를 얻어 일본에서 상륙훈련 하던 해병특공여단의 남은 2개 연대를 영산에 급히 투입하여 인민군의 2, 9사단을 물리치고 9월 6일 영산의 클로버 고지를 탈환하므로 가혹한 위기를 넘기게 된다. 이렇게 창녕군 영산 방어선은 미 24사단, 미 2사단, 미 해병특공여단이 1, 2차 영산 전투에서 혈전으로 인민군의 침공을 막고 피로서 지켜낸 곳이다.

마산, 진동 전투

천안에서부터 잠적했던 인민군 제6사단이 미군의 정보망을 피해 전라도를 석권하고 7월 30일 한국경찰대의 저지선을 뚫고 경남 진주를 점령하고, 8월 1일에는 마산을 노리고 진동을 공격해 왔다. 마산이 적에게 떨어지면 부산이 인민군 포대의 위협을 받게 된다.

인민군 6사단장 방호산 소장은 야심가로서 부산에 선착하여 영웅 칭호를 받을 목적으로 중화기를 앞세우고 밤낮으로 달려온 것이다.

급보를 받은 워커 장군은 영동고개에서 상주로 막 퇴각한 킨 장군의 미 25사단을 열차편으로 혹은 강행군으로 36시간 이내에 현장에 투입하고, 50년 8월 2일 태평양을 건너 전선에 도착한 미 해병특공 5연대와 M-4셔먼 탱크대대를 배속시켜 지원하게 하였다.

킨 장군은 현지에 도착하자 인민군을 아예 없애버리고자 총공격 명령을 내렸다.

이때 국군 해병대도 공격의 선봉에서 용감하게 적을 몰아부처 야반산과 수리봉과 서북산을 점령하고, 8월 12일에는 도망한 적이 집결해 있는 오봉산과 필봉을 정복하여 저항하는 적을 완전 섬멸하였다.

워커 장군은 마산 진동에 주둔한 미 25사단을 시찰하는 자리에서 사자후를 토하며 "우리는 더 이상 물러 설 곳이 없다!" "우리는 더 이상 물러서서도 아니 된다!" "우리는 반드시 이 방어선을 지킬 것이다!" 하고 낙동강 방어선 사수의 결의를 보여주었다. 워커 장군은 특이한 얼굴모양 때문에 불독이라는 별명을 얻었으며 과연 그는 불독 같은 뚝심으로 불리한 여건 속에서도 낙동강 방어선을 끝까지 사수하였다.

8월 중순이 되자 인민군 7사단의 1개 대대가 거제도로 들어가 부산의 배후를 치고자 통영을 점령하였다.

그러자 국군 해병대는 인민군이 거제도에 들어가기 전에 먼저 선수를 치는 것이 유리하다고 판단하고 8월 17일 야간에 통영에 상륙하여 인민군 대대장을 비롯하여 적 469명을 사살하고 83명을 생포하는 용맹을 발휘함으로 해병대가 조국의 국난 극복에 언제나 선두에 서는 선례를 남기게 된다.

해병대대는 이때까지 M-1 소총도 제대로 갖추지 못한 상태에서 싸웠으나 몇 일전 현학봉 선생이 해병대의 통역관으로 자원해 옴으로 마산에 주둔한 미 25사단 군수참모와 언로가 트이게 되자 자동

기관총(BRA)을 비롯하여 각종 무기와 탄약을 확보함으로 통영 탈환작전에 큰 위력을 발휘할 수 있었다.

8월 23일 마산 원문고개의 해병막사를 찾아 왔던 뉴욕 헤럴드 트리뷴의 종군기자, 마가렛트 히킨스 여사가 헤럴드 트리뷴지에 "귀신잡는 해병"이란 표제로 기사화함으로 이후부터 대한민국 해병대는 "귀신잡는 해병"이란 별명이 붙게 된 것이다.

연합군은 찌는 듯한 8월 땀에 젖은 군복이 몸에 달라붙어 움직이기 불편한 무더위 속에서 50년 8월 1일부터 9월 14일까지 45일간 치러 낸 마산, 진동 전투에서 인민군 4,000명을 사살하고 적, 탱크 13대를 파괴하는 전과를 올림으로 마산과 진동을 지켜내고, 부산에 선착하려든 인민군 6사단의 계획을 좌절 시켰다.

영천 전투

1950년 9월 2일 인민군 제15사단이 다부동 방어선을 뚫지 못하자 군위로 우회하여 인민군 8사단에 합류하여 9월 5일 12대의 탱크를 앞세우고 영천을 공격해왔다. 이때에도 야간에 공격해 왔으므로 야간 전투에 취약했던 국군 8사단은 인민군의 공격을 막아내지 못하자 영천 북쪽 25km지점 보현산에서 현암리에 이르는 영천 방어선이 붕괴되고 말았다. 그리하여 국군 2군단장 유재흥 소장은 8군에 긴급히 지원을 요청했으나 워커 장군은 지금 동해 방어선이 무너져 기계, 포항, 안강이 인민군에게 넘어간 상태에서 경주 방어에 사활을 걸고 있던 때라 지원해줄 예비병력이 없었다. 급기야 영천 시내로 쏟아져 들어온 인민군과 국군은 뒤엉켜 시가전을 벌렸으나 결국 화력이 열세에 있던 국군 8사단은 영천을 빼앗기고 말았다. 이제 영천이 실함됨으로 대구가 위태해 졌을 뿐 아니라 경주 방어전에 투입된 연합군의 보급로가 끊어졌다. 그뿐 아니라 인민군은 우회하여 곧장 부산으로 공격할 길이 열리게 됨으로 대한민국은 이때까지 낙동강 방어선에서 고생하며 지켜낸 보람도 무위로 끝날 급변사태를 맞게 되었다.

워커 장군은 영천 방어선이 무너졌다는 급보를 받고 사태가 심상치 않음을 알고 즉각 2군단장에게 영천을 탈환할 것을 명령함과 동시 1개 탱크소대를 급파하였다.

2군단장 유재흥 소장은 1사단과 6사단에서 1개 연대씩 차출하여 8사단을 지원하여 영천을 다시 탈환하고자 하였으나 1사단과 6사단의 형편도 병력을 지원해줄 여력이 없었다. 지금 담당하고 있는 방어선을 지키기에도 급급한 판에 사단병력의 1/3인 1개 연대를 빼 내는 것은 쉬운 일이 아니었다. 그러나 다른 길이 없자 우선 급한 불부터 끄고 보자는 심정으로 지원군을 보내게 되었다. 8사단 장병들은 지원군과 미군의 탱크대대가 도착하자 사기가 올라 잔여 병력을 수습하여 용감하게 반격하여 적을 격퇴하고 영천을 탈환하는 데 성공하였다. 국군 제8사단과 지원군은 이번에야 말로 사랑하는 조국을 구하는 마지막 기회라 여기고 온몸을 던져 영천을 탈환하므로 위기에 처한 조국을 구할 수 있었던 것이다. 참으로 아찔한 순간 이었다.

동해축방 전투

다부동 전투가 한창일 때 같은 시각에 낙동강 방어선 동해축선인 기계, 포항, 안강, 경주에서도 50년 8월 9일~9월 22일까지 40일 동안 인민군과 치열한 전투가 벌어졌다.

안동에서 청송군 현동의 험한 계곡을 타고 내려온 인민군 12사단과 오진우의 766유격대가 8월 9일 기계를 점령하고 8월 11일에는 포항을 점령했으나 국군과 증원군의 반격을 받아 인민군은 1,245구의 시체를 남기고 비학산으로 쫓겨났다. 그러나 인민군 12사단은 영덕에서 내려온 인민군 5사단의 지원을 받아 8월 26일 기계와 포항을 다시 점령하고 안강을 위협해왔다.

지금 인민군이 노리는 안강은 경주 북방에 위치하고 있었으며 영천에서 동쪽으로 32km지점에 위치하고 있었다.

8월 25일부터 인민군 12사단과 5사단이 간헐적으로 안강을 공격해오다가 9월 1일부터 맹렬한 공격을 퍼붓기 시작했다.

9월 4일 결국 안강이 무너져 인민군의 손에 들어가자 이제 경주가 위협을 받게 되었을 뿐 아니라 방어선 동부축선에 배치된 한국군의 보급로가 끊어졌다. 급보를 받은 워커 장군은 50년 9월 6일 8군 부사령관 잭슨 소장에게 특임부대장의 임무를 맡겨 국군 수도사단, 17연대, 국군해병대대, 민기식부대와 미 73전차대대, 미 18포병대대를 배속시켜 경주를 방어하게 하는 한편 8군의 예비대인 미 24사단을 투입하여 끊어진 보급로를 뚫게 하였다.

국군 수도사단은 인민군의 주공격로인 경주 동북방의 호명리와 경주 북방의 곤제봉과 무릉산을 연결하는 방어선을 구축하고 경주동 북방의 호명리에 1연대를 투입하고, 289고지의 곤제봉에 17연대를, 구릉지대와 459고지의 무릉산에 3연대와 기갑연대를 투입하였다.

50년 9월 4일 수도사단 1연대가 호명리 북쪽 153고지인 낙산을 중심으로 사주방어진지를 구축한 다음날 인민군의 공격을 받고 일진일퇴를 거듭하던 중 9월 7일에는 인민군 5사단 10연대가 가세함으로 공격은 더욱 격렬해졌다. 그때 1연대에 남아있는 탄약은 겨우 1일분이며, 식량도 건빵 1일분 백미 1일분이 전부였다. 1연대는 9월 6~8일까지 고립되어 3일간 탄약과 식량 보급도 받지 못한 채 허기진 배를 움켜잡고 오로지 총검 한 자루에 목숨을 걸고 적을 막아내며 9월 9일 여명이 밝아오는 아침까지 153고지를 훌륭히 지켜냄으로 위기로부터 경주를 구하고 앞으로 있을 공격의 도약대로 삼게 된 것이다. 잭슨 장군은 미 24사단을 투입하여 동해로 가는 보급로를 뚫는데 성공하여 구원을 애타게 기다리던 1연대 병사들에게 탄약과 전투식량을 지급하게 되었다.

인민군 12사단이 호명리를 공격하던 9월 6일 그 시각에 인민군 5사단은 곤제봉과 무릉산 방어선을 뚫으려고 결사적으로 공격해왔다. 이제 6.25전쟁 중 다부동 전투, 중부전선의 백마고지 전투, 철원, 평강, 금화지구를 연결하는 철의 삼각지 전투와 함께 4대 전투로 기록될 정도로 처절했던 곤제봉, 무릉산 전투가 시작되었다.

곤제봉은 해발 289m의 고지로 형산강과 7번 국도를 감제하는 전략적 가치가 매우 높은 곳이었다.

곤제봉의 17연대는 9월 6일 인민군의 격렬한 공격에 고지를 빼앗기자 이대로 물러설 수 없다는 각오로 미군의 전차 지원을 받아 8일 동안 15회에 걸쳐 처절한 고지 탈환전을 벌렸다. 국군 17연대는 낙동강 방어선의 동해축방의 기계, 포항, 안강이 무너져 적에게 넘어간 상태에서 곤제봉마져 빼앗기면 울산과 부산으로 내려가는 평야길이 열려지므로 이때까지 애쓴 보람도 사라지게 된다. 그러므로 17연대 병사들은 목숨과 맛 바꾸어서라도 절체절명의 위기에 처한 조국을 구하고자 총탄이 빗발치는 곤제봉을 향하여 죽기 살기로 싸우며 전진 또 전진하였다. 전투가 격렬하기는 구릉지대와 무릉산 능선을 지키는 3연대와 기갑연대도 마찬가지였다. 국군과 학도병들은 인간의 한계를 넘나드는 최악의 상태에서 뜨거운 조국애와 감투정신으로 적을 맞아 싸우다 탄알이 떨어지면 총검으로 막아서며 항전 분투하였다.

전투가 멎었을 때에는 골짜기에 메아리치던 애국청년들의 함성소리는 잦아들고 대신 조국을 지키다 산화한 전사들의 흘린 피가 골짜기를 메우고 시체가 겹겹이 쌓여 언덕을 이루었다.

국군 17연대는 비 오듯 쏟아지는 적탄을 뚫고 9월 14일 드디어 곤제봉 정상을 탈환하는데 성공하였다. 17연대는 다음 날인 9월 15일 곤제봉 정상에서 인천상륙작전의 성공을 알리는 낭보를 접하게 되자 참으로 가슴이 뭉클하며 벅차오르는 감격을 맛보게 되었다.

이렇듯이 수도사단은 40일간 치러낸 동해축방 전투에서 불리한 여건과 악조건 속에서도 미 공군의 항공지원과 동해에 떠있는 미 해군 제5기동함대의 함포지원을 받아 호명리–곤제봉–무릉산 방어선을 끝까지 지켜 냄으로 백척간두에 처한 조국과 겨레를 구하고 앞으로 있을 공격의 발판을 마련하게 된 것이다.

동해축방의 경주, 안강 전투가 최대 위기를 맞았을 때 동해에 떠 있는 미 해군 제5순양함대 전단에서 일제히 포문을 열고 함포사격으로 아군을 지원하였다. 특히 전함 미주리호는 18인치 함포 한발에 1,200kg 되는 포탄 1,800발을 때려 적진을 맹타하므로 수도사단이 경주를 지켜 내고 더 나아가 적에게 빼앗긴 안강, 포항, 기계를 회복하는데 결정적인 힘이 되어 주었다.

낙동강 방어선은 위에서 언급한 전투 외에도 기계 전투, 포항 전투, 안강 전투, 신령 전투, 현풍 전투, 구지 전투를 비롯하여 방어선 전 전선에서 헤아릴 수 없을 정도로 매일 같이 공격해오는 적과 처절한 전투가 벌어졌으나 끝까지 생명선을 지켜내게 된 것은 대한민국을 결코 공산주의자들의 먹이감으로 줄 수 없다는 맥아더 원수의 강한 의지와 뛰어난 위기관리 능력으로 방어선이 붕괴될 때마다 지체 없이 틀어막은 워커 장군의 투혼이 있었기 때문이며, 또한 이 땅의 자유와 평화를 위하여 싸워준 UN군과 조국을 구하고자 목숨을 바친 국군장병들과 학도병들이 있었기에 가능했다. 그리고 이름 없는 부녀자들과 보급대원들이 있었다. 부녀자들은 하루에 수만 명이 먹을 주먹밥을 만들었고, 보급대원들은 포탄이 떨어지는 전선을 지게로 탄약과 주먹밥을 져 날랐다. 그리고 이 전쟁의 승리를 위하여 밤낮을 가리지 않고 하나님 앞에 간절히 기도한 기도의 사람들이 있었고, 이 모든 것 위에 대한민국을 뜨겁게 사랑하신 하나님의 가호가 있었기에 낙동강 방어선을 끝까지 지켜내고, 멸망의 문턱에서 꺼져가는 대한민국의 불씨를 다시 살려낼 수 있었던 것이다.

10

주님의 손길 구원의 손길

10

UN참전국 병사들의 도착

국군과 미군이 낙동강 방어선까지 밀려 인민군과 피를 말리는 공방전을 치루고 있을 때 UN의 결의에 따라 UN 참전국 16개국에서 보내온 전투부대가 부산항으로 물밀듯이 밀려들었다. 50년 7월 14일 센디에고 항을 떠났던 미 해병특공여단 선발대인 5연대가 태평양을 건너 50년 8월 2일 외로운 전선에 도착했고, 곧 이어 8월 7일 미 2사단 선발대 9연대에 이어 8월 14일에는 미 2사단 본대가 도착했고, 8월 28일에는 홍콩에 주둔하고 있던 영국군 27여단이 샌츄리온 전차와 백파이프 군악대를 앞세우고 부산항에 도착했다. 그리고 호주에서 맥아더 사령부에 지금 막 한반도를 향하여 공군 전투비행단과 전투함이 출항했다는 낭보를 전해왔다.

낙동강 전선에서 부족한 병력으로 간간이 버티며 증원군이 오기만을 고대하던 워커 장군은 증원군을 맞으면서 가뭄에 단비를 만난 듯 한층 여유를 갖게 되었다.

미국은 연합군이 인민군 T-34 탱크에 계속 밀리자 대책이 전무한 상태에서 탱크의 필요성을 절감하고 2차대전 종전 후 격납고에서 잠자고 있던 육군의 꽃인 M-4 셔먼 탱크, M-26 퍼싱 탱크, 최신형 M-46 패튼 탱크를 해병여단과 미 2사단이 한국전선으로 이동할 때 함께 딸려 보낸 것이다. 퍼싱 탱크는 1차대전의 영웅 존 퍼싱 장군의 이름을 애칭으로 붙였다. 퍼싱 탱크는 90mm, 포탑을 장착하고 2차대전 때 유럽 전선을 누비며 독일군의 전차군단을 잡는 킬러로 이름을 날렸다. 태평양을 건너온 45t의 육중한 퍼싱 탱크가 지축을 흔들며 부산항에 상륙하자 이것을 지켜본 시민들은 와! 하는 탄성과 함께 박수를 보냈다. 시민들 중에는 탄식소리와 함께 간간히 눈물을 훔치는 이들도 있었다. 이제 퍼싱 탱크는 물 만난 고기처럼 한국전선을 누비며 또 한 번 소련제 T-34 탱크를 잡는 킬러로 이름을 얻을 것이다. 50년 8월 8일에는 미 2사단과 함께 최신형 M-46 패튼 탱크를 앞세운 미 제6탱크대대가 시민들의 환호 속에 부산항에 상륙했다. 패튼 탱크는 2차대전 때 유럽전선에서 롬멜이 이끄는 독일의 전단군단을 격파한 전설적인 영웅 조지 S. 패튼 대장의 이름을 애칭으로 붙였으며, 포탑에 90mm 포신이 장착된 전차였다. M-46 패튼 탱크는 처녀 출전으로 한국전에 투입되어 그 기량을 자랑할 좋은 기회를 얻게 되었다. 패튼 탱크는 이제 곧 실전에 나가 뛰어난 기량으로 소련제 T-34 탱크를 간단히 해치움으로써 T-34의 저승사자란 별명을 얻게 될 날도 머지 않았다.

이제 한국에 탱크부대가 대거 투입됨으로 전쟁초기에 화염병과 수류탄으로 맞섰던 소련제 T-34 탱크를 상쇄하고도 남을 것이다.

탱크 뿐 아니라 신형 105m 포, 155mm 중포, 고사포, 장갑차, 운송차량을 비롯한 각종 무기를 적재한 수송함이 부산항에 속속 들어오기 시작했고, 연이어 우방국들로부터 무장한 전투부대가 부산항에 쏟아져 들어왔다. 16개 우방국인 미국, 영국, 호주, 프랑스, 캐나다, 네델란드, 뉴질랜드, 그리스, 벨기에, 룩샘부르크, 필리핀, 터어키, 타일랜드 뿐 아니라 저 멀리 아프리카의 남아공화국과 에디오피아 그리고 남미의 콜롬비아에서도 파병해왔다. 그리고 노르웨이, 덴마크, 스웨덴, 이탈리아, 인도에서 약 2,200명의 의료진을 보내왔다. 벼랑 끝에 내 몰린 대한민국은 우군을 맞으면서 기운이 소생하였다. 때를 맞추어 UN군이 당도한 것은 불붙는 듯 뜨거운 가슴으로 대한민국을 사랑하시는 하나님의 사랑의 표현이었다. 한국전쟁에 참가한 연합군은 연인원 약 200만 명에 이른다. 그 중에서 미군이 약 180만 명이었고, 영국군 약 5만 7천 명, 기타 우방국에서 약 10만 명의 전투병이 참전하였다. 이렇게 많은 UN군이 참전하게 된 것은 중공군의 개입으로 미군이 대폭 증강되었고 전쟁이 장기화 되면서 교체병력이 들어왔기 때문이다. 공교롭게도 UN 참전국 중에 두 나라 외에 모두 기독교국가였다. 사랑하는 내 자식과 남편을 이국의 전쟁터에 보내놓고 발을 뻗고 편히 잠을 잘 사람이 어디에 있겠는가? 한국전쟁에 자식과 남편들을 보낸 그들은 하나님 앞에 내 자식과 남편들을 위하여 눈물로 기도했을 것이다. 아울러 전쟁터가 된 대한민국을 위해서도 기도했으리라! 대한민국은 UN군 참전 용사보다 더 많은 기도의 우군을 얻었다. 한 여행객이 미국에 갔을 때 어느 귀부인을 만나게 되었는데 코리아에서 왔다고 하니까 그 부인이 깜짝 놀라면서 제가 한국전쟁 때 한국의 평화를 위하여 40일 동안 금식기도 한 사람이라고 자신을 소개하며 헤어졌던 혈육을 만난 것처럼 반가워 하며 환대해 주더라는 것이다. 하나님은 6.25동란을 한국인의 손에만 맡겨놓지 않으시고 지구상의 모든 중보적인 기도팀을 가동하셨다. 하나님은 그 기도 소리를 들으시고 당시 팽창하던 공산주의로부터 대한민국을 지켜주셨다. 기도의 힘은 위대하고 놀랍다!. 더군다나 자식을 위한 어머니의 무릎이 닳는 기도, 남편을 위한 아내의 애절한 눈물의 기도는 하나님의 폐부를 움직인다. 대한민국은 사랑의 빚을 젖고, 기도의 빚을 졌다. 하나님은 한국의 성도들과 지구촌에 흩어져 있는 믿음의 사람들의 간절한 기도를 들으시고 숨겨놓은 비밀을 열어주기 시작하셨다.

> "너는 내게 부르짖으라 내가 네게 응답하겠고 네가 알지 못하는 크고 은밀한 일을 네게 보이리라."(예레미야 33;3)

말씀이 주는 영감과 상륙작전

맥아더 원수는 낙동강 전선에서 피를 말리는 공방전을 벌리고 있을 때 전세를 단번에 뒤집을 묘책을 강구하고 있었다. 맥아더 장군이 태평양전쟁에서 수 백만의 일본군과 싸울 때 즐겨 사용한 전법은 적의 보급로를 끊어버리는 작전이었다. 적의 보급로만 끊어버리면 적들은 굶주림에 스스로 허물어진다. 그러므로 이 전법은 피 한 방울 흘리지 않고 적을 이기는 전법이다. 또 하나는 상륙작전이었다.

상륙작전은 적의 등 뒤에 군대를 상륙시켜 적의 가장 취약한 배후를 치고 들어가 앞뒤에서 적을 포위하여 섬멸하는 작전이다. 이 작전은 제한된 군사로 아군의 피해를 최소화 하면서 적의 약점을 찔러 단숨에 승리를 쟁취하는 작전이다.

맥아더 원수가 주일 미군의 4개 사단 중 미 기병사단과 7사단을 일본에 남겨둔 것도 인민군의 배후에 상륙시켜 전쟁을 조기에 끝낼 계획이었으나 믿었던 금강 방어선이 무너지자 미 기병사단을 한반도로 급히 이동시키고 상륙작전은 다음 기회로 미루게 된 것이다.

그러나 이제야 상륙작전으로 전쟁을 확실히 끝낼 절호의 기회가 찾아왔다.

지금 맥아더 장군이 구상하고 있는 상륙작전은 성경에서 아이디어를 얻은 듯하다. 그는 전쟁터에서도 늘 성경을 품고 다녔다. 장군은 성경을 읽을 때마다 말씀 속에서 깊은 영감을 받았다고 말한 바 있다. 성경에는 전쟁에 관한 기사가 많이 기록되어 있다. 그 중에서 역대상 14장 13~17절에 있는 말씀을 보면

13절 "블레셋 사람들이 다시 골짜기를 침범한지라

14절 다윗이 또 하나님께 묻자온대 하나님이 이르시되 마주 올라가지 말고 그들 뒤로 돌아 뽕나무 수풀 맞은편에서 그들을 기습하되

15절 뽕나무 꼭대기에서 걸음 걷는 소리가 들리거든 곧 나가서 싸우라 너보다 하나님이 앞서 나아가서 블레셋 사람들의 군대를 치리라 하신지라

16절 이에 다윗이 하나님의 명령대로 행하여 블레셋 사람들의 군

대를 쳐서 기브온에서 게셀까지 이르렀더니

17절 다윗의 명성이 온 세상에 퍼졌고 여호와께서 모든 이방 민족으로 그를 두려워하게 하셨더라"

이 말씀은 다윗이 블레셋의 침략을 받았을 때 하나님께 작전에 대하여 물었다. 그때 하나님께서 다윗에게 정면대결을 피하고 뒤로 돌아 적의 배후를 기습하라고 일러주셨다. 적의 배후를 치는 기습은 적이 전혀 예측하지 못한 곳에서 적의 약점을 치는 것이다. 전쟁은 적의 약점을 파고들어야 이길 수 있다. 그러나 전쟁은 전법도 중요하지만 무엇보다 근본적으로 하나님이 도와 주셔야 이길 수 있는 것이다.

다윗이 하나님의 명령대로 적의 뒤로 돌아가 기습했더니 승리를 쟁취했고, 다윗의 명성이 온 땅에 퍼졌다고 했다.

맥아더 장군은 태평양전쟁에서 일본군과 싸울 때 정면대결을 피하고 적의 배후에 상륙하여 기습하는 전법을 썼다. 특별히 상륙작전은 아군의 피해를 최소화하고 앞뒤에서 적을 포위하여 포위망을 옥죄어 적을 고사시키는 작전이다.

맥아더 장군은 상륙작전을 수행 할 때 언제나 다윗과 같이 하나님의 도우심을 구했고, 승리를 얻음으로 장군의 명성이 온 땅에 퍼졌다.

다윗이 승리했을 때에는 언제나 하나님께 찬양과 영광을 돌려드린 것 같이 맥아더 장군도 전투가 끝난 후에는 반드시 "우리 부대는 전능하신 하나님의 은총으로 승리했노라"고 하며 공개된 장소에서 공개적으로 당당하게 승리를 주신 하나님께 아낌없는 찬사와 영광을 돌려드렸다.

맥아더 장군에게 있어서 전쟁에서 승리하는 것이 궁극의 목표가 아니라 승리한 후에 이기도록 모든 여건을 만들어주신 하나님께 영광과 찬사를 돌리는 것이 궁극의 목표였다. 사람이 은혜를 입는 것도 귀하지만 은혜를 입고 난 다음이 문제이다. 받은 은혜에 대하여 반드시 하나님께 감사와 영광을 돌리는 사람이 성숙한 사람이다.

맥아더 장군의 좋은 아이디어와 훌륭한 행보는 성경말씀 속에서 받은 영감이 많았다. 그는 전쟁터에서 언제나 성경말씀을 읽었다. 그러므로 성경 말씀은 장군에게 어두운 밤 하늘에 한줄기 빛이 되어 인생 항로를 비춰주는 등대가 되었고, 말씀은 지혜가 되어 장군이 해야 할 일을 깨우쳐 주었고, 말씀은 능력이 되어 장군의 마음이 흔들리지 않게 중심을 잡게 해 주었다.

인천으로

맥아더 장군은 패색이 짙어가는 전세를 상륙작전으로 한순간에 역전시키기로 마음을 굳혔다. 그런데 상륙지점을 어디로 정해야 효과를 극대화 할 수 있을지 한반도 지도를 펴놓고 고심한 끝에 적지를 찾았다. 두 번 찌를 것도 없이 단칼에 야수의 심장을 찌를 급소는 바로 인천이었다. 인천항은 서울까지 32km 거리에 있었으므로 서울에 접근 할 수 있는 최단거리 항구였다 그러므로 수도 서울을 탈환하여 계속되는 후퇴에 절망하는 한국 국민들에게 희망을 줄 뿐 아니라 또 인민군의 보급로가 서울을 경유했으므로 서울을 손에 넣고 낙동강 전선까지 뻗어있는 인민군의 보급로를 끊어버리면 낙동강까지 내려간 인민군 진지는 한 순간에 허물어진다. 맥아더 장군이 생각할 때 인천은 낙동강에 있는 8군과 거리가 멀어 워커 장군과 협공하는데 애로점이 없는 것은 아니지만 과거 태평양전쟁 때 그렇게 날뛰던 일본군도 보급로가 끊어지면 전투를 해보지도 못하고 꼼짝 없이 굶어죽는 것을 보아온 터라 이번에도 그 기회를 놓칠 수 없어 인천에 집착했던 것이다.

인천상륙작전이 성공하면 적의 생명선인 보급로를 끊고, 전쟁의 주도권을 쥐고 낙동강까지 내려간 적을 앞뒤에서 포위하여 결정타를 날리면 이내 전쟁은 승리로 종결되고, 한국인들의 숙원인 통일을 가져다 줄 수 있게 된다. 그러므로 이 기회는 두 번 다시없는 절호의 찬스였다. 이렇게 상륙지점이 인천으로 정해졌다.

동경의 맥아더 사령관의 집무실은 밤낮없이 불을 밝힌 채 긴박하게 움직이고 있었다. 7m나 되는 긴 테이블 위에 한반도 지도를 펼쳐놓고 작전 팀들이 모여들었다. 이 작전은 크로마이트 작전이라고 명명되었다. 크로마이트(chromite)의 가장 중요한 핵심은 인천항을 향하여 곧장 들이친다는 뜻이다. 각 참모들은 참모장 알몬드 소장의 지휘아래 각자 맡은 부서에서 분주하게 움직였다. 먼저 정보참모 윌로비 소장이 깔아놓은 정보망이 총 가동에 들어갔다. 그리고 작전팀의 리더 스트러블 제독의 치밀하고 계획성 있는 천재성이 발휘되었다. 수집된 정보를 토대로 크로마이트 작전의 D-day는 9월 15일로 정해졌다. 인천항의 조수에 대한 모든 자료를 수집 분석한 결과 9월 15일이 가장 유리했다. 시커먼 뻘 위를 뒤덮는 바닷물의 수심높이가 가장 높은 때가 9월 15일 이었다. 이때를 놓치면 다

인천상륙작전 당시 맥아더 장군

음 기회는 10월 11일까지 기다려야 한다. 9월 15일 인천항의 해뜨는 시간은 아침 6시 14분, 수심의 높이가 가장 높은 시간은 해가 떠서 45분이 지난 아침 6시 59분이다. 이때에 한, 미 해병대가 상륙하여 교두보를 확보하고, 다른 부대는 바닷물이 빠졌다가 다시 밀물이 들어와 수심의 높이가 최고로 높아지는 오후 7시 19분까지 깊은 바다로 나가 기다렸다가 만조시간에 맞추어 본격적으로 모든 병력과 장비를 하선해야 한다. 시간은 많지 않다. 바닷물이 빠지기 전 불과 2시간 30분 동안 숨 가쁘게 움직여야 한다. 이 짧은 시간 안에 서울을 탈환할 모든 병력과 군 장비들의 하선을 완료하여 수도 서울로 곧장 치고 들어 가야한다. 맥아더 장군은 이 야심찬 설계도를 완성한 후 미 국방성에 작전을 알리는 전문을 보냈다. 이 작전이 성공하면 적에게 결정타를 날려 전쟁의 주도권을 잡고 이 전쟁을 조기에 끝 낼 것이며, 만약 이 계획이 채택되지 않으면 정면으로 치고 올라갈 수밖에 없는데 그렇게 되면 상상할 수 없는 희생을 치르게 될 것이라고 했다.

별들의 전쟁

그런데 이 계획은 처음부터 벽에 부딪쳤다. 브래들리 통합본부의 장을 비롯하여 워싱턴의 군 수뇌부들의 반대에 부딪쳤다. 브래들리 장군은 이 작전은 시대에 뒤떨어진 작전이며 한국전쟁에서는 성공할 수 없다는 견해를 내 놓았다. 그 이유로 인천항은 조수간만의 차가 세계에서도 가장 큰 곳 중 하나요 수로학적으로도 길고도 구불구불한 수로는 적들이 기뢰를 부설하기에 좋을 뿐 아니라 또한 해협이 비좁아 제한된 시간에 많은 인력과 장비를 상륙시키기가 어려우며 만약 시간을 지체하여 썰물 때가 되어 물이 빠져버리면 부두에서 3km나 뻗어 있는 진흙 뻘 위에 주정들이 빠지게 되면 인민군 포대에서 쏘아대는 포탄세례를 받게 되어 결국 상륙작전은 실패로 끝날 것이라고 했다. 3주간 후 통합본부에서 이 작전을 협의하기 위해 육군참모총장 콜린스 대장과 해군참모총장격인 해군작전부장 셔먼 제독이 통합본부 작전실의 참모진들을 대동하고 동경으로 왔다. 이들의 방문 목적은 크로마이트(chromite) 작전을 협의하기 위한 것이 아니라 이 계획을 포기하도록 설득하기 위한 방문이었다. 1950년 8월 23일 동경의 UN군 사령부 작전 회의실에는 워싱턴에서 온 군 수뇌들과 맥아더 사령관의 참모진들이 자리를 같이했다. 공기는 심상치 않았다. 분위기는 얼어붙어 긴장감마저 감돌았다. 먼저 해군 측에서 반대의 의견을 내 놓았다. 해군작전참모는 인천 상륙작전의 부당성에 대하여 브리핑했다. 인천은 해군의 작전상 모든 약점을 고루 갖추고 있어서 절대불가 하다고 주장했다.

인천항은 날치 같이 길고도 좁은 해협이 최대 걸림돌이 되어 만약 상륙정들이 부두로 들어갔다가 적의 공격을 받거나 제시간에 상륙을 끝내지 못하면 썰물 때가 되어 바닷물이 빠져버리면 주정들이 시커먼 뻘 속에 갇혀 적들에게 좋은 먹이 감이 될 수밖에 없다고 했다. 해군 측의 주장은 브래들리 통합본부장의 생각과 별반 다르지 않았다. 콜린스 육군참모총장도 이번 작전에 대하여 불가의 입장을 피력했다. 인천은 낙동강 방어선에서 너무 멀리 떨어져 있어 낙동강 방어선을 지키는 워커 장군과 협공이 이루어지기 어려우므로 적에게 결정타를 줄지 의문이라고 했다. 콜린스 참모총장은 인천을 포기하는 대신 군산에 상륙할 것을 제안했다. 콜린스 대장의 생각으로는 군산에 상륙하면 낙동강을 지키는 8군과 거리상 가까워 워커 장군과 협조가 잘 이루어지리라 생각했다. 그러나 맥아더 장군은 낙동강 방어선이 가장 외로운 최악의 상태에서도 8군 산하의 4개 사단 중 3개 사단만 한국으로 급파하고 1개 사단은 일본에 그대로 남겨둔 것이나, 미 본토에서 증원되어온 해병특공여단 중 1개 연대만 낙동강 전선으로 보내고 2개 연대는 일본에서 미 7사단과 함께 강도 높은 상륙 훈련을 시킨 것도 상륙작전으로 적의 배후를 치고 승기를 잡을 계획이었으나 연합군이 인민군을 막지 못하고 속절없이 밀려 내려오자 상륙작전의 기회를 잡지 못했던 것이다. 그

만큼 장군은 상륙작전에 애착을 가졌고 상륙작전에 승부수를 띄운 만큼 이 작전은 자신감에 차있었다. 맥아더 장군은 생각을 가다듬기 위하여 잠시 침묵했다. 잠시 후 장군은 천천히 그리고 위엄 있게 의견을 풀어나갔다.

지금 여러분들이 불가능하다고 지적한 사항들이 본관에게는 오히려 기습의 성공을 가져다주는 것이라고 생각합니다. 상륙하기 쉬운 곳이라면 적이 방어벽을 견고히 하는 만큼 상륙도 그와 비례하여 어려울 것입니다. 인천의 지형과 자연조건이 어려우면 적은 오히려 방심할 것입니다. 그 틈을 역이용하여 기습작전으로 허를 찌르면 오히려 전쟁에서 성공할 수 있을 것입니다. 1759년으로 거슬러 올라가 영국과 프랑스가 퀘벡시를 놓고 운명의 전투가 벌어졌을 때 영국의 제임스 울프 장군은 정면공격을 피하고 소규모 부대를 이끌고 세인트로렌스 강을 거슬러 올라가서 절벽으로 기어 올라갔습니다. 결국 제임스 울프 장군은 이 전투에서 대승을 거두었습니다. 그것은 프랑스군이 절벽이라는 천험의 방벽만 믿고 경계를 게을리 한 것을 역이용하여 기습했기 때문입니다. 이 전투의 승리로 프랑스와의 전쟁은 종결되고 캐나다는 영국령이 되었습니다. 해군측에서 반대하는 바와 같이 인천은 수로학적으로나 지형이나 여러 가지 약점이 많습니다. 그러나 이러한 약점은 극복하지 못할 것은 아닙니다. 그리고 군산에 상륙하라는 의견에 대하여 말씀드리겠습니다. 군산이 인천보다 위험이 적은 것은 사실입니다. 그러나 군산은 한반도 지도상 한쪽 측면에 치우쳐 있어 낙동강 방어선을 지키고 있는 워커 장군에게 조금의 도움은 줄 수 있어도 결정적인 효과는 거둘 수 없습니다. 크로마이트 작전의 목적은 적의 보급로를 확실히 끊고 적의 배후를 완전히 포위하여 한 순간에 적을 괴멸시키는 데 있습니다. 이 상륙작전이 아니면 낙동강 방어선에서 정면공격으로 치고 올라가야 하는 데 만약 그렇게 되면 피아간에 수만 명의 병사들이 목숨을 잃을 것이며 밀고 당기는 지루한 전쟁이 언제까지나 계속되고 말 것입니다. 여러분들은 우리 병사들을 도살장에 있는 소처럼 저 피비린내 나는 낙동강 전선에 그대로 내 버려두시렵니까? 지금 공산주의자들은 세계를 적화하기 위하여 아시아를 도박장으로 선택했습니다. 만약 우리가 공산주의와 싸워서 진다면 전 아시아가 공산주의의 위협을 받게 되고 더 나아가 유럽도 자유롭지 못할 것입니다. 지금 상황이 이렇게 절박한데 우리가 잘못 결정을 내린다거나 이것저것 생각하다가 해야 할 일을 못한다면 우리의 운명도 끝장을 보고 말 것입니다. 소심은 패배주의 밖에 남는 것이 없습니다. 우리가 지금 행동하지 않는다면 우리 앞에는 죽음이 있을 뿐입니다.

맥아더 장군은 5성 장군의 명예를 걸고 인천상륙작전의 당위성에 대하여 담대하고도 자신에 찬 어조로 설명을 이어나갔다. "만약 작전에 실패한다면 그것은 전적으로 나의 책임이며 그 엄청난 결과는 내 생애가 다하는 날까지 내 영혼에 무거운 짐이 되어 나를 짓누를 것입니다. 한 달 남짓 남은 인천상륙작전을 위해 나는 나의 생애를 다 바쳐 최선을 다할 뿐이며 다만 최후의 길까지 하나님께 나의 마음과 육신을 바칠 뿐입니다." 장내는 맥아더 장군의 확신에 찬 언변과 논리에 압도당하여 찬물을 끼얹은 듯 침묵만 흘렀다. 그때 해군참모총장격인 해군작전부장 셔먼 대장이 자리에서 벌떡 일어나

"고맙습니다. 장군! 장군께서 위대한 목적을 위하여 위대한 말씀을 해 주셨습니다!" 하고 맥아더 장군의 뜻에 전폭적으로 찬동해 주었다. 미국의 기라성 같은 별들 가운데 유일하게 셔먼 제독의 지성이 맥아더 원수의 깊은 뜻을 헤아려 주었다. 그는 해군의 총수로서 이 작전이 성공할 수 있도록 자기 힘이 미치는 데까지 지원을 아끼지 않았다. 그리하여 그는 크로마이트 작전이 성공하는데 크게 기여한 1등 공로자가 되었다. 셔먼 제독은 한때 태평양전쟁에서 맥아더 원수의 휘하에서 처절한 고생과 화려한 영광을 함께하며 용맹을 떨쳤던 장군이다. 그러나 워싱턴의 정가와 브래들리 통합본부장과 군 수뇌들은 이 작전을 달갑게 여기지 않았다. 군은 생리상 계급보다 직책이 우선한다. 지휘 계통상 맥아더 장군은 통합본부장이나 삼군참모총장의 명령에 따라야 한다. 아이러니 하게도 맥아더 원수는 그들보다 군 경력도 한참 선배요, 또한 세계적인 영웅으로 추앙받고 있는 인물인데다가 계급도 별이 한 개가 더 많은 5성 장군이었다. 그래서 통합본부장을 비롯한 군 수뇌들은 군 조직상 상부기관이었으나 맥아더 원수에게 마음대로 이래라 저래라 하기에는 껄끄러운 존재였다.

뛰어난 언변

맥아더 장군의 말솜씨는 이미 정평이 나 있었다. 1944년 7월 미국 진주만에서 작전회의가 있었다. 일본진격을 위하여 필리핀과 대만 중 어디를 먼저 칠 것이냐 하는 문제를 놓고 해군과 첨예한 대립을 했다. 루즈벨트 대통령이 임석한 가운데 해군의 니미츠 제독과 해군성의 기라성 같은 참모진들을 상대하여 장군은 참모진도 대동하지 않은 채 홀로 분전하며 필리핀을 건너뛰어 대만을 먼저 점령해야 한다는 해군 측 주장에 맞서 군사전략상으로나 우방에 대한 신뢰로 보나 필리핀을 먼저 공략하는 것이 정의라고 주장하며 분전했다. 군사전략상으로 필리핀을 먼저 점령하여 태평양항로를 끊어버리면 태평양서북과 서남해로 침략한 일본군들은 퇴로가 끊겨 고사할 것이며, 또한 일본의 자원은 고갈되어 산업이 마비되어 전쟁은 조기에 종식될 것이라고 주장하였다. 만약 필리핀을 그냥 지나쳐 1,700만 우방국 국민들과 구원을 애타게 기다리며 생명이 꺼져가는 포로들을 사지에 내 버려두는 것은 정의롭지 못한 것이며 차마 인간으로서 할 일이 아니라고 강하게 항변했다. 장장 3시간이 넘는 격론에서 장내는 맥아더 장군의 예리한 분석력과 뛰어난 말솜씨에 압도되어 할 말을 잃었다. 그때 루즈벨트 대통령은 필리핀에 건재한 30만의 일본군을 의식하여 "더글러스! 필리핀을 먼저 공략하면 아군에게 큰 희생이 따르지 않겠는가?" 하고 우려했다. 하지만 맥아더 장군은 "각하! 큰 손실을 내지 않고 전쟁을 끝내는 것이 아니면 훌륭한 지휘관이라고 할 수 없습니다." 하고 대통령을 안심시켰다. 결국 진주만 작전 회의에서 루즈벨트 대통령은 맥아더 장군의 손을 들어 주었다.

뛰어난 언변은 기교에만 있는 것이 아니다. 무엇보다 정의로워야 한다. 정의롭지 못한 말은 역사로부터 외면당한다. 말은 그 사람의 인격이자 지성의 척도이다. 장군은 어린시절 어머니로부터 쓸

데없는 말은 절대 해서는 안 된다는 와스프(WASP) 교육을 받은 이래 언제나 절제되고 품격있는 말을 함으로 스스로 자신의 가치를 지켰다. 그는 사기진작을 위하여 병사들 앞에서 그의 기사도적인 연설을 자주했다. 그의 연설의 특징은 산문 스타일의 풍부한 어휘력과 우아한 수사법을 구사했으나 그의 말속에는 언제나 산뜻하고 뚜렷한 요점이 부각되어 있었다. 그의 개성미 넘치는 수사법과 희망을 주는 메시지는 언제나 그의 연설을 듣는 병사들의 눈빛을 빛나게 했다. 그의 웅변술은 어린 시절 그의 어머니가 놀랄 정도로 발휘되었으며 성장하면서 아버지로부터 물려받은 4천여 권의 책 속에서 고풍스럽고 우아한 문장으로 다듬어졌다. 인천상륙작전을 앞둔 별들의 전쟁에서도 그의 능변을 당할 사람이 없어 결국 장군의 뜻이 관철 되었다. 사람이 말을 잘한다는 것은 두뇌의 예민성 탓도 있으나 맥아더 장군의 경우는 늘 하나님께 기도함으로 타고난 재능과 함께 언변에 특출한 능력이 나타난 듯하다.

D-day

> "모세가 백성에게 이르되 너희는 두려워하지 말고 가만히 서서 여호와께서 오늘 너희를 위하여 행하시는 구원을 보라 너희가 오늘 본 애굽 사람을 영원히 다시 보지 아니하리라 여호와께서 너희를 위하여 싸우시리니 너희는 가만히 있을 지니라"(출애굽기 13:13~14)

이번 출전은 성공확률이 고작 1/5,000 이라는 위험한 모험이었으므로 워싱턴 당국으로부터 인천 상륙적전을 재고하거나 반대하는 만류도 만만치 않았다. 그러나 이 작전은 위태로운 만큼 한반도의 전황을 한 순간에 뒤바꾸어 놓을 최대의 찬스였으므로 맥아더 장군은 하나님이 내리신 절호의 기회를 놓칠 수 없어 전능하신 하나님을 의지하는 신앙심으로 밀고 나갔다. 영국 속담에 용감한 사람이 미인을 얻는다는 말과 같이 용감하고, 담대한 믿음이 있는 사람이 하나님의 축복을 얻을 자격이 있다. 때는 1950년 9월 15일 새벽 역사적인 인천상륙작전, 날짜가 정해졌다. 공격 장소와 날자가 정해진 이상 머뭇거릴 필요 없이 바쁘게 마지막 준비와 점검에 들어갔다.

이번 상륙작전에서 가장 중요한 공격부대를 이끌고 선두에서 돌진할 제 90편성부대의 지휘관은 S. H. 도일 제독이었다. 도일 소장은 태평양전쟁 때 맥아더 장군 휘하에서 뉴-기니 전투 때 수륙양면 작전에서 혁혁한 공을 세운바 있다. 이 부대는 한, 미 해병대와 지상군 최정예사단, 그리고 포병단과 탱크부대가 배속된 선봉대로서 가로막는 적을 치고 서울로 진격할 주력이었다.

제92 편성부대의 지휘관은 E, M, 알몬드 소장이었다. 이 부대는 미 7사단, 미 해병공수부대, 해병항공사단, 그리고 한국군 17연대가 배속되어있었다. 이 부대는 상륙과 동시 남으로 내려가며 인민군의 보급로를 끊고 낙동강 방어선에 있는 워커 장군과 합세하여 적을 앞뒤로 포위하여 섬멸하는 임무를 맡는다.

이 외에도 제77, 제79, 제91, 제99편성부대가 있었다.

이번 작전에 동원될 함정은 미 7함대와 미 극동함대, UN참전국

함대, 그리고 한국이 보유하고 있는 몇 척의 함대를 더하면 230척 정도는 될 것 같았다. 상륙작전에 참가할 인원은 약 7만 명 + α 였다. 한국군의 참가여부에 따라 다소 변동이 있을 수 있었다.

D-day는 가까웠는데 9월에 접어들면서 비를 동반한 태풍이 불어왔다. 비가 오고 태풍이 불면 작전에 큰 차질이 생길 수 있다. 더 나아가 실패할 수도 있다. 일본의 9월은 태풍의 계절이다. 태풍이 한 번 올라오면 적어도 10일 동안은 태풍의 영향을 받는다. 고베항과 시모노세키항에 정박 중인 전함들이 심한 물결에 흔들리고 있다. 상륙군들이 집결한 채 출항신호를 기다리고 있는데 거센 태풍 앞에 배가 심하게 요동쳤다. 워싱턴 정가와 군 수뇌들은 이 작전을 곱지 않은 시선으로 바라보고 있는데 만의 하나라도 실패한다면 50년을 쌓아온 맥아더 장군의 명예가 땅에 떨어지는 것은 고사하고 지금 하루하루를 힘겹게 살아가는 도탄에 빠진 백성들, 피난 보따리를 이고지고 방황하는 가련한 저들을 누가 적의 손아귀에서 구해줄 것인가? 맥아더 장군은 불붙는 마음과 긍휼의 눈으로 저들을 바라보며, 상관들로부터 불쾌한 말을 들어가면서도 한국을 구하고자 밤을 세워가며 고민해왔다. 그런데 예상치 못한 복병을 만나게 되어 얼굴에 수심이 가득했다. 고베항에 자기 휘하의 전 장병을 집결시켜 놓은 선봉장 도일 제독도 간이 타들어가는 듯 입술을 깨물었다. 모든 준비가 완벽하게 끝났으나 천재지변은 역전의 노장들의 힘으로도 어절 수 없었다. 바람 앞에 갈대 같은 인간이 무슨 수로 태풍을 잠재울 것인가? 태풍은 인간의 영역 밖의 일이었다. 동경의 사령관 집무실에서 이 전쟁이 UN군의 승리로 명예롭게 끝나기를 밤마

다 하나님께 기도하던 맥아더 원수는 태풍 앞에 무력한 인간의 한계를 깨닫고 전능하신 하나님 앞에 태풍을 잠재워 주시기를 간절히 기도하지 않을 수 없었다.

자비로우신 하나님 아버지시여! 변함없이 우리 군대를 가호해 주신 주님! 감사와 영광을 돌립니다. 지금 대한민국은 저 무법자들에게 송두리 채 유린당하고 있습니다. 지금 이 순간도 한국 국민들은 어린자식들을 들쳐 업고 포탄 속에 뒤섞여 모진 목숨을 이어가고 있습니다. 주님이시여! 도탄에 빠진 한국인들을 불쌍히 여기시사 저들도 인간으로서 누려야 할 행복을 되찾게 하옵소서. 지금 우리 군대는 저 사악한 자들을 치고자 의분에 떨고 있사오나 태풍에 발목이 잡혀 애를 태우고 있습니다. 주님! 간절히 비옵기는 저희들의 숭고한 뜻을 저버리지 마옵시고 바람을 멈추어 주시옵소서!

"여호와의 팔이여 깨소서! 깨소서! 능력을 베푸소서! 옛날 옛 시대에 깨신 것 같이 하소서. 라합을 저미시고 용을 찌르신 이가 어찌 주가 아니시며 깊은 물을 말리시고 바다 깊은 곳에 길을 내어 구속받은 자들을 건너게 하신이가 어찌 주가 아니시니이까"(사 51:9~10) 전능하신 하나님 그 능력의 손길로 우리 군대를 도우시사 늦기 전에 피로 얼룩진 한국인들의 상처를 싸매게 하시고, 눈물로 얼룩진 저들의 치욕을 씻게 하옵소서. 우리를 도우실 분은 주님밖에 없사오니 주의 자비의 손길로 뱃길을 열어 주시옵소서!

언제나 우리의 작은 신음에도 귀를 기울이시는 주 예수님의 이름으로 간절히 기도드립니다. – 아멘 –

11

인천 상륙작전

11

맥아더 원수는 1950년 9월 12일 미국으로부터 사세보항에 도착한 기함인 마운트 메킨리호에 올랐다. 마운트 메킨리호에 최고사령관기가 올라갔다. 고베항과 요코하마항에 분산되었던 전함들은 최고사령관의 기함에 합류하여 전선을 향하여 움직이기 시작했다.

태풍에 출렁이는 바닷물이 사정없이 뱃전에 부셔진다. 9월 13일이 되자 거센 파도가 한풀 꺾이면서 잔잔해지기 시작한다. 기적이었다. 마침 승리를 예고하듯 맑고 드높은 하늘에서 눈부신 햇살이 쏟아진다. 따가운 햇살은 기도에 대한 하나님의 선물이었다. 낙동강 방어전에 투입되었던 미 해병 5연대와 한국 해병대와 국군 17연대는 부산에서 승선하여 서해로 북상하는 연합군 함대와 합류하였다. 이 선단은 한국전쟁의 운명을 바꾸어 놓을 주역이었다. 상륙선단은 대한해협을 건너 한반도 서해로 북상하였다.

목적지에 도착한 공격선단은 새벽이 오기를 기다렸다. 첩보부대가 보내온 전문에 의하면 월미도에 이미 인민군이 구축해놓은 진지와 해안포대가 배치되어 있었다. 밤 깊은 시간에 맥아더 장군은 갑

판위로 올라가 보았다. 저 멀리 팔미도에서 불빛이 반짝거렸다. 그 불빛은 상륙선단을 안전하게 유도하기 위하여 우리의 용감한 특공대원들이 어둠을 뚫고 영흥도에서 팔미도로 잠입하여 인민군과 치열한 교전 끝에 15일 새벽 1시 45분에 밝혀놓은 등대였다. 이 불빛은 한국전쟁의 판도를 바꾸어 놓을 7만 5천여 명의 병력을 태운 261척의 연합군 함대를 영흥도와 무의도 사이 바닷길로 무사히 안내할 등불이었다. 적군은 연합군의 대 공격선단이 가까이 와있는 것을 전혀 눈치 채지 못한 것 같았다. 갑자기 쌓였던 긴장감과 피로감이 엄습해 왔다. 넘치는 정력가였던 맥아더 원수도 칠십이란 고령의 나이는 어쩔 수 없는 것일까? 밤 깊은 시간에 선실로 내려가 잠시 눈을 붙였다. 맥아더 장군은 갑자기 들려온 폭음에 잠에서 깨어나 벌떡 일어나 전함의 함교에 올라 자기가 손수 제작 연출한 이 세기적인 대 모험의 개막을 기도하는 마음으로 지켜보았다. 새벽이 되자 적의 진지를 향하여 함포사격이 시작되었다. 전함들이 제각기 화력을 뽐내며 포탄을 날리기 시작했다. 7함대에서 발진한 함재기들은 새벽공기를 가르며 편대를 지어 월미도에 포진하고 있는 인민군 진지를 향하여 급강하하면서 폭격을 가했다. 수천발의 로켓탄이 불을 뿜으며 인천 해안을 향하여 포물선을 그리며 날아가고 있었다. 바닷가 여기저기 포탄이 떨어진 자리는 폭발음과 함께 큰 구덩이가 파여진다.

맥아더 장군은 인천의 하늘을 바라보며 마음속으로 이 작전이 성공하기를 전쟁을 주관하시는 하나님께 간절히 빌었다.

주님!!

이제 공격이 시작되었습니다. 우리 군대는 정의의 십자군으로서 도전받는 하나님의 정의를 위하여 이 땅에 왔나이다. 이 전쟁은 자유와 평화를 파괴하는 저 잔학 무도한 적도들을 무찌르는 성전이오니 우리 병사들에게 능력의 띠를 띠어 주시사 뒤로 물러서지 않는 용기로 싸우게 하소서. 우리 군대는 이 땅의 정의와 평화를 위하여 달려온 의병들이오니 주께서 저들의 손을 높이 들어주시고 승리에 더하여 영광으로 빛나는 관을 그 머리에 씌워 주시옵소서. 작은 여우가 대한민국의 울타리를 짓뭉개고 들어와 꽃이 피는 포도동산을 파괴하며 미친 듯이 날뛰고 있습니다. 저희들로 하여금 포도원을 허는 저 간악한 여우를 잡게 하시고 거짓 선전을 일삼는 저 사악한 여우의 마지막 목줄을 잡아 당겨 숨통을 끊어놓게 하옵소서 언제나 변함없는 사랑과 자비의 손길로 저희들을 인도하신 하나님, 이번 전쟁에도 반드시 정의가 이긴다는 것을 보여 주옵소서 그리하여 다시 이 땅에 자유가 숨 쉬고 예절이 부활되며 불멸의 기독교신앙과 민주주의가 꽃이 피어 주님이 영광 받으시는 아름답고 복된 나라가 되게 하옵소서. 이제 사랑하는 병사들이 적들과 처절한 싸움을 위하여 전선으로 뛰어듭니다. 자비로우신 하나님! 우리 병사들의 생명을 주님의 날개아래 품어 주옵소서. 사랑하는 아들과 남편을 전쟁터에 보내놓고 애처롭게 기도하는 저들의 기도 소리를 들어주시사 이 전쟁이 끝나고 평화가 오면 사랑하는 부모형제가 기다리는 고국으로 무사히 돌아갈 수 있게 하옵소서!

언제나 변함없는 애정으로 저희들을 지켜주신 예수 그리스도의

이름으로 간절히 비옵나이다. – 아멘 –

맥아더 장군이 기도를 마쳤을 때에는 동녘 하늘에서 아침 해가 솟아오르기 시작했다. 아침 6시 25분 밀물이 밀려들었다. 때를 같이 하여 상륙정을 탄 해병 5연대 3대대가 함포와 함재기의 엄호를 받으며 월미도로 진격 상륙했다. 이어서 수륙양용 탱크가 뒤를 이어 모래언덕 위에 올라섰다. 아침 7시에 월미도 정상에 성조기가 꽂혔고, 한 시간 후에는 월미도는 완전히 장악되었다. 월미도에 남아있던 적의 수비대는 136명이 생포되고 나머지는 사살되거나 혹은 공병대가 밀고 들어가는 불도저의 흙더미에 깔려 땅굴 속에서 생매장 당했다. 포로들은 계속되는 함재기들의 공중폭격으로 혼이 나가 제 정신을 가진 자가 하나도 없었다. 인천으로 향한 해병 선봉대는 높은 방파제를 넘어 교두보를 확보했다. 벌써 인천 해안은 썰물 때가 되어 물이 빠지기 시작했다. 지원함대는 서둘러 깊은 바다로 퇴각하여 오후 5시 밀날 때까지 기다려야 했다. 드디어 오후 5시가 되면서 다시 밀물이 밀려들기 시작했다. 숨 돌릴 사이도 없이 상륙주정들이 바삐 움직였다. 한 순간도 지체할 수 없었다. 시간을 지체하다가 수위가 낮아지면 상륙주정들이 갯벌에 갇혀 움직이지 못한다. 후속 부대들이 속속 상륙하여 맡은 작전지역으로 바삐 움직였다. 서울을 탈환할 최정예 주력은 선봉장 도일 장군의 지휘에 따라 우렁찬 소리를 지르며 수도 서울을 향하여 질주했다. 삼손이 소리지를 때 여호와의 영이 삼손에게 갑자기 임하심으로 힘이 분출하여 나귀 턱뼈 하나로 천 명의 원수들을 단숨에 죽인 것같이 소리를 지르며 바람 같이 달리는 국군과 UN군은 힘이 솟구치는 신의 군대와도 같았다. 인천을 방어하고 있던 인민군 진지는 연합군이 지르는 함성 소리에 무너졌고 연합군의 진격을 막으려고 서울에서 달려온 인민군 22연대도 우렁찬 소리 앞에 전멸했다. 상륙군들의 거센 진격 앞에 인민군 저항선은 여지없이 무너져 갔다.

> "여호와의 소리가 물위에 있도다 영광의 하나님이 우렛소리를 내시니 여호와는 많은 물위에 계시도다 여호와의 소리가 힘 있음이여 여호와의 소리가 위엄차도다. 여호와의 소리가 백향목을 꺾으심이여 여호와께서 레바논 백향목을 꺾어 부수시도다"(시편 29:3~5)

인천 상륙작전의 성공을 알리는 낭보가 전파를 타고 전 세계로 퍼져나갔다. 그간 꺼져가는 나라의 운명을 가슴 졸이며 지켜봐야 했던 국민들은 기적 앞에서 다시 눈빛이 빛나기 시작했다.

인천시가전에서 잔당들을 소탕한 미 해병 5연대는 서둘러 선봉에서서 서울을 향하여 거침없이 질주했다. 적의 주력부대가 낙동강 전선에 발이 묶여 있었으므로 연합군이 진격하는 데 한결 수월했다. 알몬드 장군이 지휘하는 제 92 편성부대는 낙동강 전선에 있는 인민군의 배후를 치고자 남쪽으로 내려가 김포비행장을 점령하고 이어서 낙동강 전선으로 내려가는 적의 보급선을 차단하고 양날개 대형으로 넓게 펼쳐 포위망을 좁혀갔다.

낙동강 방어선에 떨어진 공격 명령

맥아더 원수는 인천 상륙작전과 때를 같이하여 낙동강 방어선에서 사투를 벌이고 있던 8군의 워커 장군에게 전 전선에서 일시에 공격하여 북에서 내려간 92편성 부대장 알몬드 장군과 합세하여 적을 포위 섬멸하라고 명령했다. 공격 개시일은 상륙작전 다음 날인 1950년 9월 16일 오전 9시였다. 워커 장군은 각 사단 지휘부를 독려하며 드디어 기회가 왔다! 적에게 진 빚을 갚을 때가 왔다! 이 땅에서 적도들을 몰아낼 때는 바로 이때다! 하며 낙동강 방어선의 전 군을 공격대형으로 전개하였다. 때는 1950년 9월 16일 오전 9시, 드디어 연합군의 공격이 개시되었다. 공교롭게도 이날따라 소낙비가 쏟아졌다.

쏟아지는 비를 맞으며 활 모양으로 휘어진 낙동강 전 전선에서 일시에 전 화력을 동원하여 인민군 진지를 치고 올라갔다.

8군은 미 본토의 증원군과 UN참전국에서 파병된 장병들이 속속 전선에 도착함으로 병력이 크게 증원되었고, 미 본토에서 중장비들이 속속 들어옴으로 전력이 크게 증강되었다. 연합군은 그간 비축된 힘으로 일시에 성난 파도 같이 공격해 들어갔으나 인민군의 저항도 만만치 않았다. 그리하여 2차대전 때 전차전의 명수였던 워커 장군의 작전지시를 받은 전차부대가 탱크를 앞세우고 전 속력으로 돌진하여 적진을 치고 들어가 탱크를 좌우로 꺾어 적진을 분열 시킨 다음 하나씩 차례로 격파하여 적의 저항선을 무너뜨렸다. 공격의 길이 열리자 그간 한 달 반 동안 낙동강 방어선에 웅크리고 있던 연합군은 갈기를 휘날리며 초원을 달리는 야생마와도 같이 상승 파도를 타고 공격해 들어갔다.

개전 이래 적에게 계속 밀리기만 하던 국군과 UN군이 처음으로 북진하기 시작한 것이다. 이제 무방비상태에서 공산군에게 당한 치욕을 갚을 때가 왔다. 낙동강 방어선 북쪽 산악능선을 지키든 한국군도 어느 듯 가을의 문턱에서 피어나기 시작한 구절초, 쑥부쟁이, 들국화가 만발한 방어선을 뒤로하고 성난 파도 같이 밀고 나가 북진 대열에 가세하였다. 8군의 북진은 승리에 목말라하든 우리 국민에게 가뭄 끝에 단비 같이 가슴을 후련하게 해 주었다.

인천 상륙작전의 소식이 인민군 진지에도 전해졌다 인민군 수뇌들은 퇴로가 끊겼다는 것을 알고 얼굴에 사색이 되어 마음에 동요를 일으키면서도 병사들에게 이를 숨긴 채 공격을 계속하도록 내몰았다. 주요 거점 참호 속에는 기관총사수들이 쇠사슬에 발이 묶이고, 술이 취한 상태에서 계속 방아쇠를 당겼다. 인민군들은 비열하게 말단 부하들의 발목을 묶어놓고 저희들만 살겠다고 도망친 것이다. 인민군이 물러난 진지에는 미 공군의 폭격에 맞아죽은 인민군의 시체더미가 여기저기 쌓여있었고, 시체더미에서 시체 썩는 악취가 코를 찔렀다. 뿐만 아니라 인민군들이 양민들의 소와 가축들을 끌어다 잡아먹고 남은 뼈다귀가 산더미 같이 쌓여있었다. 그 참담한 모습은 마치 지옥을 보는 듯 했다. 인민군들은 썰물 같이 급하게 빠져나가느라 무기를 챙겨갈 정신도 없어 군수품들을 버려둔 채 도망쳐 버렸다.

그러나 그들은 이미 그물망에 갇힌 고기처럼 연합군의 포위망에 갇혀 버렸다.

올 때에는 마음대로 왔지만 갈 때는 마음대로 갈 수 없었다. 포위망에 갇힌 인민군들은 하루에도 수천 명씩 투항해 왔다. 그리하여 한 달 사이에 항복한 인민군이 무려 13만 명이나 되었다. 인민군 중 일부는 연합군의 포위망을 피해 후방으로 도망쳐 지리산, 휘문산, 덕유산 같은 깊은 골짜기로 숨어들었다.

인민군이 남기고 간 만행

인민군들은 도망치면서 수많은 우국지사, 지식인, 기독교인들을 무자비하게 살육하는 만행을 남겼다.

인민군들은 전쟁 초기부터 남한 내에서 암약하든 좌익분자들의 협조를 얻어 지주, 자본가, 전문인, 종교인, 언론인, 문화예술인 같은 사회저명인사들을 잡아 북으로 끌고 간 것이 전국적으로 통계에 나타난 것만 해도 82,959명에 이른다. 통계에서 누락된 사람까지 합하면 그 수는 더 늘어날 것이다.

50년 8월 3일에는 유신론인 기독교가 무신론인 공산주의에 걸림돌이 된다고 하여 교회 지도자인 남궁혁, 김위순, 양희섭, 송창근 목사를 비롯하여 40여 명의 교회 지도자들을 납치하여 북으로 끌고 간 것을 시작으로 수많은 목회자들을 납치하여 북으로 끌고 갔다.

북으로 끌려간 인사들은 공산당에 협조하도록 회유와 협박을 당했으며, 불복하면 공장이나 탄광으로 끌려가 일생을 중노동에 시달리다 끝내 죽음으로 내 몰렸다.

인민군은 납치하여 북으로 끌어간 사람 외에도 납북자들의 가족과 성도들 그리고 양민들을 잡아 반동으로 몰아 몽둥이와 죽창으로 잔인하게 살육하였다. 공산주의자들은 사단의 역사를 따라 난 자들이므로 그들의 입술은 거짓되고 행동은 잔인했다.

인천 상륙작전으로 퇴로가 끊겨 깊은 산골짜기로 도망친 인민군 패잔병들은 은신처에서 나와 또 다시 선량한 양민들을 괴롭히고, 성도들을 박해하는 만행을 저질렀다.

1950년 10월 5일 새벽 3시 전남 신안군 증도의 터진목 모래사장에서 섬마을 선교의 어머니 문준경 전도사가 인민군 패잔병들에게 잡혀 “너는 반동의 씨 암닭 같은 존재이니 처형한다”고 하며 죽창으로 찌르고 총대로 때렸으나 죽지 않자 목에 총구를 대고 쏘았다. 문 전도사는 인민군의 발길에 차이고 죽창에 찔리면서도 나는 죽어도 좋으니 이 사람들은 제발 죽이지 말아 달라고 애원하여 함께 잡혀온 성도들은 살려내고 자신은 세찬 바람에 떨어지는 꽃잎같이 아름답고 숭고한 순교의 제물이 되었다.

전남 신안군 암태도에서 태어난 문준경 전도사는 증도로 시집을 갔으나 남편에게 소박을 맞았지만 20년간 한결 같이 시부모를 봉양하였다. 시아버지가 돌아가신 후 목포로 나와 삯바느질로 생계를 꾸려가던 중 전도를 받고 목포 북교동 교회에서 신앙생활을 시작하게 된다. 새로 부임해 온 당시 유명한 부흥사였던 이성봉 목사를 만나 신앙의 깊은 세계에 눈을 뜨게 되면서 전도의 사명을 받고 경성성서학원에서 소정의 과정을 마치고 본격적인 전도활동을 시작하게 된다. 그는 자신이 소박맞았던 증도로 돌아와 불 같은 시련 속에서도 좌절하지 않고 눈물겨운 기도로 마침내 교회를 세우게 된다. 그는 이곳을 중심하여 나룻배를 타고 신안군 21개 섬을 순회하며 1년에 고무신 9켤레를 갈아 신을 정도로 복음전도와 교회개척에 발벗고 나섰던 섬마을 선교사였다.

그는 평생을 불타는 거룩한 정열로 영혼구원을 위하여 몸과 마음을 다 바쳐 신안군 일대에 100여 개의 교회를 세우고, 마지막 목숨까지 바쳐 이 땅에 한 알의 밀이 되어 위대한 사랑의 자취를 남기고 떠났다. 이제 문준경 전도사는 그렇게도 사랑하고 사모했던 주님을 만나 영광 가운데서 두고 온 성도들을 사랑스런 눈으로 내려다보고 있을 것이다.

1950년 10월 7일 전남 영광군 염산면 봉남리 염산교회에서 있었던 인민군들의 만행은 치를 떨게 한다.

염산교회 청년들이 9월 29일 국군과 경찰이 영광군에 진군한 것을 환영하는 행사를 주관한 일이 발단이 되어 미처 퇴각하지 못하고 잔류해 있던 인민군과 지방에서 암약하던 좌익분자들이 50년 10월 7일 환영회를 주도했던 청년들을 죽이고 교회당에 불을 지른 것을 신호로 10월 27일까지 성도의 2/3인 77명을 무자비하게 살육하고, 혹은 돌을 목에 매달아 마을 앞 설도 포구의 수문에 던졌다. 염산교회 성도들은 죽음 앞에서도 믿음을 지키며 의연하게 찬송을 부르며 장렬한 최후를 맞았다.

그들은 보이지 않는 하나님을 보는 것같이 하여 참았으며 현세의 화려함 뒤에 감추어진 미래의 영광을 바라보고 꽃다운 생을 바쳐 순교의 제단에 헌사 하였다.

위에 소개된 인민군과 좌익분자들의 악행은 빙산의 일각에 지나지 않는다. 그들이 저지른 만행은 일일이 열거할 수 없을 정도로 이 땅에 지울 수 없는 상흔을 남겼다.

어느 마을에는 인민군이 휩쓸고 지나간 자리에 살해된 양민들의 시체가 수도 없이 발굴 되자 자식을 잃은 부모와 그 가족들은 스스로 인간이기를 포기한 공산당의 엽기적인 만행에 가슴이 메어져 눈물조차 메말라 버렸다.

연합군의 그물망을 용케 피한 잔류 패장병들은 지역의 좌익분자들과 부역자들을 몰아 지리산, 회문산, 덕유산 같은 깊은 골짜기에 숨어들어 이 현상을 중심으로 양민들의 식량을 강탈하고, 사회를 교란하는 빨치산 운동을 하였다. 그 수는 약 4만 명에 달했다. 빨치산들로 인하여 후방이 소란스럽게 되자 1952년 11월 백야전투사령부(국군 3개 사단과 4개 전투경찰 연대)가 발족되어 빨치산 토벌작전에 들어갔다. 그리하여 빨치산들은 토벌대에 의해 생포되거나 사살되고, 은신처에 잔류한 자들은 낙엽이 지고 흰 눈이 쏟아지는 겨울이 되자 차디찬 눈 속에서 굶어죽었다. 이렇게 하여 낙동강 전선에 투입되었던 인민군 주력부대는 완전히 괴멸되고 말았다.

상륙 작전의 낭보

낙동강 방어선을 박차고 진격했던 워커 장군의 8군과 인천에서 인민군의 배후를 치기 위하여 내려갔던 알몬드 장군의 92편성 부대는 성공리에 작전을 마치고 북상하였다.

역사적인 인천상륙작전은 여호와께서 정의의 편이 되어 주심으로 이길 수 있었으며 꺼져가는 대한민국을 다시 소생시킨 위대한 역사였다.

공산주의자들은 당시 좌익사상이 팽창해가던 시세의 흐름을 타고 세계를 적화하려는 야심으로 대한민국을 도박장으로 택했으나 자비로우신 하나님은 "동해물과 백두산이 마르고 닳도록 하나님이 보우하사 우리나라 만세!! 하며 애국가를 부를 때마다 하나님의 보호를 염원했던 우리 민족을 은혜로 지켜주셨다."

시편 124:6절에 "우리를 내주어 그들의 이에 씹히지 아니하게 하신 여호와를 찬송할지로다" 고 하신 바와 같이 하나님께서는 우리 민족을 저 사악하고 저주스러운 자들의 이에 씹히지 않게 하셨다.

전쟁의 신이신 여호와께서 이 전쟁에 직접 개입하셔서 "잠에서 깨어난 것처럼 포도주를 마시고 고함치는 용사처럼 일어나사 그의 대적들을 쳐 물리쳐서 영원히 그들에게 욕되게 하심으로"(시편 78:65~66) 국군과 UN군이 낙동강 방어선을 훌륭히 지켜내고, 인천상륙작전을 성공리에 마칠 수 있었던 것이다.

인천 상륙작전이 성공했다는 낭보가 워싱턴에 긴급 타전 되었다. 미국의 라디오와 신문은 연일 상륙작전에 관한 기사로 도배되었다. 산이 무너져 내리듯 불리한 상황에도 굴하지 않고 기적을 이루어낸 장군의 군사적 천재성에 세계는 또 한 번 열광했다. 평화를 애호하는 우방국들도 자기 일처럼 기뻐하며 아낌없는 찬사를 보내왔다. 인천상륙작전은 연합군이 수세에 몰려 계속 밀리기만 하여 애를 태우던 워싱턴 정가와 미국 시민들에게도 곧 가뭄 끝에 담장을 넘기는 한방의 홈런처럼 가슴을 후련하게 해 주었다. 맥아더 원수에게 수많은 축전이 날아들었다.

이승만 대통령은 "역사적인 인천상륙작전에 즈음하여 극히 불리한 상황에도 불구하고 승리를 거둔 장군의 뛰어난 전략에 우리 온 국민을 대표하여 진심으로 감사드리며 영원히 잊지 않을 것입니다. 귀하의 긴 군 생활에서 거둔 큰 업적 중에서도 UN군 총사령관으로서 대한민국에서 거둔 업적은 가장 뛰어난 것이라고 역사는 기록할 것입니다" 하고 축전을 보내왔다.

트루먼 대통령은 "미국의 온 국민과 함께 귀하의 지휘로 대한민국에서 승리를 거둔 것을 진심으로 축하합니다. 귀하가 벌인 지연작전이나 낙동강 방어전과 인천상륙작전에 이르는 훌륭한 전략은 전사에서도 그 예를 찾아보기 어려울 것입니다. 자유를 위해 싸운 귀하의 부대와 기타 UN군 참전국 장병들에 대해서도 모든 자유우방이 감사하고 있습니다. 참으로 훌륭한 장군께 다시 한 번 경의를 표하며 고국의 모든 동포들이 보내는 인사말을 함께 전합니다" 고 하는 따뜻한 축전을 보내왔다.

그 외에도 워싱턴의 군 수뇌부와 자유우방의 지도자들에게서 수많은 축전이 답지했다.

대한민국 최고의 날!

상륙군의 선봉부대는 선봉장 도일 소장의 지휘로 해병 제5연대를 앞세워 인천에 있는 잔당들을 소탕한 후 곧 바로 수도 서울을 향하여 진격해 들어갔다. 서울 탈환전에도 예외 없이 해병 5연대가 앞장섰다. 그러나 인민군은 서울근교에 주둔하고 있던 인민군 제9사단과 18사단 그리고 25여단을 긴급 투입하여 완강히 저항해왔으므로 서울로 가는 길은 예상외로 녹록지 않았다. 인민군의 주력부대가 낙동강 전선에 발이 묶여있었으나 아직도 수도권 일원에 깔려있는 5만 명의 인민군들은 얕잡아 볼 상대가 아니었다. 선봉장 도일 장군은 미 탱크부대를 앞세워 강력한 화력으로 진격을 가로막는 장애물을 제거한 후 해병 5연대를 투입하여 66m의 연희고지와 88m 고지를 잇 따라 점령함으로 드디어 장애물이 제거되었다.

이제 서울 입성을 앞두고 서울을 방어하는 인민군들과 마지막 일전을 겨루게 되었다. 포격전이 벌어지면서 연기기둥이 여기저기서 솟아올랐다. 전쟁초기에는 무방비상태에서 밀렸지만 이제는 사정이 달랐다. 중포로 무장한 UN군은 세계최강의 군대답게 포격으로 적진을 제압한 후 지축을 뒤흔드는 탱크대대를 앞세우고 한강을 건넜다. 탱크대대는 한강을 가로지르는 부교를 건너 시내로 질주하면서 진격을 가로막는 인민군 방어벽을 여지없이 뭉개버렸다. 탱크의 포탑에서 발사되는 90mm 포탄은 적진을 산산이 깨뜨려버렸다. 탱크대대를 뒤따르던 장갑차에서 쏟아져 나온 병사들이 각개전투로 인민군의 방어벽을 하나하나 제압해 나갔다. 쓰러지는 것은 인민군들 뿐이었다.

50년 9월 26일 정오에 선봉에 섰던 대한의 해병용사들이 적진을 뚫고 들어가 중앙청 국기 게양대에 태극기를 걸었다.

인공기가 걸려있던 중앙청 국기 게양대에는 어느새 승리의 상징인 태극기가 맑고도 드높은 가을 하늘에 따가운 햇살을 받으며 나부끼고 있었다.

이어서 9월 28일에는 적의 수중에 떨어졌던 수도 서울이 완전히 수복되었다.

결국 서울을 방어하던 인민군들은 사방에서 쏟아져 들어와 맹호같이 덤벼드는 국군과 UN군을 당해내지 못하고 패주해버렸다.

> "문들아 너희 머리를 들지어다 영원한 문들아 들릴지어다 영광의 왕이 들어가시리로다 영광의 왕이 누구시냐 강하고 능한 여호와시요 전쟁에 능한 여호와시로다 문들아 너희 머리를 들지어다 영원한 문들아 들릴지어다 영광의 왕이 들어가시리로다 영광의 왕이 누구시냐 만군의 여호와께서 곧 영광의 왕이시로다"(시편 24:7~10)

얼마 만인가? 공산군의 탱크에 짓밟혀 숨을 죽이며 살아왔던 악몽 같은 3개월이 지나고 광명한 새날이 밝아왔다. 그 감격은 필설로 형언할 수 없었다. 서울 시민들은 서울 수복이 너무나 뜻밖이어서 믿어지지 않았다. 그도 그럴 것이 불과 며칠 전까지만 해도 손에 땀을 쥐고 가물거리는 나라의 운명을 안타가운 마음으로 지켜봐야만 했기에 서울 수복은 꿈속에서 맞은 것 같았기 때문이었다. 비록 잿더미가 되고 무엇 하나 제대로 남은 것이 없는 폐허의 잔해 뿐 이었지만 잃었던 수도를 다시 찾게 된 것만으로도 온 세상을 다 얻은 듯 했다. 그간 적 치하에서 웅크리고 있던 시민들은 드디어 자유를 얻게 되었다. 아! 자유!! 서울 시민들은 자유가 이렇게 귀한 것인 줄을 미처 몰랐다. 누구의 눈치도 보지 않고 누구의 간섭도 받지 않는 자유야말로 조물주께서 인간에게 주신 최고의 축복이 아닐 수 없었다. 시민들은 화약 냄새가 코를 찌르는 거리로 쏟아져 나와 거리마다 광장마다 인파들로 발 디딜 틈이 없었다. 시민들은 그간 숨겨놓았던 태극기를 흔들며 개선하는 국군과 UN군 병사들을 열렬히 환영했다. 시민들은 승리의 기쁨으로 하나가 되었다. 남녀노소 빈부귀천할 것 없이 기쁨도 하나가 되었고 뜻도 하나가 되었다. 시민들은 하나 된 마음으로 밤이 새는 줄도 모르고 대한민국 만세를 연호했다. 그러나 있어야 할 사람들이 보이지 않았다. 그들은 인민재판에 끌려가 인민군과 암약하던 좌익들에게 무자비하게 죽임을 당하기도 하고 혹은 철사 줄에 손이 묶인채 북으로 끌려간 후 소식이 끊어졌다. 시민들은 또 한 번 공산당의 반인륜적이고 엽기적인 만행에 치를 떨었다. 시민들은 공산주의자들의 선동에 동조하는 기색도 있었으나 이제 그 실체를 알고난 후 공산주의는 공산혁명을 위한 허구일 뿐 통치를 위한 이론이 아님을 뒤 늦게나마 깨닫게 되었다.

국군과 UN군은 계속 인민군을 쫓고 있었다. 이제 38선을 돌파하여 북으로 진격할 태세였다.

참으로 놀라운 일이다. 국토의 92%가 적의 수중에 떨어져 국가의 안위가 촌각을 다투고 있을 때 잃었던 실지를 한 순간에 회복하고 이제 38선을 넘어 북진을 앞두게 되었으니 이런 일이 올 줄을 상상인들 했겠는가? 맥아더 장군의 솜씨는 신의 손과도 같이 단숨에 세상을 뒤바꾸어 놓는 경이적인 솜씨였다. 인천은 맥아더 장군이 예측한 대로 적의 심장에 비수를 꽂는 급소였다. 서울을 수복한 다음 날인 1950년 9월 29일 맥아더 원수는 수도 반환식을 명했다. 수도 반환식은 적의 수중에서 해방된 지역을 신속히 복구하여 현존하는 정부를 그 소재지로 안착시켜 민간행정을 재개하고, 질서와 치안을 세우기 위함이었다.

서울 수복은 대한민국 최고의 날이었다. 서울 시민들은 수도서울이 대한민국의 품안으로 돌아오게 된 것을 감격해 했다. 시민들은 인공기가 걸려있던 중앙청 국기 게양대에 휘날리고 있는 태극기를 바라보며 서울이 정말로 수복되었음을 실감할 수 있었다.

> "우리가 너의 승리로 말미암아 개가를 부르며 우리 하나님의 이름으로 우리의 깃발을 세우리니 여호와께서 네 모든 기도를 이루어 주시기를 원하노라"(시편 20:5)

잃은 것을 다시 찾았을 때 그 기쁨과 감격은 맛보지 않은 사람은 알지 못한다. 누가복은 15장 4절 이하에 잃은 새끼 양 한 마리를 찾았을 때에도 그 기쁨을 주체 할 수 없어 벗과 이웃을 불러 모아 나와 함께 즐기자 잃었던 나의 양을 찾았노라 고 하며 이웃과 함께 기쁨을 나누는 장면을 보게 된다. 새끼 양 한 마리를 찾았을 때에도 그렇게 기뻐했거던 하물며 국가를 통째로 잃었다가 하나님의 은혜로 다시 찾게 되었는데 그 기쁨과 감격은 어찌 말로 다 하겠는가? 춤이라도 추고 싶은 심정이다. 그러므로 서울 수복은 대한민국 최고의 날이다! 중앙청 청사는 창문이 하나도 성한 것이 없었다. 창문 밖에는 시체 썩는 냄새가 코를 찔렀다. 장내에는 이승만 대통령을 비롯한 삼부요인, 각료들, 국회의원, 그리고 8군 사령관 워커 중장, 정일권 한국군 총참모장, 선봉장 도일 제독, 알몬드 소장을 비롯하여 기라성 같은 군 장성들과 병사들이 자리를 가득히 메우고 있었다. 먼저 맥아더 원수가 단상에 올라 내빈들을 향하여 입을 열었다. 장내는 찬물을 끼얹은 듯 조용하고도 엄숙했다.

"By the grace of Almighty God! our troops recaptured Seoul which was once lost the capital of the Republic of Korea!!"
"우리 부대는 전능하신 하나님의 은총으로 잃었던 대한민국 수도 서울을 다시 되 찾았습니다!!."

이제 서울의 거리는 잔학무도한 공산주의의 압제에서 벗어났으며 시민들은 인간의 존엄과 자유, 그리고 확실한 신념을 가지고 살 수 있는 기회를 되찾게 되었습니다. 먼저 이 결정적인 승리를 우리에게 안겨 주신 전능하신 하나님께 감사와 영광을 돌리기 위하여 다 같이 기립하셔서 저와 함께 주기도문을 해 주시기 바랍니다.

내빈들은 자리에서 일제히 일어났다. 군 장성들과 병사들도 최고 사령관의 명령에 따라 기립했다. 지금 대한민국을 하나님께 봉헌하는 엄숙한 순간이었다. 장병들은 인천 앞바다 갯벌을 달려오느라 전신에 말라붙은 진흙자국이 점점이 묻어 있었다. 장병들은 총을 내려놓고 철모를 벗고 절제된 모습으로 기도의 손을 모았다. 비호같이 용맹스럽던 장병들은 순한 양 같이 하나님 앞에 기도의 손을 모았다. 단정하고 절제된 모습으로 기도드리는 그들의 모습은 아름다움을 넘어 성스럽기까지 하였다.

하늘에 계신 우리아버지여!
이름이 거룩히 여김을 받으시오며 나라가 임하옵시며
뜻이 하늘에서 이루어진 것 같이 땅에서도 이루어 지이다.
오늘날 우리에게 일용할 양식을 주옵시고
우리가 우리에게 죄 지은 자를 사하여 준 것 같이
우리 죄를 사하여 주옵시고
우리를 시험에 들게 하지 마옵시고
다만 악에서 구하시옵소서
대개 나라와 권세와 영광이 아버지께 영원히 있사옵나이다.
– 아멘 –

조국의 부름을 받아 전혀 알지도 못한 나라를 위해 목숨을 걸고 싸워주었던 그들이 이제 또 다시 이 땅의 번영과 행복을 위해 하나님 앞에 간절히 기도를 드린다.

참으로 가슴이 뭉클하고 코끝이 찡한 감동을 주는 고마운 사람들이 아닐 수 없었다. 지금 이들의 모습은 아무조건 없이 베푸시는 주님의 사랑이 아니고서는 할 수 없는 일이다. 대한민국은 참 복이 많은 나라이다.

"하늘에 계신 우리아버지여!
이름이 거룩히 여김을 받으시오며 나라가 임하옵시며
뜻이 하늘에서 이루어진 것 같이 땅에서도 이루어 지이다"

그들은 먼저 하나님의 이름이 거룩 되게 해달라는 기도를 드리고, 다음으로 하나님의 뜻이 하늘에서 이루어진 것 같이 폐허가 된 이 땅에도 이루어지기를 빌어주고 있다. 과연 그 기도대로 하나님의 이름이 거룩하고도 영광스럽게 되고, 하나님의 뜻이 하늘에서 이루어진 것 같이 폐허가 된 이 땅에도 이루어져 정의롭고 아름다운 나라가 될 것이다.

대한민국은 제헌국회에서 기도로 시작한 나라가 되었고, 기도로 꺼져가는 나라를 다시 일으켜 세운 나라, 지금 또 다시 서울을 수복하여 기도로 하나님께 은혜를 구하는 나라가 되었다. 기도는 무능하고 약한 사람만 하는 것이 아니다. 맥아더 같이 뛰어난 영웅도 기도드려야 하고, 용맹스러운 무적의 용사들도 기도 드려야 한다.

하나님은 아무것도 없는 가운데서 천지를 창조하신 위대하신 분이시다. 그분 앞에 기도드리면 우리의 작은 신음에도 귀를 기울이시고 반드시 넘치는 은혜를 베푸신다.

이 세상에서 대한민국 같이 절체절명의 위기에서 이렇게 독수리 날개로 신속하게 구원받은 나라가 어디 있는가?

"이스라엘이여 너는 행복한 사람이로다 여호와의 구원을 너 같이 얻은 백성이 누구냐 그는 너를 돕는 방패요 네 영광의 칼이시로다 네 대적이 네게 복종하리니 네가 그들의 높은 곳을 밟으리로다"(신 33:29)고 하신 것 같이 여호와는 대한민국의 방패요 영광의 칼이 되셔서 대적을 복종시키고, 대적의 높은 곳을 발로 밟게 하셨다.

대한민국은 저들의 기도대로 폐허의 잿더미 위에서 다시 일어나 하나님의 공의가 강 같이 흐르고 하나님의 영광의 해가 떠오르는 나라가 되어 그 기세가 마치 독수리 같이 새롭고도 역동적인 나라가 되어 반드시 세계역사에 이름을 올릴 날이 올 것이다.

기도하는 나라는 하나님이 책임져 주신다. 기도할 때 하나님은 돕는 천사를 보내주신다. 트루먼 대통령이나 맥아더 원수 같은 분들이 무엇이 아쉬워서 남의 나라 전쟁에 발 벗고 나서서 자기나라 군대를 데리고 와서, 자기 무기를 가지고, 자기 자식들을 앞장세워 극동의 작은 나라를 돕고 있는가? 그것은 하나님께서 기도하는 우리 민족을 돕기 위하여 그들을 돕는 천사로 붙여주셨기 때문이다. 이와 같이 기도는 전능하신 하나님의 손을 움직이는 힘이다.

"오늘날 우리에게 일용할 양식을 주옵시고"

지금 우리 민족은 도탄에 빠졌다. 헐벗고 굶주리는 백성들에게 가장 시급한 것은 무엇보다 일용할 양식이다.

인간에게 가장 기본적이며 가장 필요한 것은 일용할 양식인 의, 식, 주 문제이다.

난리 통에 집을 잃고 부모를 잃고 갈 곳이 없어 유랑하는 국민이 그 얼마인가? 우리 국민들 중에 하루하루를 걱정없이 사는 사람이 몇이나 되겠는가? 전쟁의 포화 속에서 헐벗고 굶주리는 우리 민족에게 자비로우신 하나님께서 매일 매일 걱정없이 살아갈 일용할 양식을 주시기를 기도드린다. 여호와께서는 두 손 모아 간절히 기도하는 그들의 기도소리를 들으시고 반드시 우리 민족을 위하여 하늘의 아름다운 보고를 여시사 이 땅에 때를 따라 비를 주시고, 일용할 양식을 주실 것이다. 뿐만 아니라 우리의 손으로 하는 모든 일에 복을 주셔서 흑암중의 보화와 은밀한 곳에 숨은 재물을 주어 번영하는 국가가 되게 하시고 많은 민족에게 꾸어줄지라도 꾸지 아니하는 부강한 나라가 되게 하실 것이다.

기도는 헛되지 않는다. 노아에게 감람나무 새 잎사귀를 물고 날아온 비둘기 같이 기도는 반드시 좋은 소식을 가지고 내 품으로 다시 돌아온다.

"우리를 시험에 들게 하지 마옵시고 다만 악에서 구하시옵소서"

악에서 구해달라는 것은 악한 자에게서 구원해달라는 뜻이다.

지금 우리 민족에게 가장 절실한 과제는 인간의 존엄과 가치를 말살하는 저 사악하고 잔인한 공산군의 압제로부터 구원 받는 것이다.

평화를 애호하는 우리나라에 포악하고 잔학한 공산당들이 침략하여 가는 곳 마다 동족을 살육하며, 빼앗고, 파괴하여 국토는 잿더미가 되고 국민은 도탄에 빠진 이때에 하나님께 "우리를 악한 자에게서 구하시옵소서" 하는 기도보다 더 절실한 기도는 없을 것이다.

과연 그 기도대로 하나님께서 우리 민족을 저 사악하고 저주스러운 공산당의 손아귀에서 구원해주시므로 공포로부터 자유를 얻고, 억압으로부터 평화를 누리는 행복한 국민이 되게 하실 것이다.

"대게 나라와 권세와 영광이 아버지께 영원히 있사옵나이다".

"대개" 라는 말은 '왜냐하면' 이라는 뜻이다.

왜냐하면 나라와 권세와 영광이 아버지께 영원히 있기 때문입니다. 고 하는 뜻이다.

이 말씀은 위에서 구한 모든 기도 제목이 나라와 권세와 영광이 아버지 손에 영원히 있기 때문에 반드시 이루어 주신다는 믿음의 고백이다.

우리를 여기까지 인도하신 '에벤에셀의 하나님께서는 상한 갈대와 같고 꺼져가는 등불과 같은 우리 민족을 버리지 아니하시고 다시 살려 주시고 수도 서울을 수복하게 해주시니 필설로 형언할 수 없이 감격할 뿐이다.

'에벤에셀의 하나님은 우리를 여기까지 인도하셨다.

그러나 우리 앞에 놓인 문제는 첩첩산중이다. 사람들의 마음은 갈기 갈기 찢겨졌고, 도시는 온통 할퀴고 지나간 상처뿐이며, 사방을 둘러 봐도 희망을 찾아볼 수 없는 황무한 땅이 되어버렸다.

그러나 "나라와 권세와 영광이 영원히 하나님 아버지께 있으므로 하나님께서 이땅을 다시 새롭게 하실 것이다. 하나님은 전능하시다. 전능하신 하나님은 넘지 못할 산이 없고, 건너지 못할 강이 없으며, 이루지 못할 일이 없으므로 하늘의 보고를 열으사 황무한 이 땅에 비를 주시며, 다시 장미꽃이 피고 노래하는 새가 날아오게 하실 것이다."

> "만물이 주에게서 나오고 주에게로 말미암고 주에게로 돌아감이라 영광이 그에게 세세에 있으리로다". (로마서 11:36)

기도를 마쳤을 때 중앙청 홀 안은 빛과 함께 찾아오신 하나님의 영광으로 가득했다. 맥아더 원수는 이승만 대통령에게 "대통령 각하, 오늘의 승리는 오로지 하나님의 도우심이 없었다면 불가능했을 것입니다. 이제 저와 저의 장병들은 군무에 전념하고 민사에 관한 것은 각하와 각하의 정부에 맡기겠습니다." 하고 행정권을 넘겼다.

이승만 대통령은 맥아더 장군의 손을 잡고 감격에 겨워 "장군! 장군을 존경합니다! 우리 민족을 대표하여 장군을 사랑합니다! 하며 잡은 손을 놓지 못했다. 이승만 대통령은 중앙청을 가득매운 국군과 UN군 장병들의 손을 일일이 잡아주며 그간 격어 온 노고와 고마움에 답례하였다. 수도 반환식이 끝나자 거리로 뛰쳐나온 시민들은 깃발을 흔들며 환호했다. 그 환호는 밤이 깊어도 식을 줄 몰랐다. 서울은 다시 활기를 되찾았다. 중압감에서 벗어나 자유롭게 거리를 지나는 사람들의 경쾌한 발걸음에서 자유를 느낄 수 있었다. 이렇게 자유가 숨 쉬는 서울의 거리는 금방 생기가 돌았다.

북진과 평양탈환

이제 한국전쟁은 다시 원점으로 돌아왔다. 그런데 문제가 발생했다. UN군 지휘부에서 38선을 넘어 진격해야 하느냐 말아야 하느냐 하는 문제로 머뭇거리고 있을 때 이승만 대통령은 한국군에 역사적인 북진을 명령했다. 때는 1950년 10월 1일 국군 1군단 제3사단이 맨 먼저 38선을 돌파하여 거침없이 질주했다. 이승만 대통령이 꿈꾸는 국가상은 모든 국민이 자유를 누리며 인간이 인간답게 사는 국가여야 한다고 생각했다. 인간의 기본 욕구인 자유가 숨 쉬고 사람이 사람대접 받는 세상이 되려면 반드시 사악한 공산군을 무찔러 솎아버려야 실현될 수 있음으로 전군에 북진을 명령한 것이다. 이로서 대한민국은 38선을 넘어 북진한 10월 1일을 기념하여 국군의 날로 지키고 있다. 이어서 미 통합본부로 부터 맥아더 원수에게 북진명령이 하달되었다. 국군과 UN군은 보무도 당당히 상승파도를 타고 충만한 기운으로 북을 향하여 밀고 들어갔다. 1차 목표는 적의 심장부 평양이다. 국군 1사단과 미 최정예 1기병사단 간에 평양 점령을 놓고 누가 먼저 입성하느냐? 선의의 경쟁이 불붙었다.

시편 18편 33~34절에 "나의 발을 암사슴 발 같게 하시며 나를 나의 높은 곳에 세우시며 내 손을 가르쳐 싸우게 하시니 내 팔이 놋 활을 당기도다" 고 하신 말씀과 같이 국군과 UN군은 남북을 가로막고 있는 담을 뛰어넘어 놋 활을 당기듯 포탄을 날리며 암사슴 발 같이 빠른 기동력으로 가파른 언덕을 넘고 들판을 가로 질러 질주해 들어갔다. 인민군들은 안간힘을 다하여 연합군의 진격을 저지했

평양탈환 – 맥아더 원수와 워커 장군

으나 통일에 대한 꿈에 부풀어 있는 국군과 연합군을 막기에는 역부족이었다. 그런데 평양 공격의 선봉에 섰던 국군 1사단은 탱크도 없었고, 병력을 이동할 차량도 턱없이 부족하여 진격속도가 느려 하루에 겨우 5km를 전진하는데 그쳤다. 이렇게 행군속도가 느려서 평양까지 언제 당도할지 걱정이었다. 그리하여 1사단장은 군단장 밀번 소장에게 장비지원을 요청하였다. 밀번 장군은 즉석에서 알았다고 하며 완전무장한 1개 보병연대, 최신형 M-46 탱크로 무장한 미 제6전차대대, 그리고 보병을 태워갈 100대의 차량을 지원해 주었다. 이제 탱크를 앞세운 1사단은 전과는 달리 진격속도가 빨라 하루에 25km를 거뜬히 달렸다.

국군 1사단은 미 1기병사단에 앞서 1950년 10월 15일 평양 방어선을 돌파하고 평양외곽에 선착하였다.

그러자 1사단에 배속된 헤닉 대령의 미 제10포병단이 포대를 전개하여 적의 심장부 평양을 공격했다. 미 제10포병단은 155mm중포 18문, 90mm고사포 18문, 4.2인치 박격포 18문, 그리고 포탄 운반 차량 80대를 운용하고 있었다.

미 제10포병단이 포격을 가하자 평양시내는 불기둥이 솟아오르며 포연에 휩싸였다. 어느새 미 7함대에서 날아온 함재기들이 합세하여 벌떼 같이 덤벼들어 숨어있는 인민군을 공격했다.

전쟁의 원흉 김일성은 일찌감치 미 공군의 폭격에 겁을 먹고 고산 진으로 도망하여 높은 산비탈에 숨어버렸다. 고산 진은 평안북도 강계군에 소재하고 있으며 압록강을 접한 서쪽 산자락에 붙어있어 폭격이 쉽지 않았다.

국군 1사단은 50년 10월 19일 포격으로 적을 제압하고 미 제6전차대대를 앞세우고 대망의 결전을 위하여 대동강을 건넜다. 그로든 중령의 미 제6전차대대는 최신형 T-45탱크 45대로 무장하고 있었다. 국군1사단 장병들은 탱크를 앞세우고 내손으로 적의 심장부를 공격한다는 자부심으로 사자 같이 덤벼들었다. 뒤이어 도착한 미 1기병사단이 전차부대를 앞세우고 대동강을 건너 평양시내로 쏟아져 들어오자 인민군들은 그 위세에 눌려 평양을 버리고 패주하기에 급급했다.

연합군이 평양에 진입함과 때를 같이하여 맥아더 원수는 공산당의 수뇌를 체포하고자 태평양전쟁에서 명성을 떨치던 미 제503 공수부대를 평양북쪽 40km지점에 낙하시켰으나 공산당 잔당들은 이미 평양을 빠져나가 줄행랑을 친 뒤였다.

국군이 시내로 진격하자 벌써 거리에는 감추어 두었던 태극기가 걸려 있었다. 이제 평양도 해방되었다. 인간성을 말살하는 공산당의 잔인성과 야만성을 똑똑히 보아온 선량한 시민들은 입성하는 국군과 UN군을 열렬히 환영하며 환희에 들떠 있었다. 10월 21일 이승만 대통령이 참석한 가운데 평양 수복을 환영하는 군중대회가 있었다. 이승만 대통령은 평양 시민들을 바라보자 목이 메여 연설을 제대로 잇지 못하고 몇 번이나 손수건으로 눈물을 닦았다. 그간 공산당의 공포정치 하에서 서로 감시하며, 서로 고자질하며, 서로 중상모략하며, 경쟁적으로 아부 아첨하는 사회에서 웃음을 잃어버리고 살아왔던 시민들은 억압에서 벗어났다. 이제 누구의 간섭도 받지 않고 누구의 눈치도 보지 않고 마음껏 거리를 활보하며 마음에 담아두었던 말을 마음껏 쏟아낼 수 있었다. 평양 시민들은 해방을 주신 하나님께 감사드리며 자유민이 된 것을 기뻐하며 자유대한의 만세를 불렀다.

그간 공산당의 기세에 눌려 음산하고 우울하던 평양시내는 연합군의 입성과 함께 암울했던 먹구름이 걷히면서 명랑하고 활기찬 모습으로 바뀌었다.

평양 시가지뿐 아니라 을밀대, 부벽루, 유유히 흐르는 대동강도 새 옷을 갈아입었음인지 음산함에서 벗어나 산뜻하고 화사하게만 느껴졌다.

같은 날 맥아더 원수가 동경에서 평양 순항 비행장에 도착하여 미 1기병사단 전투중대를 사열하였다. 사열을 받은 후 병사들에게 인천상륙작전에서 지금까지 전투에 참가한 병사들은 앞으로 나오라고 했을 때 중대원 150명 중 5명이 앞으로 나왔다. 그 나머지 대원들은 전사하거나 부상당한 병사들을 대신하여 교체된 병사들이었다. 여기까지 오는 데 요소요소에 매복해 있던 인민군들의 기습 공격에 이외로 희생이 컸다. 서울로 진격할 때에도 미 해병 중대가 60고지에서 인민군 매복조의 기습을 받고 중대원 206명 가운데 겨우 33명만이 살아남아 승리의 기쁨을 맛볼 정도로 인천에서 평양까지 오는 길은 멀고도 험했다.

평양 점령과 함께 승리에 고무된 맥아더 원수는 병사들에게 이제 곧 전쟁은 명예롭게 끝이 날 것이며 귀관들은 머지않아 고국으로 돌아가 사랑하는 가족들과 함께 성탄절을 맞게 될 것이라고 희망적인 메시지를 주었다. 최고사령관으로부터 희망적인 메시지를 전해 들은 병사들은 이제 곧 전쟁이 끝나고 고국에서 그리운 가족들을 만날 생각에 가슴이 설레었다.

평양을 손에 넣은 국군과 UN군은 이때까지 평양을 목표로 누가 선착하느냐 하고 선의의 경쟁을 했으나 이제 또 다시 압록강을 두고 누가 먼저 선착할 것인가? 하는 새로운 경쟁에 불이 붙었다. 국군은 내 손으로 통일의 꿈을 이루고자 패주하는 인민군을 쫓아 밤낮없이 진격했다. 1950년 10월 26일 초산 전투에서 국군 6사단 7연대가 마지막 저항하는 인민군의 저항선을 뚫고 꿈에도 잊지 못할 압록강에 당도하여 유유히 흐르는 차가운 강물을 마시며 내 손으로 조국의 통일을 성취했다는 벅찬 감흥에 젖었다. 아! 압록강! 유구한 역사를 안고 유유히 흐르는 강! 이름만 들어도 피가 끓고 가슴을 뛰게하는 강이다. 병사들이 강물을 마시다 고개를 들어보니 강 건너 드넓은 중국 땅이 시야에 들어왔다. 이제 대한민국은 그렇게도 소망했던 통일을 손에 잡은듯 하여 서로 얼싸안고 자축하며 기쁨을 감추지 못했다.

12

새로운 전쟁

12

그러나 누가 뜻했으랴! 난데없이 통일을 가로막는 복병이 나타났다. 중국 공산군이 출몰하여 전선에 나타났다. 소규모로 북한을 돕는 의용군 수준이 아니라 선전포고도 없이 대규모로 참전한 전면전이었다.

중공군이 전면 개입하게 된 배경은 고산 진으로 도망친 김일성이 인민군이 궤멸되어 겨우 4개 사단 밖에 남지 않자 모택동에게 원군을 요청하는 친서를 보냄으로 시작된 것이다.

중국으로서도 공산화 된 것이 겨우 1년 인데 아직 국가의 기틀이 잡히지 않았으나 모택동은 만주에 건재한 정적 장자량과 그의 군대를 제거할 기회로 삼고자 한국전에 참전하게 된 것이다. 그들은 대규모로 참전했으나 미군의 정보망을 피하기 위해 낮에는 산속에 숨고 밤에만 움직였다. 1950년 10월 25일 압록강 다리를 건너온 중공군이 간간히 전선에 나타나기 시작하더니 1950년 11월 19일에는 20만의 중공군 대부대가 쏟아져 들어와 임표의 지휘아래 작전을 개시하였다. 맥아더 사령부의 정보팀의 분석에 의하면 현재 50

만의 중공군이 만주에 집결하여 야밤을 틈타 압록강을 건너고 있었으며, 중국 남방에서 40만의 중공군이 한반도를 향하여 올라오고 있었다. 그 외에도 중국전역에서 군사적인 움직임이 감지되었다. 이제 전쟁은 새로운 양상으로 흐르고 있었다. 그런데 워싱턴 당국이나 국무성은 한반도 통일을 위한 외교적인 노력을 전혀 보이지 않았고, 중국에 대해서 중공군의 참전은 미국에 대한 선전포고라고 하며 경고 한마디 보내지 않았다. 엄중한 경고 한마디만 보냈더라도 중국은 겁을 먹고 참전을 고려했을지도 모르는 일이었다. 지금 한반도 통일의 기회가 눈앞에 찾아왔음에도 대통령이나 미국의 외교를 맡은 국무성은 아무런 조처도 취하지 않고 강 건너 불구경하듯 팔짱만 끼고 있었다. 워싱턴 당국은 오히려 맥아더 장군의 군사작전에 여러 가지 제약을 가하여 손과 발을 묶었다. 만주와 시베리아에서 산더미 같이 쌓아놓은 전쟁물자들이 한반도로 유입되고 있음에도 그 근거지를 폭격할 수 없었고, 소련이 블라디보스톡 항에서 북한으로 보내는 보급기지인 나진항에도 폭격을 금지시켰다. 그리고 미 공군기가 작전을 할 때 적기를 추격하는 것도 금지시켰을 뿐 아니라 압록강에서 8km 이내의 목표물에 대하여 폭격하는 것도 금지시켰다. 더군다나 압록강 다리를 폭파하는 것도 금지시켰으므로 그 다리를 통하여 수십만의 중공군이 한반도로 계속 유입되고 있었다. 도대체 미국은 누구편인가? 전통적으로 미국은 힘에는 힘으로 맞선다는 군사전략은 어디로 갔는가? 정의로운 전쟁은 반드시 적을 이겨야 하는데 소심주의로만 일관하는 것은 결국 적을 이롭게 하는 이적행위이며 또한 전선에 나가 있는 미국의 아들들을 사지로 몰아넣는 것이나 다를 바 없었다. 중공군의 침입을 멈추게 하려면 압록강 다리를 끊고 전쟁물자가 산더미 같이 쌓여있는 만주를 폭격하는 것 외에 다른 방도가 없었다. 그럼에도 불구하고 이를 지켜주고 적이 강을 건너와서 8km 지역까지 성역처럼 거점을 확보하도록 내버려 둔다는 것은 건전한 상식으로는 도저히 납득할 수 없었다. 그리하여 맥아더 장군은 분개하며 워싱턴에 긴급 항의 전문을 보냈다. 그 결과 통합본부로부터 압록강 다리를 폭파하되 북한 지역의 끝을 파괴해도 좋다는 허락이 떨어졌다. 이때까지 미국의 전쟁사에서 현지 사령관이 자기부하의 생명을 보호하고 부대의 안전을 도모하기 위하여 자기 휘하의 군사력을 마음대로 사용하지 못하도록 손발을 묶는 일은 찾아볼 수 없었다. 이것은 한국뿐 아니라 아시아의 장래에 비극적인 사태가 일어날 징조로 밖에 보이지 않았다. 맥아더 원수는 거대한 미군의 손발을 묶어 힘 한번 제대로 써보지도 못하게 하는 대통령의 소심과 당국자들의 우유부단한 처사에 분개하지 아니할 수 없었다. 거침없이 질주하던 국군과 UN군은 중공군의 대거 유입으로 앞길이 가로막혀 더 이상 진격하지 못하고 멈춰서야만 했다.

중공군은 이후에도 계속 유입되어 모택동의 아들을 포함하여 연인원 300만이라는 대규모 병력이 참가하게 된다.

퇴각하는 국군과 UN군

연합군은 북으로 진격하여 국경선이 가까워질수록 담당해야할 전선이 급팽창하였다. 압록강 2,000리, 두만강 1,300리, 길고도 넓은 작전지역을 제한된 군사로서 다 메울 수 없었다.

중공군의 작전은 낮에는 깊은 은신처에 숨어있고, 주로 밤에 움직였으므로 미 공군의 폭격이 쉽지 않았다. 그들은 한밤중에 연합군의 부대와 부대사이에 연결이 끊어진 빈 공간을 타고 내려와 연합군 진지를 사방에서 에워싸고 피리를 불며 꽹과리를 치며 일시에 덤벼들었다.

중공군은 총을 가진 병사는 극 소수였고 대부분이 양손에 수류탄 2개를 들고 빗발치는 총탄을 뚫고 고지에 올라와 연합군진지에 던졌다. 연합군 병사들이 쓰러지면 파리 떼 같이 달라붙어 옷과 군화를 벗겨갔다. 이렇게 하여 연합군이 애써 확보한 고지는 하나 둘 무너지기 시작했다. 중공군의 전술은 아군의 탄알숫자보다 더 많은 숫자로 밀어붙이는 인해전술이었다. 미군 지휘관들은 웨스트포인트 육군사관학교에서 전쟁사를 배우면서 세계의 모든 전략과 전술을 섭렵했으니 중공군이 구사하는 인해전술은 교과서에도 없는 기상천외한 전술이었다.

특히 UN군 병사들은 기습해오는 중공군의 대공세에 쫓겨 내려올 때 낯선 기후와 추위에 적응하기에도 힘이드는 판에 지리에도 어두워 대혼란에 빠졌다. 중공군은 이 기회를 놓치지 않고 아군 보다 몇 배나 더 많은 군사로 진지를 포위하고 인해전술로 공격해 들어옴으로 국군과 UN군 병사들의 피해는 상상할 수 없었다.

압록강에 선착하여 통일의 꿈을 손에 잡았던 국군 6사단은 중공군의 매복에 걸려 궤멸상태에 빠졌다. 국군 1사단은 운산까지 진격했으나 중공군의 남하로 길이 막히자 전진과 후퇴를 놓고 고심하든 중 상황판단이 빨랐던 포병 단장 헤닉 대령과 연대장들의 건의로 후퇴를 결정하게 된다.

1사단 보다 한발 앞서 운산을 공격했던 미 1기병사단 8연대 3대대는 중공군의 집중 공격을 받고 900명의 부대원들은 이름 모를 들꽃으로 산화해 갔다. 8연대 3대대는 중공군에게 겹겹이 포위되어 손을 쓸 수 없게 되자 기병사단장 게이 소장이 눈물을 머금고 구원을 포기했던 비운의 대대가 되고 말았다. 국군 1사단은 헤닉 대령의 포병단에서 중공군 진지를 향해 쏴대는 포탄을 방패막이로 삼아 운산에서 사단본부가 있는 영변으로 무사히 철군하였다.

헤닉 대령은 그 날 밤 뜬 눈으로 지새며 부하들을 독려하여 13,000발의 포탄을 때려 중공군의 남하를 막아주었으므로 1사단은 한국군 중에서 유일하게 사단의 대오를 유지한 채 후퇴할 수 있었다.

11월 25일과 26일에 신설된 국군 7사단은 8사단과 함께 평안남도 덕천군 묘향산맥 남쪽 기슭에 도착했을 때 중공군의 포위망에 걸려 제대로 전투를 해 보지도 못하고 무너졌다.

이제 12월로 접어들면서 유난히 추운 북녘 땅의 겨울이 찾아왔다. 그렇지 않아도 하루가 다르게 중공군의 유입이 늘어만 가는 데 이제 곧 압록강물이 얼면 중공군 본대가 쏟아져 들어올 터인데 염려하지 않을 수 없었다. 맥아더 장군은 지금 이 상태에서 전진할 수도, 그렇다고 멈춰 설 수도 없었다. 제한된 군사로서 벌떼 같이 몰려드는 중공군을 막아서기에는 역부족이라는 것을 간파한 맥아더 장군은 '완전히 새로운 전쟁' 이라고 선포하며 후퇴를 결심하지 않을 수 없었다. 여기서 더 이상 지체하다가 중공군의 포위망에 걸려들면 살아남지 못한다. 후퇴도 때를 놓치면 전멸이다. 지금으로서는 다시 후퇴하여 중공군의 보급선을 길게 늘어뜨려 폭격으로 보급선을 끊어 적을 무력화 시키는 수밖에 길이 없었다. 그리하여 맥아더 원수는 분루를 삼키며 전군에 총퇴각 명령을 내리게 된 것이다.

이때까지 상황에 따라 각 부대단위로 퇴각했으나 50년 11월 28일을 기해 서부전선을 맡고 있던 8군에 총 퇴각 명령이 하달되었다.

성탄절을 한달 앞두고 고국에서 성탄절을 맞으려고 기대에 들떠 있던 UN군 병사들은 꿈이 좌절 되자 허탈했다. 그들은 기습해 오는 중공군에 떠밀려 과거 고국에서 보냈던 성탄절의 아련한 추억조차 떠올릴 여유도 없이 퇴각하기에 정신이 없었다. 국군과 UN군은 후퇴도중 여기저기서 중공군의 기습을 받고 무너지기 시작했다.

11월 30일 새벽 미 2사단은 순천으로 내려가는 도로를 따라 계곡에 들어섰을 때 골짜기 양편에 매복해있던 중공군의 포위망에 걸려 한 순간에 3,000명의 사상자를 내고 괴멸되었다. 미군 병사들은 탱크와 야포를 골짜기에 버려둔 체 산기슭으로 올라가 뿔뿔이 흩어져 도망쳤다. 맥아더 사령부는 중요 장비가 적의 수중에 넘어갈 것을 우려하여 폭격기를 동원하여 미 2사단이 버리고 온 산더미 같이 쌓인 탱크, 야포, 트럭을 비롯한 군 장비들을 폭격하는 아픔도 겪었다.

서부전선에서 철수하던 8군은 평양시내에 산더미 같이 쌓아놓은 보급물자에 불을 질러 평양시내는 화염에 휩싸여 검은 연기에 뒤덮였다.

8군은 평양을 적에게 내어주고 계속 남하함으로 대한민국은 그렇게도 갈망했던 북진통일의 꿈은 멀어져갔다. 국군과 UN군은 후퇴 도중에도 계속 중공군의 공격으로 상처투성이가 된 채 기약 없이 퇴각을 거듭하고 있었다.

임진강 전투에서 중공군의 남하를 막아섰던 프랑스군도 우회해서 들어온 중공군에 포위되어 괴멸되었고 영국군 29보병여단도 무너졌다.

전투가 끝나고 나면 죽거나 다친 부상병들은 온 몸에 파편이 박혀 성한 곳이 없었다. 흉탄에 맞은 상처가 썩어 들어가 아픈 통증에 출혈이 심하여 타는 목마름에 미칠 지경이었다. 그들은 뼈를 도려내는 고통 속에서 십자가에 못 박히신 예수 그리스도를 생각했다. 인류의 죄를 대신하여 십자가에 매달려 살이 찢어지고 뼈가 부셔지는 모진 고통 속에서도 비명소리 한 마디 없이 거룩하게 죽어 가신 예수 그리스도를 생각하며 말로 다 할 수 없는 고통과 목마름을 참아 내며 어금니를 깨물었다. 그들은 구제받을 때까지 십자가를 붙잡고 고통을 참아냈다.

> "나의 대적이여 나로 말미암아 기뻐하지 말지어다 나는 엎드러질지라도 일어날 것이요 어두운 데에 앉을 지라도 여호와께서 나의 빛이 되실 것임이로다"(미가 7:8)

흥남 철수 작전

흥남 철수 작전은 1950년 12월 15~24일까지 10일 동안 동부전선 흥남부두에서 있었던 대 탈출 작전을 말한다. 동부전선을 맡은 미 10군단과 10군단에 배속된 국군 1군단은 북한의 임시 수도인 강계를 점령하고자 함경남도 장진군 개마고원까지 진격했으나 중공군 제20, 26, 27군 소속의 30만의 대병이 쏟아져 들어오자 길이 막혀 참담하게 쫓기는 처지가 되었다.

그리하여 50년 12월 3일 동부전선에도 총퇴각 명령이 하달되었다.

미 10군단과 국군 1군단 예하 10만의 장병들은 중공군의 대공세에 쫓겨 흥남부두까지 밀려 내려왔다. 후퇴도중 미 해병 1사단은 함경북도 개마고원 장진호에서 중공군의 포위망에 걸려들게 되자 사투를 벌이며 필사의 탈출을 하게 된다. 장진호는 함경북도 개마고원에서 서쪽으로 흐르는 물을 막아 동해로 역류시켜 전기를 일으키는 거대한 인공호수이며, 고산지대의 산세와 어우러져 경관이 빼어났다. 이 전투에서 미 해병 1사단은 10만 명의 중공군에 겹겹이 포위된 상태에서 그해 11월 26일부터 12월 13일까지 해발 2,000m의 고원지대에서 영하 40도의 차가운 날씨와 초속 60m의 칼바람을 맞으며 인간의 한계를 넘나드는 고난 속에서 전투를 벌렸다. 장진호 전투는 설원에서 펼쳐진 최악의 전투로서 미군의 전사에도 전설이 될 정도로 필사의 탈출 작전이었다. 미 해병 1사단은 12,000명의 부대원 가운데 전사 1,000명, 부상자 4,500명, 실종 5,000명이라는 엄청난 피해를 입었다.

중공군도 전투 중에 2만 명이 죽고, 추위와 굶주림에 3만 명이 얼어 죽음으로 전투 중에 죽은 숫자보다 추위에 얼어 죽은 병사가 더 많았다. 올리버 스미스 미 해병 1사단장은 자신의 부대보다 8배가 넘는 중공군의 공격을 온 몸을 던져 17일간 막아냄으로 다른 부대들이 흥남으로 철수할 시간을 벌게 해준 공로로 미군 최고의 훈장을 받게 된다.

그러나 문제는 피난민들이 자유를 찾아 피난 보따리를 이고지고 후퇴하는 부대를 따라 흥남부두에 몰려들었다. 그 수가 장병들의 숫자만큼이나 많았다. 지금 10만 명의 장병과 17,000대의 차량과 수만t의 장비를 싣고 후방으로 철수해야 하는데 군대 수만큼 많은 피난민들이 문제였다. 유난히도 추운 겨울, 지금 중공군은 발 빠르게 쫓아오는데 남은 시간은 많지 않았다.

그때 10군단장 알몬드 장군의 고문이면서 해병대의 통역관으로 종군한 현학봉 선생이 미 10군단 부 참모장 포니 대령을 설득했다. 지금 흰옷을 입고 부두에 몰려나온 피란민들은 거의 대부분 기독교인들입니다. 저대로 버려두면 공산당의 보복으로 다 죽습니다. 포니 대령! 한 사람의 생명이 귀하지 않습니까? 저들을 그냥 버려두시렵니까? 배위에 차를 싣고 저들을 그 위에 태우면 되지 않습니까? 하고 설득했고, 수궁을 한 포니 대령은 알몬드 장군을 설득했다.

국군 1군단장 김백일 장군도 알몬드 장군에게 만약 피난민들을 배에 태우지 않으면 한국군은 피난민들과 함께 육로를 뚫어 철수할 것이라고 배수진을 쳤다.

참모들의 건의를 받은 알몬드 장군은 직접 상황을 살펴보려고 헬기를 타고 하늘을 날았다. 하늘에서 내려다본 장관은 그리운 자유를 찾아 구름떼 같이 모여든 흰옷 입은 피난민들로 발 디딜 틈이 없었다. 알몬드 장군은 길 잃은 양떼 같이 유리하는 피난민들을 바라보았을 때 그는 기독교인으로서 사람의 생명을 최고의 가치로 여기신 예수 그리스도의 인간애를 외면할 수 없었다. 그리하여 참모들에게 '우리는 이 사람들을 버리고 갈 수 없다 모두 구출하도록 하라' 고 명령했다. 10군단장 알몬드 장군이 전쟁하는 군인에게 생명과 같은 무기를 내려놓고, 대신 피난민을 구출하기로 용단을 내리자 10만의 군대와 긴장과 공포 속에 떨고 있던 9만 8천 명의 피난민들을 철수시킬 193척의 군함과 민간 수송선이 동원되었다. 마지막 수송선인 미국 상선 메러디스 빅토리 호의 라루 선장은 구름 같이 모여든 피난민 행렬을 보고 어찌해야 할지 걱정하고 있던 차에 "저 사람들을 모두 너의 배에 태우라"는 하나님의 음성을 듣고, 선적했던 모든 무기와 군 장비를 내려놓고 대신 1만 4천명의 피난민들을 배에 가득히 태웠다. 메러디스 빅토리호가 알몬드 장군의 명령으로 산더미 같이 쌓인 군장비를 폭파시키고 마지막 흥남부두를 떠난 때는 1950년 12월 24일 크리스마스 전날이었다. 전쟁하는 군인에게 무기는 제2의 생명이다. 그럼에도 에드워드 알몬드 장군은 가장 위급한 순간에 그리스도의 사랑으로 따뜻한 인간애를 발휘하여 무기와 군수물자 대신 그 무엇과도 바꿀 수 없는 피난민 9만 8천 명의 목숨을 구해 냈던 것이다. 흥남 철수작전은 칼바람이 부는 강추위 속에서 진행되었으나 예수 그리스도의 따뜻한 사랑으로 피난민들을 구해낸 아름답고도 숭고한 정신이 되어 자유를 사랑하고 평화를 애호하는 온 세계인들에게 가슴 깊은 감동을 심어주었다. 에드워드 알몬드 장군의 따뜻한 인간애와 숭고한 사랑은 황무지에 장미꽃이 핀 것 같이 비정한 전쟁터에서 피어난 아름다운 이야기가 되었다.

맥아더의 분노

맥아더 장군은 대부분의 국군과 UN군 장병들이 중공군의 인해의 포위망에서 벗어나 생명을 구한데 대하여 불행 중 다행으로 생각하며, 이때까지 받은 모든 영예를 합친 것보다 더 큰 위안으로 삼으며 하나님께 감사드렸다.

후퇴도 하나의 작전이다. 적의 예리한 창끝은 피하면서 적군의 김을 빼 놓는 것이 후퇴 작전이다.

다 이겨놓은 전쟁을 중공군의 개입으로 수포로 돌아가자 트루먼 대통령은 중공군에 대하여 격분하며 "우리는 모든 무기를 동원하여 적을 물리칠 것"이라는 성명을 발표했다. 이 성명서는 핵무기의 사용까지도 열어둔 것이었다. 그때 영국의 애틀리 수상이 급히 날아와 트루먼 대통령에게 맥아더 장군에게 핵무기를 넘겨서는 안 된다고 설득했다. 아직 2차대전의 상처가 아물지 않았는데 핵무기를 쓰면 소련이 개입할 것이고 그렇게 되면 3차세계대전이 일어날 것이라고 우려했다. 그리하여 트루먼 대통령은 처음 가졌던 중국과의 전쟁의지를 내려놓고 전쟁을 한반도에 국한 시키는 소극적인 정책으로 나오게 되었다.

맥아더 장군은 중공군의 유입을 막기 위하여 고심하던 중 미 통합본부로부터 작전 계획서를 제출하라는 전문을 받았다. 맥아더 장군은 직진 계획서에 그가 평소 생각하고 있던 작전계획을 소신대로 피력했다. 한반도의 전세를 역전시키고 이 전쟁을 명예롭게 종결하려면 무엇보다 중공군의 유입을 차단하는 것이 급선무라고 여겨왔으므로 미 해군으로 중국의 해안을 봉쇄하고, 중국의 해안지대와 만주에 대한 공중정찰을 강화할 것이며, 다음으로 전쟁물자의 근거지인 만주를 폭격하여 보급선을 확실히 끊어버려야 한다고 주장하였다. 그리고 자유중국 군대를 한국전에 참전시켜 UN군의 지상전력을 강화하면 중공군이 뒤를 걱정하여 철수할 지도 모를 일이라고 하였다. 마지막으로 위협 목적으로 한반도에 핵무기를 반입하여 자신의 지휘 하에 둘 것을 주장하였다. 그러나 애틀리 영국수상의 설득으로 생각을 바꾼 드루먼 대통령과 워싱턴 당국은 소심주의의 틀에 갇혀 3차대전을 우려하여 몸을 사리며 맥아더 장군의 작전 계획서를 기각하였다. 이 일로 인하여 오히려 맥아더 장군은 3차대전을 일으킬지도 모를 요주의 인물로 주목받게 되었다. 맥아더 장군은 지금 미국의 지도자들 중 프랭클린 루즈벨트 같은 대범하고도 기백에 찬 지도자를 볼 수 없는 것이 안타까웠다. 당시 미국은 미국이라는 거대한 필하모니 오케스트라를 지휘할 강단 있는 마애스트로가 없었다. 당시 미국은 지도력 부재로 인하여 거대한 미국이라는 힘을 제대로 써보지도 못하고 공산주의자들의 기만술에 놀아나고 있었다.

도대체 워싱턴은 무엇이 그렇게 무서워 몸을 사리고만 있는가? UN에서도 불법으로 전쟁에 개입한 중국을 침략자로 낙인찍었으므로 만주를 폭격할 명분도 있었고, 만약 소련이 개입해도 시베리아 철도만 끊어버리면 군대와 물자를 보낼 수 없을 것이며, 중공군은 탄약과 군량미가 쌓여 있는 만주만 폭격해 버리면 오합지졸에 불과할 것을 왜 그렇게 떨고만 있는지 이해할 수 없었다. 맥아더 장군이 생각할 때 만약 중국과 전면전이 붙는다 해도 중국은 아직 무기도 제대로 생산할 수 없는 비 공업국이므로 굳이 핵무기를 쓰지 않더라도 현대 병기로 무장한 미 공군의 가공할 폭격을 견뎌내지 못하고 그냥 주저앉을 것으로 보았다.

태평양전쟁 때 과학병기로 무장한 일본열도도 미 공군의 융단 폭격에 침몰하고 말았는데 일본의 군사력에 비하면 단순히 원시인들이 토끼몰이 할 때나 쓰던 인해전술에 의존하는 중공군 따위는 미국의 적수가 못된다고 생각했다.

태평양의 미래를 바라본 맥아더 장군은 지금 이 기회에 중국을 지배하는 공산주의를 뿌리 뽑지 않으면 앞으로 세계에 큰 화근이 될 것으로 보았다. 미국은 2차대전 때 중공군은 비교도 안 되는 현대 병기로 무장한 1,000만에 가까운 독일과 이태리, 그리고 800만이 넘는 일본군과 동시에 싸워 이긴 나라가 아닌가?

거기다가 지금 미국은 핵을 가진 초강대국이 아닌가? 미국은 자유우방의 지도국으로서 아시아에서 공산주의의 확산을 막을 충분한 힘을 가지고 있지 아니한가? 공산주의로부터 아시아를 지키지 못하면 유럽도 자유롭지 못할 것이다. 맥아더 원수는 공산주의자들이 무서워 떨고만 있는 워싱턴의 겁쟁이들을 바라보며 앞날을 걱정했다.

맥아더 장군은 나라만 강하다고 강한 나라가 되는 것이 아니라 국가의 위상에 걸 맞는 강한 지도자가 있어야 강한 나라가 된다는 것을 깨달으면서 이렇게 비상한 때에 자유세계에 지도자다운 지도자가 없음을 탄식하며 한숨지었다.

워커 장군의 전사

1950년 12월 23일 8군 사령관 워커 중장이 전사했다는 호외가 날아들었다. 뜻밖의 불행에 한국인들은 비통한 슬픔에 잠겼다. 워커 장군은 아들 샘 워커 대위가 일선 중대장으로 중공군과 맞서 용감하게 싸운 공로로 미국의 최고 훈장인 은성 무공훈장을 받는 자리에 참석하여 축하해주고 돌아오는 길에 현 워커힐 인근 험한 도로에서 과속으로 달려오던 군용트럭과 정면 충돌하여 장군이 탄 지프차가 언덕에 굴러 떨어지면서 목숨을 잃었다. 참으로 애석한 일이었다. 그는 텍사스 출신으로 작달막한 키에 다부진 체격으로 2차 대전 때에는 유럽전선에서 패튼 대장 휘하에서 전차 군단장으로 이름을 날렸고, 한국전쟁 때에는 미 8군 사령관으로 멸망의 문턱에 내몰린 대한민국을 구하고자 강한 의지와 불퇴전의 용맹으로 장병들에게 사자후를 토하며 “우리는 더 이상 물러설 곳이 없다” “더 이상 후퇴도 없다” “우리는 끝까지 이 낙동강 방어선을 지킬 것이다” 하고 단호한 결의를 보여주었던 장군이었다. 50년 8월 중순에 접어들면서 낙동강 방어선의 동해축방의 기계, 포항과 서쪽Line의 영산이 봇물이 터지듯 동시에 붕괴되자 위기를 느낀 참모들이 철수를 주문하고 나섰을 때에도 장군은 흔들리지 않고, 강한 의지와 뚝심으로 낙동강 방어선을 끝까지 지켜낸 명장이었다.

맥아더 원수는 워커 장군이 거둔 지연작전과 낙동강 방어전의 성공과 서울 탈환전의 공을 높이 인정하여 미 국방성에 대장 진급을 상신해 둔 상태였다. 이제 며칠 후면 그는 영광의 미 육군대장 계급장을 달 참이었다. 그러나 불의의 사고로 유명을 달리함으로 전사자에게 주어지는 1계급 특진의 서훈을 받아 살아서 달아보지 못한 대장 계급장을 죽어서나마 달게 되었다. 터진 봇물을 온 몸으로 막아서며 분전했던 낙동강 방어전의 영웅, 월튼 H 워커 대장은 이 땅에 마지막 남은 목숨까지 남겨주고 그렇게 우리 곁을 떠나갔다.

워커 장군의 유해는 성조기에 덮여 한국인들의 슬픔과 애도 속에 고국으로 돌아가 워싱턴 근교 버지니아에 있는 알링턴 국립묘지에 안장되었다.

비록 장군은 떠났어도 그가 이 땅에 쏟은 애정과 불의에 항거하는 뜨거운 열정은 대한민국이 이 땅에 존재하는 한 한국인들의 가슴속에 영원히 지워지지 않을 것이다.

50년 12월 26일 워커 장군의 후임으로 매슈 리지웨이 중장이 8군 사령관에 취임했다. 리지웨이 장군은 “인간의 불가능에 도전하는” 공수특전부대 군단장 출신답게 그는 언제나 양어깨에 2개의 수류탄을 매달고 다녔으며 그의 손에는 지휘봉 대신 기관단총이

들려 있을 정도로 패기에 차고 자신감이 넘치는 공격형 지휘관이었다. 리지웨이 장군은 맥아더 원수가 웨스트포인트 육군사관학교 교장시절 대위로 체육교관을 지낸바 있다.

1.4 후퇴

1951년 1월 1일에는 중공군의 동계 대공세에 밀려 다시 서울이 위태로워졌다. 연합군은 인해전술로 밀고 들어오는 중공군 앞에 속수무책이었다.

맥아더 원수는 중공군의 보급로를 길게 늘어뜨려 공중폭격으로 보급로를 끊어 적을 고사시킬 심사로 “우리는 다른 방향으로 전진하고 있다”고 하며 1월 4일 수도 서울 마저도 적에게 내어주고 기약 없이 한강을 건너 남쪽으로 밀려 내려왔다. 한강은 얼음이 얼었으므로 중공군의 걸음도 빨랐다.

중공군의 대거 유입으로 전세가 불리해 지자 미 합동참모본부에서 맥아더 원수에게 귀관의 판단에 따라 병력과 전쟁물자에 대한 중대한 손실을 피하기 위해 필요하다고 인정될 경우 미군과 UN군을 일본으로 철수하기 바란다는 전문이 왔다. 이것은 사실상 한국을 포기하라는 뜻이었다. 1951년 1월 14일 트루먼 대통령으로부터는 한국에 거점을 유지하는 것이 불가능해지면 제주도로 퇴각하여 저항을 계속하라는 메시지가 도착했다. 대통령의 전문도 여의치 않으면 한국을 포기할 수도 있다는 암시였다. 어느새 한국군 진영에도 이 소문이 와전되어 미군이 한반도에서 철수한다는 괴 소문이

떠돌기 시작했다. 그러나 맥아더 원수는 참모들에게 우리는 끝까지 한국을 포기하지 않을 것이라고 결연한 의지를 보여주었다. 맥아더 장군의 시각에서 볼 때 한국이 공산화되면 도미노현상으로 아시아가 공산화 되는 것은 불을 보듯 뻔했다. 그러므로 "기독교를 위하여 아시아를 확보하고, 마르크스 주의로부터 막아서는 것이 나의 사명" 이라고 했던 맥아더 장군으로서는 절대로 한국을 포기할 수 없었다. 그리하여 워싱턴의 통합본부에 우리는 한국을 절대 포기하지 않을 것이며, 최선을 다해 끝까지 싸우겠다는 전문을 보냈다.

미국이 한국을 포기하면 곧 태평양을 포기하는 것이었다. 당시로서는 세계의 중심축이 유럽이었으므로 미국의 수뇌들이 태평양의 중요성을 미처 생각지도 못했다. 그러나 맥아더 장군은 격동의 세월을 필리핀과 뉴-기니, 일본과 한국전선에서 보낸 현지 사령관의 감각으로 일찍부터 태평양의 중요성을 알았고, 앞으로 태평양시대가 올 것도 예견하고 있었다. 맥아더 장군은 워싱턴 당국이 미처 알기도 전에 너무 일찍 태평양의 잠재성을 알아보고 태평양에 깊은 애정을 가졌음으로 워싱턴 조야와 통합본부로부터 많은 비난도 들었다.

그는 남이 생각하기도 전에 태평양의 미래를 보았기에 위기에 처한 한국을 끝까지 놓지 않았던 것이다.

맥아더 장군의 시각은 후퇴는 패배가 아니라 적의 허점이 드러날 때를 기다리는 하나의 작전이었으므로 그의 말 대로 다른 방향으로 전진하는 것이었다.

중공군은 미 공군의 무차별적인 폭격으로 보급이 끊어져 이제 식량과 탄약이 바닥이 드러나 더 이상 내려오지 못하고 37도선에서 멈춰섰다.

국군과 UN군은 이때까지 애써 점령했던 압록강 연안과 평양을 적에게 내어주고 수도 서울 마저 중공군에게 빼앗기게 되자 패배의식과 허탈감에 빠졌다. 국군과 UN군은 원점에서 다시 시작해야만 했다.

중공군의 포로를 심문해본 결과 그들은 식량이 떨어져 굶는 것이 다반사였고 탄약이 떨어져 제대로 싸우지도 못했다. 거기다가 전염병까지 돌아 사기가 바닥에 떨어져 있었다. 중공군은 보급로가 길어짐에 따라 미 공군의 밤낮으로 퍼붓는 폭격에 길이 막혀 전쟁 물자를 제때 공급 받지 못했든 것이다. 중공군의 개입과 동시에 미 공군의 전법도 청야전법으로 바뀌어 중공군의 그림자만 비춰도 가차없이 불 폭탄인 네이팜탄을 쏟아 불로 태웠으므로 중공군이 압록강을 건너 현 전선까지 전쟁 물자를 보급하는 것은 거의 불가능했다.

그 뿐 아니라 중공군은 두꺼운 솜옷을 입고 전선을 누볐으므로 밤이 되면 땀에 젖은 솜옷이 꽁꽁 얼어 동사하는 자가 속출했고 살아남은 자들은 동상에 걸려 제대로 움직이지 못했다. 드디어 중공군의 허점이 들어나기 시작했다. 전쟁물자가 떨어지면 중공군도 별 수 없이 오합지졸에 불과하다.

리지웨이 장군은 전선을 누비며 공수부대 출신답게 신속하게 무너진 각 부대를 재편하여 원 위치로 돌려놓음과 동시에 M-46 최신형 패튼 전차와 포병을 증강하여 반전의 기회를 노리고 있었다.

같은 시기에 리지웨이 장군은 한국군 부대도 방문하여 열악한 장비를 보고 이때까지 이런 장비로 어떻게 적과 싸웠느냐는 듯 즉시 한국군의 무기와 장비를 개선해 주면서 엄정한 군기를 세울 것을 주문하였다.

중공군의 실체를 파악한 리지웨이 장군은 중공군을 이길 수 있는 전술을 주지시키며 이제 적들의 허점이 노출되었으므로 곧 대대적인 반격이 있을 것이라는 암시를 주었다.

그가 장병들에게 주지시킨 중공군의 실체는 첫째, 중공군은 한번 공격을 가한 후에는 자취를 감추고 한참동안 모습을 드러내지 않고 숨는 습성이 있다. 그것은 지구전을 할 능력이 없다는 증거다. 그러므로 겁을 내지 말고 고비를 잘 넘겨 역습할 기회를 노릴 것,

둘째, 중공군의 인해전술을 막으려면 반드시 지대가 높은 곳에 진지를 구축하여 위에서 내려다보며 고지로 올라오는 적을 막을 것.

셋째, 한밤중에 꽹과리소리와 피리소리가 들리는 곳은 실상은 중공군이 없는 곳이므로 적의 심리전에 말려들지 말 것.

넷째, 중공군의 무기는 10명 당 소총 한 자루가 고작이며, 그 나머지 병사들은 양손에 수류탄 2개가 전부임으로 겁을 먹지 말고 침착하고 냉정하게 대처하면 하나도 두려울 것이 없다는 것을 주지시켰다.

동경에서 전황을 보고받은 맥아더 원수는 중공군의 약점이 노출된 이 때야 말로 적을 공격할 적기라고 생각하고 신임 8군 사령관 리지웨이 장군에게 총공격을 명령했다. 총사령관의 명령을 따라 리지웨이 장군은 서해에서 동해에 이르는 각 부대 간 연결고리를 촘촘히 짠 다음 전 전선에서 일제히 공격을 개시하여 북으로 치고 올

라갔다.

8군은 이제 중공군의 실체와 그들의 전법을 알았으므로 한 밤중에 피리를 불며 꽹과리 소리를 내며 갑작스럽게 나타난 중공군에게 겁을 먹고 도망치던 전과는 달랐다.

수도 서울 재탈환

해가 바뀌어 1951년 1월 15일을 기해 국군과 UN군은 대 반격작전을 개시하였다. 반격작전 중 중공군도 웅크리고 있던 진지에서 나와 활발하게 움직이며 저항해 왔다.

51년 2월 11일 연합군의 대 반격작전 중 중공군의 역습은 비교적 화력이 약한 한국군이 담당하고 있는 중동부전선으로 밀고 내려왔다.

중동부전선 산악지대를 한국군 제3, 5, 8사단이 맡고 있었는데 중공군이 대규모 인해전술로 선수를 치자 진지가 무너지기 시작했다. 중공군의 공격에는 어김없이 한 밤에 피리소리와 요란한 꽹과리 소리가 동원되었으므로 선잠에서 깨어난 국군들은 방향감각도 제대로 잡을 수 없었다.

횡성 서북쪽 전선에 있던 국군 8사단은 중공군의 기습을 받고 7,000명의 병력의 손실을 입고 사단이 무너지는 참담한 패배를 맛보았고, 3사단과 5사단도 각각 3,000명씩 병력의 손실을 입는 큰 타격을 받았다. 중공군은 그 여세를 몰아 51년 2월 13일 경기도 양

평군 지평면 지평리 방면으로 공격의 화살을 돌렸다. 당시 지평리를 맡고 있던 미 2사단 예하 23연대와 다시 재편을 마친 프랑스군의 랄프 몽클라 대대는 10배가 넘는 5만 명의 중공군에게 포위되어 51년 2월 13~18일까지 피를 말리는 사투 끝에 적을 격퇴함으로 중공군의 남하를 저지함과 동시 북으로 공격할 발판을 마련하게 되었다.

지평리 전투에서 영웅이 된 미 23연대장 파울 L. 프리먼 대령은 참모들의 반대를 무릅쓰고, 기발한 발상으로 아군이 점령하고 있던 모든 고지를 포기하고 전 부대를 한곳으로 모아 사주방어진지를 구축하고 야밤에 음산한 피리소리와 꽹과리를 두드리며 인해전술로 밀고 들어오는 적을 막았다.

프리먼 대령은 적의 박격포탄에 왼쪽 다리를 맞고 중상을 입었으나 자신이 이곳까지 이끌고 온 부대를 자신이 책임지고 데리고 나가야 된다고 하며, 8군사령관 리지웨이 장군의 후송 명령도 거부하고 끝까지 부대를 지휘하는 투혼을 발휘하였다. 프랑스 대대의 랄프 몽클라 중령은 2차대전 때 최고의 명성을 날리던 프랑스의 3성 장군이었으나 6.25가 나자 프랑스에서 1개 대대병력을 파견하기로 결정함에 따라 그는 자진하여 3성 장군의 계급장을 반납하고 중령 계급장으로 참전한 역전의 노장이었다. 몽클라 중령은 중공군의 인해전술을 맞아 흰머리카락을 날리며 부하들과 함께 총검으로 막아내며 역전의 용사다운 솜씨를 마음껏 자랑하였다. 밤 낮 없는 전투에 지쳐갈 즈음 2월 15일 남쪽에서 리지웨이 장군이 보낸 크롬베즈 대령의 미 제5기병연대가 탱크 대대를 앞세우고 증원군으로 왔다. 이에 연합군은 다시 힘을 얻어 2월 18일까지 계속된 전투에서 중공군의 인해전술을 막아내며 적 6,000명을 사살하고 21,000명에게 중상을 입히는 큰 전과를 올렸다.

프리먼 대령의 지략과 감투정신으로 아군 보다 10배나 많은 중공군의 인해전술을 막아 냄으로 수도 서울을 재탈환할 발판을 마련하게 되었고, 또한 이때까지 신비로운 군대로만 여겨졌던 중공군도 별것 아니라는 사실을 확인하게 되었다.

지평리 전투의 승리로 공격의 발판이 마련되자 8군 사령관 리지웨이 장군은 공격의 고삐를 더욱 옥죄어 수십 km 전방에 서부, 중부, 동부전선을 아우르는 Line을 설정하고 적진을 향하여 포탄을 비 오듯 쏟아 부으며 치고 올라갔다.

리지웨이 장군의 주특기는 수십 km 전방에 공격목표 Line을 설정한 후 그 Line까지 치고 들어간 후 방어망을 구축하고, 또 다시 수십 km 전방에 공격목표 Line을 설정하고 거기까지 치고 들어가는 전법을 반복적으로 구사하였다. 그 Line은 미국의 각주의 이름을 따서 붙여졌으며 작전명도 그 Line의 이름을 따서 붙여져다.

이 전법은 만약 적의 역습을 받아 후퇴 하더라도 전과 같이 썰물처럼 무제한으로 밀려나지 않고 설치해둔 방어 Line까지만 후퇴하여 다시 역습의 기회를 노리는 전법이었다. 그리하여 2월 하순에는 한강아래까지 진격하였고, 3월 14일에는 수색대를 잠입시켜 정보를 수집한 결과 서울이 비어 있다는 보고가 들어왔다. 중공군은 미공군의 불폭탄에 보급이 끊어져 3일을 굶는 것은 보통이었고, 탄약도 떨어져 전투를 제대로 할 수 없는 형편이었다. 그러므로 중공군은 연합군의 대 반격에 맞서 싸우기보다 겁을 먹고 미리 도주를 택한 것이다. 1951년 3월 15일 연합군은 서울을 향하여 포격을 가한 뒤 한강을 건너 대망의 수도 서울에 무혈입성하게 되었다. 1.4후퇴로 부터 2개월 반 만에 이룬 쾌거였다. 3월 20일 수도반환식이 간소하게 치러졌다. 이때에도 맥아더 원수가 한국을 찾아와 전선을 누비며 국군과 UN군 장병들의 노고를 위로하고 애로사항이 있으면 그 즉시 필요한 것을 해결해 주고 돌아갔다. 곧 이어 연합군은 38선을 향하여 다시 진격하기 시작했다. 리지웨이 장군은 적의 배후에 공수부대를 낙하시켜 적의 퇴로를 차단하고, 일거에 적을 포위 섬멸하고자 하였다. 그리하여 51년 3월 23일 문산 상공에 135대의 수송기를 동원하여 중공군의 배후에 미 187공정대를 낙하시켜 앞뒤에서 적을 포위하여 괴멸시킴으로 진격을 가로막는 걸림돌을 제거하고 단숨에 38선까지 실지를 회복하였다. 이제 전쟁의 양상은 완전히 원점으로 돌아가 38선을 사이에 두고 양쪽이 밀고 당기는 공방전에 들어가게 되었다.

> "너희는 강하고 담대하라 두려워하지 말라 그들 앞에서 떨지 말라 이는 네 하나님 여호와 그가 너와 함께 가시며 결코 너를 떠나지 아니하시며 버리지 아니하실 것임이라"(신명기 31:6)

어느 듯 추운겨울이 지나고 봄이 왔다. 한국의 추위는 차갑고도 매서웠다. 특히 UN군 병사들 중 더운나라에서 온 병사들은 추위와의 혹독한 전쟁을 치렀다. 한국의 강산은 온통 포탄자국에 할퀸 상흔 뿐이었으나 그래도 꽃이 피고지는 오묘한 자연의 섭리는 어김없이 찾아왔다. 겨울이 혹독한 만큼 한국의 봄은 아름다웠다. 외로운 전선에도 봄의 전령인 개나리, 진달래, 살구꽃, 목련화가 꽃망울을 터뜨리며 산과 들을 곱게 수놓는다. 이어서 희고도 붉은 꽃들이 만발하여 벌과 나비를 불러들여 봄의 향연을 벌인다. 봄이 되면 무엇보다 압록강 얼음이 녹게 되면 중공군의 보급로가 막히게 된다. 맥아더 장군은 그때를 틈타 중공군을 괴멸시킬 대 공세를 구상하고 있었다. 북한의 동해와 서해북단에 인천 상륙작전 같은 대규모 상륙작전을 동시에 전개하여 중공군을 포위섬멸하고, 전쟁을 확실하게 끝낼 계획을 세우고 있었다. 이제 중공군의 실체를 파악했으며 그들의 취약점도 노출되었으므로 시간이 갈수록 전쟁의 양상은 연합군에게 유리하게 전개되고 있었다. 그런데 뜻하지 않은 돌출문제가 발생했다.

중공군이 불리해지자 이를 눈치 챈 소련이 휴전을 제의하고 나선 것이다. 문제는 워싱턴 낭국이 소련의 위장된 평화공세에 말려들어가는 분위기였다. 공산주의자들은 세계적화라는 부동의 목표인 전략이 있었고 상황에 따라 방법을 바꾸는 전술이 있었다. 어리석게도 미국은 공산주의자들의 위장술에 말려들어가고 있었다. 트루먼 대통령은 소련의 제의를 받아들여 중국 공산당에 평화와 화해를 제안하는 메시지를 방송하려고 준비하고 있었다. 당시 책임 있는 미국의 정책담당자들의 소심주의와 감상적 평화주의는 한국뿐 아니라 아시아인들에게 크나큰 대가를 요구하게 될 것이다. 하나님께서 모세를 통하여 이스라엘 백성들에게 가나안 족속을 쫓아내라고 명령하셨다. 가나안 족속들의 죄악이 도를 넘었으므로 징벌 차원에서 그들을 멸하라고 하셨다. 여호수아 17장 12절에 므낫세 자손이 그 성읍들의 주민을 쫓아내지 못함으로 가나안 족속이 결심하고 그 땅에 거주하였다고 했다. 이스라엘 백성이 가나안 족속을 쫓아내지 못한 것은 아직 힘이 거기까지 미치지 못함으로 어쩔 수 없었다. 그러나 여호수아 17장 13절에 이스라엘 백성이 강성한 후에야 가나안 족속에게 노역을 시켰고 다 쫓아내지 아니하였다고 했다. 문제는 이스라엘 백성이 힘이 강성하여 충분히 대적들을 쫓아낼 수 있었음에도 불구하고 쫓아내지 아니하고 온정주의에 젖어 가나안 족속과 적당한 선에서 타협하고 말았다. 이 같은 행동은 인간사랑이 아니라 하나님이 하명하신 신성한 직무를 유기하는 범죄행위가 되었다. 그러므로 그들은 쫓아내지 않고 남겨두었던 가나안 족속들의 죄의 덫에 걸려들어 민족이 자멸하게 된다.

동경 집무실에서 밤마다 이 전쟁이 승리하기만을 기도하던 맥아더 원수는 그들과 싸워 충분히 이길 수 있는 전쟁을 교활한 술책에 말려들어 전쟁을 서둘러 미봉하려는 것은 신성한 직무를 유기하는 죄질이 나쁜 범죄행위나 다를 바 없다고 생각하며 분개했다. 맥아더 장군은 중공군의 포악성과 호전성을 미루어 볼 때 그들에게는 참된 양심이나 인류애 같은 사상이나 윤리의식이 없으므로 앞으로 침략적인 경향이 강화되는 날이면 아시아에 큰 위협이 될 것으로 보았다. 중국이 가진 잠재적인 군사력이 싹트는 날 어떤 일이 일어날 것인지는 생각만 해도 소름이 끼치는 일이었다. 맥아더 장군은 미국이 휴전을 모색하고 있음을 알아차리고 충분히 이길 수 있는 전쟁을 서둘러 미봉하려는 미국의 처사에 분노가 치밀어 올라 51년 3월 20일 투철한 반공주의자요 자기와 뜻을 같이하는 공화당의 마틴 의원에게 자신의 심정을 적은 편지를 보냈다. 그 내용은 "여기 아시아는 공산주의 음모자들이 세계정복을 위해 수단과 방법을 가리지 않기로 결정한 곳이며 아시아에서 공산주의자들에게 패하면 유럽도 무너지는 것이 불가피함으로 아시아에서 승리해야만 유럽이 전쟁을 피하고 자유를 지킬 수 있다는 점을 깨닫는 사람이 많지 않다는 것은 이상한 일입니다. 의원께서 지적하셨듯이 우리는 이 전쟁에서 반드시 승리해야만 합니다. 승리 외에는 다른 대안이 없습니다" 하는 내용이었다.

이 편지는 맥아더 장군의 사상과 의지가 고스란히 담겨 있는 것으로 미국이 공산주의자들의 위장술에 속아 협상테이블에 나가는 것은 그들의 교활한 덫에 걸려드는 것이며, 이 땅에 진정한 평화를 원한다면 저 사악한 자들을 마지막까지 따라가서 싹을 잘라버려야 된다는 뜻이었다.

청교도인 맥아더 장군의 시각으로 바라볼 때 공산주의자들은 하나님을 부정하는 무신론자일 뿐 아니라 거짓말을 일상화 하는 거짓의 아비인 마귀의 자식이요, 인간의 가치와 존엄을 말살하는 잔학무도한 자들이었다. 그러므로 이런 불량한 인간들을 없애버리지 않고 서둘러 전쟁을 미봉한다고 생각하니 먹은 것이 소화가 안 될 것 같아 중국 공산당을 향하여 자신의 강한 의지가 담긴 성명서를 발표하였던 것이다. 성명서의 내용은 "UN이 전쟁을 한국으로 제한하는 것을 철회한다면 우리의 군사작전은 중국연안과 중국본토로 확대하여 중국의 급속한 붕괴를 가져오게 해야 한다"는 내용이었다. 이 성명서는 중국 측에 대한 전면전도 불사한다는 뜻이며 그것은 사실상 중국 측에 대한 최후통첩이었다.

맥아더 장군의 대 중국 성명서는 평화협상 쪽으로 가닥을 잡은 대통령의 뜻과 미국의 국가 정책에 공공연하게 항거하는 돌출 행위가 되었다.

그러던 참에 50년 4월 5일 맥아더 장군이 공화당의 마틴 의원에게 보낸 편지가 공개되자 워싱턴 정가는 술렁거렸다.

트루먼 대통령은 맥아더 장군이 상관인 자신의 권위를 거부하고, 국가정책을 공공연히 무시하는 것을 불쾌하게 여기던 참에 하원에서 마틴 의원에게 보낸 편지가 공개되자 맥아더 장군이 공화당의원들과 모종의 음모를 꾸미고 있는 것으로 오인하게 되었다. 그래서 트루먼 대통령은 문제가 커지기 전에 맥아더 원수를 해임하는 쪽으로 가닥을 잡게 된 것이다.

해임

트루먼 대통령은 정직하고 예절이 바른 사람이었으나 대통령으로서 도량이 크고 대범한 그릇은 아니었다. 트루먼 대통령은 루즈벨트 대통령이 불구의 몸으로 4선에 도전했을 때 러닝메이트로 나와 부통령에 당선된 사람이었다. 루즈벨트 대통령이 대통령 취임 몇 개월 후 서거하자 대통령직을 승계하였고 이어서 재선에 성공하였다. 그는 작은 문제에 집착하는 깐깐한 성격도 가지고 있었고, 남의 말에 대하여 사실을 알아보지도 않고 감정대로 처리해 버리는 습관도 있었다. 워싱턴에는 맥아더 장군을 음해하는 사람들도 있었다. 그는 오만하고 독단적이며 자기 과시욕에 사로잡힌 사람이라고 헐뜯었다. 이러한 뜬소문도 맥아더 장군의 해임에 일조했다. 이 전쟁을 승리로 이끌기 위해 밤낮을 가리지 않고 골몰하던 맥아더 장군에게 비보가 날아들었다. 1951년 4월 11일 트루먼 대통령은 라디오 방송에서 맥아더 원수를 미 극동군 총사령관 겸 UN군 총사령관직에서 해임한다는 성명서를 발표했다. 부인 진 페어클로스 여사로부터 해임소식을 전해들은 장군은 담담했다. 맥아더 장군이 해임된 이유는 억측이 많으나 근본적으로 소심한 대통령이 한국전쟁이 3차대전으로 확전되는 것을 우려했기 때문이다. 결국 불의와 타협하지 않으려는 장군의 불굴의 의지와 트루먼 대통령의 소심주의 간의 충돌이었다. 개전 초기부터 두 사람은 갈등했다. 정의를 위하여 전쟁에 발을 들여놓은 이상 승리 외에는 다른 대안이 없다는 혁명적 사고를 가진 맥아더 원수와 현상유지 쪽으로 가닥을 잡은 소심한 대통령은 갈등했고 결국 그 골이 깊어져 무엇으로도 매울 수 없게 되었다. 맥아더 장군의 해임 소식이 전해지자 한국인들은 산이 무너지듯 절망했다. 한국인들은 대한민국의 공산화를 막는 버팀목이었던 장군이 떠난다고 생각하니 가슴이 텅 비는 것 같았다.

워커 장군이 전사했을 때 위대한 지도자를 잃는 아픔을 겪어봤던 한국인들은 그간 의지했던 맥아더 원수마저 잃게 되었으니 마음 둘 데가 없었다.

일찍이 맥아더 원수는 "나의 가장 큰 임무는 기독교를 위하여 아시아를 확보하고 공산주의로부터 막아서는 것"이라고 한 바와 같이 장군은 한국의 공산화를 막는 버팀목일 뿐 아니라 공산화로 부터 아시아를 지켜낸 방파제였다.

맥아더 원수는 그의 조상들에게 영향을 끼쳤든 스코틀랜드의 종교 개혁자 존 낙스와 같이 사람을 두려워하지 않는 사람이었다. 그가 이 세상에서 두려워 한 분은 오직 하나님 한 분 뿐이었다. 그러므로 그는 인사권자인 대통령의 명령도 정의가 아니면 따르지 않았고, 상관인 통합본부장의 명령도 길이 아니면 가지를 않았다. 그러기에 개전 초기에 트루먼 대통령이 설정해 놓은 미 해군과 공군이 한국전에 참전은 하되 38선 이북으로 올라가서는 안 된다는 금기를 깨고, B-29 중폭격기를 출격시켜 북한 전역을 초토화시킴으로 낙동강 방어선을 지켜내고, 나아가 대한민국을 공산화로부터 지켜낼 수 있었으며 또한 인천 상륙작전을 반대하는 워싱턴 정가와 브래들리 통합본부장의 뜻을 꺾고 역사적인 상륙작전을 단행함으로 불리한 전세를 한 순간에 뒤집어 놓게 된 것이다. 중공군이 전쟁에 불법으로 개입했을 때에도 전쟁물자가 쌓여있는 만주를 폭격할 것과 더 나아가 중국과 전면전도 불사하겠다는 장군의 정의롭고 대담한 용기도 정의를 사랑하시는 하나님 편에 섰기 때문이다.

UN군 총사령관이 되어 불리한 전쟁을 승리로 이끌기 위해 밤과 낮이 따로 없었던 맥아더 장군을 하나님은 여기까지 이끄셨다. 전쟁터에서 늘 "전능하신 하나님" 이라고 그 성호를 부르며 하나님께 지휘봉을 맡겨드렸던 장군은 이제 그 숭고한 사명을 내려놓는다.

대한민국에 통일의 꿈을 안겨주고자 우리 국민보다 열망이 더 뜨거웠던 장군은 이제 한반도 통일을 숙제로 남겨둔 채 조국을 떠나 태평양에서 보낸 15년, 그 파란만장했던 세월을 뒤로 하고 귀로에 올랐다.

영국 속담에 여인은 자기를 사랑하는 사람을 위하여 목숨을 바치고, 사나이는 자기를 알아주는 사람을 위하여 목숨을 바친다는 말이 있다. 당시 워싱턴 당국은 맥아더 같은 거물을 알아보고 그를 부릴 만한 사람이 없었다. 그러므로 맥아더 원수는 시대를 잘못 만난 불운한 군인이 되고 만 것이다.

이승만 대통령은 강력한 우군을 잃음으로 눈앞에 와 있는 통일을 놓칠지도 모른다는 안타까운 마음에서 떠나가는 맥아더 원수와의 작별을 아쉬워하며 다음과 같은 격려의 메시지를 보냈다.

"장군께서 해임되었다는 소식은 전혀 예측하지 못했던 일이며 놀라움을 금치 못하겠습니다. 장군께서 대한민국의 독립과 통일을 위하여 얼마나 애를 썼는지 나는 잘 알고 있습니다. 우리 국민들은 장군께서 한국을 위하여 쏟으신 뜨거운 열정과 변함없는 사랑을 영원히 잊지 못할 것입니다. 한국 문제의 궁극적인 해결책은 장군의 계획 이외에는 달리 대안이 없다는 것을 나는 잘 알고 있습니다. 시간이 흐름에 따라 장군의 이름은 세계역사상 이 시대의 위대한 지도자로 더욱 빛날 것입니다"

맥아더 장군이 해임된 때는 한국 강산에 진달래꽃이 한창이던 4월 11일이었다. 약동하는 새봄과 함께 통일에 대한 희망이 부풀어 있던 우리 국민들은 너무나 뜻밖의 소식에 하늘이 무너져 내리듯 감당할 수 없는 충격에 빠졌다.

국민소득 겨우 60$ 헐벗고 굶주리는 가련한 백성들이 그간 의지하며 따랐던 장군을 잃게 되자 목이 메어 할 말을 잃었다. 그간 70 고령이라는 나이도 잊은 채 온 정렬을 쏟아 바쳐 공산군과 맞서왔던 맥아더 장군이 전선을 떠나가던 날 한국인들은 부모를 잃은 듯 그 슬픔을 무엇으로도 달랠 길 없었다. 그러므로 한국 강산에 진달래 꽃이 붉게 피는 4월이 오면 맥아더 원수는 한국인들의 가슴속에 다시 부활 할 것이다. 그것은 그의 비극적 해임에 대한 안타까움보다 세월이 지날수록 장군의 예지가 더욱 빛을 발 할 것이기 때문이다.

지휘관 교체와 마지막 혈투

1951년 4월 11일 맥아더 원수가 UN군 총사령관직에서 해임되고, 8군 사령관 리지웨이 중장이 대장으로 진급하여 UN군 총사령관이 됨으로 그는 4개월 만에 한국을 떠나 동경으로 갔다. 리지웨이 장군이 지휘하던 8군 사령관은 미 본토 2군 사령관으로 있던 밴플리트 중장이 51년 4월에 부임해왔다. 벤플리트 장군은 맥아더 장군처럼 투철한 반공주의자이며 기백이 넘치는 장군이었다.

미국이 소련의 휴전 제의를 받아들임으로 지루하고 짜증나는 휴전회담이 시작되었다. 개성에서 한국전쟁을 종식시키고자 회담이 진행되는 동안 회담장 밖에는 남북 간에 주요 고지를 점령하기 위해 치열한 혈투가 벌어졌다. 전쟁이 종식되면 점령하고 있는 현 위치가 자국의 영토가 됨으로 단 한 치의 땅이라도 더 차지하고자 고지 하나를 두고 빼앗고 빼앗기는 전투가 처절했다.

중공군은 UN군 총사령관과 지상군을 지휘하는 8군사령관 교체기를 틈타 1951년 4월 22일 대대적인 공격을 감행해왔다. 중공군은 다시 서울을 노리고 25만의 대병력을 동원하여 비교적 전력이 약한 한국군이 지키는 중서부전선으로 치고 내려왔다. 이것이 중공군 5차 대공세였다. 결국 한국군은 화력과 수적 열세로 춘천 서북쪽 사창리 일대가 무너져 남쪽 방향으로 돌파구가 열리자 중공군이 대거 쏟아져 들어와 남서쪽의 가평방면으로 치고 내려왔다. 문산 동쪽 적성 일대에 있던 4,000명의 영국군 29여단도 중공군의 기습을 받고 무너졌다. 영국군 29여단은 영국군 3개 보병대대와 벨기에군 1개 대대로 구성 되어 있었으며 탱크대대와 포병대대가 뒤를 받치고 있었다.

특히 이 전투에서 파주시 설마리에 있던 영국군 29여단 그로스터 대대는 한국군의 후퇴를 엄호하다가 4만 명의 중공군에게 포위되어 652명 대원중 39명만 겨우 포위망을 빠져나와 탈출에 성공하고, 나머지 대원들은 탄알이 다하기까지 적을 맞아 싸우다 장렬한 최후를 맞았다.

결국 그로스터 대대는 한국군을 살리기 위하여 희생제물이 된 것이다.

이렇게 중서부전선이 거친 물결에 댐이 붕괴되듯 전선이 붕괴되어가는 급박한 상황이 전개될 즈음 신임 8군 사령관 벤플리트 중장은 미 해병 1사단과 영국군 27여단을 긴급 수혈하여 붕괴된 중서부전선을 일단 막았으나 쏟아져 들어오는 중공군을 막아내기에는 역부족이었다. 이에 벤풀리트 장군은 이 절체절명의 위기의 순간에 수도 서울을 세 번이나 적에게 내 줄 수 없다고 하며 서울 안 밖으로 400문의 포를 전개하여 하룻밤에 10만 발의 포탄을 때려 중공군의 예봉을 꺾고, 밀번 소장의 1군단 예하 3개 사단을 투입하여 쏟아져 들어오는 중공군의 남하를 막아 6일 간의 사투 끝에 수도 서울을 방어하는데 성공하였다. 결국 중공군은 강력한 미군의 화력의 벽을 넘지 못하고 왔던 길을 되 돌아 38선까지 물러났다. 이것을 벤플리트 포격이라고 하며 미군의 강력한 화력이 중공군의 인해전술을 몰아낸 전투로 기록 되었다. 이승만 대통령은 남한에 수력발전소가 없어 전기사정이 어려웠으므로 38선 이북에 있는 화천 수력발전소가 탐이 났다. 그래서 벤플리트 장군에게 화천을 꼭 수복해 줄 것을 당부했다. 벤플리트 장군은 대범하게 "장병의 목숨을 포탄으로 대신해 주겠다" 고 하며 200문의 포를 전개하여 치고 들어가 화천을 손에 넣음으로 이승만 대통령의 소원이자 한국인들의 소원을 풀어주었다. 뿐만아니라 동쪽으로 양구, 인제, 양양을 수복하고 북쪽으로 금화, 고성까지 수복하였다.

강원도 고성은 안개 속에서 자태를 드러내는 금강산과 해금강이 바라다 보이는 곳이며 진부령, 화진포, 울산바위, 마산봉, 송지호가 있는 산수가 맑고 절경이 빼어난 곳이다.

벤풀리트 장군은 포탄을 다섯배를 더 사용했으므로 미 의회로부터 포탄을 너무 많이 소비한다고 질책을 받을 정도로 포탄을 아끼지 않았다. 그 만큼 장군은 반공의 투사로써 이 땅에 진정한 평화를 원한다면 반드시 사악한 공산집단을 아주 없애버려야 한다는 뚜렷한 소신을 갖고 있었다. 그러므로 그는 상부의 눈치를 보지 않고 대범하게 자기의 소신대로 밀어 부쳤다. 동부전선이 북으로 치고 올라갈 동안 서부전선은 한 발작도 움직이지 못하게 된 것은 개성을 휴전회담 장소로 설정하고 이곳에서는 군사 행동을 할 수 없다는 공산주의자들의 덫에 발목이 잡혀 있었기 때문이다. 벤플리트 장군이 1951년 4월부터 53년 2월까지 임기를 마치고 본국으로 돌아가자 공수사단장 출신인 테일러 중장이 8군 사령관에 부임해 왔으나 그 때는 본격적으로 휴전회담이 진행되던 때였다. 하나님께서 그때마다 지상군 사령관으로 워커 장군, 리지웨이 장군, 벤플리트 장군 같은 훌륭한 지휘관을 보내주셔서 대한민국을 이 만큼이라도 건재하게 하신 것은 참으로 놀라운 축복이아닐 수 없었다.

백마고지 혈투

휴전이 가까올수록 중요 고시를 자지하고자 치고받는 혈투는 더욱 처절해 갔다. 국군과 UN군은 백마고지, 철의 삼각지, 피의 능선을 위시하여 전 전선에서 동시 다발적으로 치고들어오는 중공군을 맞아 처절한 혈투를 벌였다.

그 중에서 가장 치열했던 전투는 1952년 10월 6~15일 중부전선 철원 북쪽 백마고지에서 국군 제9사단이 인해전술로 밀고 들어오는 중공군 4개 사단을 맞아 무려 12차례의 공격을 받고, 주인이 일곱 번이나 뒤바뀐 백마고지 전투였다. 만약 이 고지가 적에게 넘어가는 날이면 철원 평야가 빼앗기는 것은 물론 중부전선의 요충인 철원~평강~금화로 이어지는 철의 삼각지를 지켜낼 수 없으며 또한 수도 서울의 방패막이가 사라짐으로 적은 의정부를 거쳐 곧장 서울로 치고 들어올 길이 열리게 된다. 그러므로 백마고지는 대한민국으로서는 절대 놓쳐서는 안 될 전략요충지였다. 국군 9사단은 미 공군의 항공지원과 강력한 155mm 포병단, 고사포대대, 그리고 탱크대대의 지원을 받아 피가 골짜기를 메우고 시체가 산을 이루는 격전 끝에 고지를 탈환하여 최후 승자가 됨으로 철원–평강–금화로 이어지는 철의 삼각지를 지켜내게 했을 뿐 아니라 비옥한 철원 평야와 함께 수도 서울의 방패막이를 확보하게 된 것이다. 백마고지와 함께 철원평야를 빼앗긴 김일성은 3일 동안 밥을 굶으며 애석해 했다고 할 만큼 백마고지는 서로가 놓칠 수 없는 중요한 전략요충지였다. 이 전투에서 연합군은 무려 27만 발의 포탄을 퍼부었으므로 10월 15일 전투가 멎었을 때에는 해발 395m의 고지가 1m나 내려 앉았고, 고지 정상에는 어느새 승리의 상징인 태극기가 바람에 나부끼고 있었다. 이 전투에서 국군은 3,500명이 목숨을 잃었고, 중공군도 1만 명이 죽고 수만 명이 부상을 입었다.

이렇게 대한민국은 단 한 치의 땅도 그저 얻은 것이 없다. 피로 얼룩지고 포탄에 할퀸 상처뿐인 백마고지는 장한 대한의 아들들이 고귀한 목숨으로 중공군의 침공을 막고 피로써 지켜낸 땅이었다.

노블레스 오블리제(noblesse oblige)

휴전이 임박해옴에 따라 전투는 날이 갈수록 더욱 치열해 졌다.

마지막 혈투에서 UN군 병사들도 자기나라 전쟁이 아님에도 목숨을 아끼지 않고 싸웠다.

영국의 귀족들은 전쟁이 나면 자기자식들을 앞장세움으로 '노블레스 오블리제(noblesse oblige)' 즉 상류층의 사회적 책임을 다 하는 나라가 되었다.

2차대전이 끝난 후 영국의 귀족학교인 이튼대학은 학교가 텅 빌 정도로 귀족의 자식들은 남보다 앞장서서 조국을 위해 목숨을 바쳤다. 그러므로 영국의 귀족들은 국민들로부터 존경과 사랑을 받았다.

섬나라 영국이 해가 지지 않는 나라, 대영제국 (The Great Kingdong)을 건설한 것은 결코 우연이 아니었다.

미국은 혈통적인 귀족은 인정하지 않지만 자수성가하여 명사가 된 사람을 '셀레브리티' 라고 한다. 그들은 남들보다 앞장서서 사회적 책임을 다 했다. 사업에 성공했을 때에는 아낌없이 사회에 기부했으며 전쟁이 났을 때에는 자기 자식들을 앞장 세웠다. 한국전쟁에 참전한 미군들 가운데 당시 워싱턴의 영향력 있는 정치인들과 장군의 아들들도 많았다. 장군의 아들만해도 142명이 참전했고, 그 가운데 35명이 전사하거나 다쳤다. 미국의 저명한 명사의 아들들이 한국전에 참전하고자 자원했을 때 그 부모들은 한결 같이 자기 아들들을 격려하며 기꺼이 이국의 전선으로 보내준데 대하여 머리 숙여 감사하지 아니할 수 없다.

8군 사령관 워커 중장의 아들 샘 워커 대위는 일선 중대장으로 참전하여 죽은 후에나 받을 수 있는 최고 훈장인 은성무공훈장을 받을 정도로 최 일선에서 적과 용감하게 싸웠다. 아버지가 전사한 후 맥아더 원수는 같은 전선에서 아버지와 아들을 동시에 잃을 수 없다고 하여 샘 대위에게 미 본토 근무를 명했을 때에도 샘 대위는 아버지의 뒤를 이어 한국에 남아 공산군과 끝까지 싸우고자 했을 정도로 그는 참된 군인이었다. 리지웨이 장군의 후임으로 온 8군 사령관 벤플리트 중장의 아들 제임스 A. 벤플리트 공군 중위는 1952년 4월 4일 B-26 경폭격기를 몰고 신의주 전투 야간폭격에 출격했다가 영영 돌아오지 못했다. 그는 둘도 없는 외아들이었다. 맥아더 장군의 후임인 리지웨이 2대 UN군 총사령관이 나토 사령관으로 전임되자 그 후임으로 클라크 대장이 3대 UN군 총사령관에 부임했다. 클라크 대장의 아들인 마크 B. 클라크 대위는 한국전쟁에 일선 중대장으로 참전하여 중공군과 치열한 접전을 벌이던 중 부상을 입고 후송되었으나 상처가 채 아물기도 전에 다시 금화지구 전투에 투입되어 중공군과 싸우다 적탄에 맞아 중상을 입고 그 길로 회생하지 못하고, 전도가 양양한 청년의 꿈을 이국의 전선에 묻고 젊은 생을 마감하였다.

2차대전의 영웅 아이젠하워 원수의 아들 존 아이젠하워 소령은 미 제3사단의 일선 대대장으로 참전하여 중공군과 치열하게 싸웠다. 아버지가 대통령에 당선되자 중공군에게 생포될 것을 우려하여 미 3사단 정보참모로 보직을 옮겼다.

이와 같이 미국은 '노블레스 오블리제(noblesse oblige)'가 어떤 것인지를 실증적으로 보여준 위대한 나라였다.

자기의 분신과도 같은 귀한 자식들을 극동의 한 작은 나라의 자유와 평화를 위하여 보내준 그들은 손에 흙은 안 묻히고 혜택만 누리려고 드는 비양심적인 부류가 아니었다. 그들은 기독교정신으로 예수 그리스도의 희생과 섬김을 본받아 남보다 먼저 희생하고 낮은 자리에서 남을 섬겼다. 다른 우방국 병사들도 몸을 아끼지 않고 자유 대한민국을 위하여 싸웠다. 그들의 숭고한 희생정신은 그 어떠한 찬사와 보답으로도 메울 수 없을 것이다. 대한민국은 사랑의 빚을 졌고 은혜의 빚을 졌다. 벼랑 끝에 내 몰린 대한민국의 손을 잡아준 트루먼 대통령과 맥아더 원수, 그리고 전투부대와 의료진을 보내온 자유 우방국들, 그리고 이 땅의 자유와 평화를 위하여 간절히 기도해준 기도의 우군들, 대한민국이 이 땅에 존재하는 한 이 민족 제단에 목숨을 바친 그들의 고귀한 희생을 영원히 잊어서는 안 될 것이다.

한국전쟁이 시작된 1950년 6월 25일부터 휴전협정이 조인된 1953년 7월 27일까지 3년 1개월간 한국전에 참전한 미군이 약 180만 명이었다. 개전 초기에 일본에 주둔한 미 8군 예하 4개 사단 중 3개 사단이 참전했으나 인민군에게 속절없이 계속 밀리기만 하자 미 본토에서 해병특공여단과 미 2사단을 필두로 계속하여 증원 부대가 들어오기 시작했고, 또한 중공군의 개입과 전쟁이 장기화 되면서 중공군을 상대할 대부대와 교체병력이 들어옴으로 이렇게 많은 미군이 참전하게 된 것이다. 미국으로서도 2차대전과 태평양전쟁 때 인력손실이 너무 컸으므로 한국전쟁에 파견할 병력이 턱없이 부족하였다. 그리하여 공부하는 학생들까지 징집하여 전선으로 보내게 된 것이다. 하버드대나 예일대, 프린스턴대 같은 명문대

학생들도 예외가 아니었다. 나중에는 부모 슬하에서 한창 사랑받을 나이인 고등학생들까지 모병하여 한국전선으로 보낼 정도로 미국의 사정도 절박하였다.

한국전쟁을 통하여 미군 전사자가 36,940명, 부상자 92,134명, 실종자 7,245명이었고 기타 UN군은 전사자가 약 3,730명, 부상자가 약 12,145명, 실종자 379명이 나왔다. 그들은 조국을 떠나 머나먼 대한민국의 자유와 평화를 위하여 젊은 생을 바쳐 낯선 이국의 전선에서 외롭게 죽어갔다. 미군들의 유해는 본국으로 송환되어 워싱턴 D.C에서 가까운 버지니아 주 알링턴 국립묘지에 묻혔고, 신원이 확인되지 않은 자들의 유해는 합장되어 한국전 참전 전몰용사비와 함께 영면하게 되었다. 알링턴 국립묘지 6.25참전 전몰용사비에 새겨진 비문은 우리의 발걸음을 멈추게 한다.

"We answered the call of our nation and dedicated our precious lives to defend a country we never knew and a people we never me!!"

"우리는 조국의 부름을 받고 전혀 알지도 못하는 나라와 한 번도 본 적이 없는 사람들을 지키기 위해 우리의 고귀한 목숨을 바쳤노라!!"

멸망의 문턱에서 벼랑 끝으로 내 몰렸던 대한민국의 수명이 연장되어 오늘의 번영이 있게 된 것은 이 나라 이 민족 제단에 한 알의 밀이 되어 생명을 바친 숭고한 용사들이 있었기에 가능했다. 그러므로 이 비문은 우리에게 할 말을 잊게 하고 다만 찡한 가슴과 함께 눈시울을 붉히게 한다!.

> “가난한 자를 보살피는 자에게 복이 있음이여 재앙의 날에 여호와께서 그를 건지시리로다 여호와께서 그를 지키사 살게 하시리니 그가 이 세상에서 복을 받을 것이라 주여 그를 그 원수들의 뜻에 맡기지 마소서”(시편 41:1~20)

휴전회담

휴전 회담은 처음부터 또 다른 전쟁이었다. 북한은 처음에는 서부 전선 개성을 회담장소로 정하였으나 후에 판문점으로 옮겨 국군과 UN군이 더 이상 북으로 진격하지 못하도록 쇄기를 박았다. 공산군 측 대표들은 UN군 측 대표들이 회담장에 들어올 때 타고 올 지프치에 흰 기를 덜고 와야 통과할 수 있다고 하여 그렇게 했더니 북한 선전원들이 사진을 찍어댔다. 그 사진은 UN군이 항복하여 흰 깃대를 달고 들어온 것이라고 대대적으로 선전했다. 회담 장소에 들어서자 공산군 측 의자는 높은데 비하여 UN군 측 의자는 낮아 상대를 올려다 봐야만 했다. 그래서 UN군 측 대표가 항의하자 그 제야 같은 높이의 의자를 내어 주었으나 이미 사진을 다 찍고 난 뒤였다. 그것은 또 다시 북한 주민들의 눈과 귀를 속이는 선전 자료로 쓰여 졌음은 말할 것도 없다. 우여곡절 끝에 본 회담에 들어갔으나 공산 측 대표들의 생트집과 지루한 입씨름에 UN군 측 대표들은 질려버렸다. 보다 못한 UN군 측 통역장교가 북한군 대표에게 하급자에게 쓰는 명령어로 통역했다. 그 때 통역장교는 최초로 한국에 선교사로 온 언더우드 선교사의 손자였다. 원 일한과 원 득한 형제는 미 해군 장교로 지원하여 태평양전쟁에 참전하였고 6.25의 막바지 휴전회담 때에는 미군 수석대표의 통역장교로 활약했다. 그들은 3대째 한국에 살았으므로 한국어에 능통했다. 한국말은 영어와는 달리 높임말과 낮춤말의 구분이 뚜렷했다. 북한군 대표들은 통역장교가 부하들에게 명령하듯 명령어로 통역하자 자존심이 뭉개지면서 신경이 곤두섰다. 참다못한 북한군 대표가 "메야!" 하고 소리를 꽥 질렀으나 영어에는 높임말과 낮춤말의 구분이 뚜렷하지 않아 일방적으로 당하기만 하여 속만 끓이고 있었다. 자존심이 뭉개진 그들의 얼굴을 보자 험한 인상에 노려보는 눈길이 도끼눈 같았다. 그들은 처음부터 대화의 상대가 아니었다. 그들의 생트집과 지연작전으로 회담이 앞으로 2년을 더 끌게 된다. 워싱턴 정가는 공산주의자들의 간사한 술책에 속았다는 것을 뒤늦게 깨닫기 시작했다. 그리하여 의회는 맥아더 장군을 해임한 것이 트루먼 대통령의 실책이라고 성토하며 맥아더 장군에게 의회가 수여하는 최고의 훈장을 수여하였다. 후에 대통령이 된 아이젠하워 장군도 맥아더 장군을 일찍 해임함으로 세계에 크나큰 비극을 초래했으며 맥아더 장군을 해임한 것은 트루먼 대통령이 저지른 크나 큰 실책이라고 비난했다. 워싱턴 정가는 공산주의자들의 교활한 계책에 속아 이렇게 가혹한 대가를 치르는 것이라고 자책했으나 때 늦은 후회가 되고 말았다.

13

귀로와 고별연설

13

맥아더 원수는 신변을 정리한 후 1952년 4월 16일 새벽 도쿄 사령관 집무실을 나와 아즈끼 비행장으로 향했다. 이른 아침인데도 200만 명이나 되는 도쿄 시민들이 연도를 가득 메우고 손을 흔들며 떠나가는 맥아더 원수를 환송해 주었다. 군중 속에는 석별을 아쉬워하며 간간이 손수건을 꺼내어 눈물을 닦는 사람들도 쉽게 볼 수 있었다. 그것은 깊은 최면에 걸린 일본인들을 일깨워 민주화의 길로 이끌어준 고마움, 그리고 인간의 존엄과 가치에 눈을 뜨게 해준 은인에 대한 배려였다. 강제로 동원한 것도 아닌데 이른 아침부터 이렇게 많은 사람들이 환송 나온 것은 그간 맥아더 사령관의 점령지 정책의 결과로 일본인들의 마음에서 우러나오는 존경의 표시였다. 맥아더 장군 일행을 태운 비행기가 태평양을 가로질러 샌프란시스코에 도착했다. 벌써 비행장에서부터 연도에는 발 디딜 틈 없이 환영 인파들로 물결쳤다. 맥아더 원수는 비록 해임되었으나 영웅이 되어 돌아왔다. 그는 아시아에서 공산화를 막는 반공의 수호자요, 민주주의의 화신이요, 태평양의 시저였다. 태평양전쟁에서 연전연승하여 미국의 위대함과 자긍심을 높여주었고, 한국전쟁 때에서 극적으로 전세를 뒤집어 또 한 번 세계를 놀라게 했던 그 영웅이 15년 만에 조국 땅에 돌아왔다. 미국 국민들은 위대한 장군을 다시 보게 되어 가슴이 설레었다. 가까이에서 본 맥아더 원수는 주름진 얼굴에 머리칼이 희어진 노인이었으나 그의 눈빛만은 여전히 빛나고 있었다. 15년 전 필리핀 땅으로 떠나갈 때에는 중년의 신사였으나 그간 많은 세월이 지나갔음을 말해주는 듯 했다. 그의 얼굴에 깊게 패인 주름살은 태평양에서 수많은 전쟁을 치르면서 고뇌한 흔적이었다. 그런데 환영행사에 나온 맥아더 장군의 군모는 미 육군 장성들의 군모와는 확연히 다른 빛바랜 낯선 군모였다. 그 군모는 15년 전 필리핀 군 원수 겸 고문관으로 갔을 때 케손 대통령이 특별히 맥아더 장군을 위하여 만들어 준 것으로 이 세상에 단 하나 밖에 없는 군모였다. 이 후 맥아더 장군은 미 육군의 군모 대신 늘 이 모자를 애용했다. 그는 태평양전쟁 때에도 한국전쟁 때에도 이 모자를 쓰고 진선을 누볐다. 고국에 돌아와 환영하는 미국 시민들 앞에 섰을 때에도 여전히 이 군모를 착용하고 있었다. 미국 시민들은 아랑곳 하지 않고 맥아더 원수가 가는 곳은 어디서나 열광적으로 맞아주었다. 뉴욕, 시카고, 보스톤, 디트로이트, 휴스톤, 산안토니오, 맨체스터, 포트워드, 마이애미, 로스엔젤레스, 리틀록, 시애틀, 댈러스 … 등 맥아더 원수가 가는 도시마다 거리마다 어디를 가나 남녀노소, 백인이나 황인이나 흑인이나 부자나 가난한 자나 각개각층의 사람들이 구름떼 같이 몰려나와 한결 같은 마음으로 "매-크! 정말 잘 오셨소!" 하고 뜨겁게 환대해주었다.

맥아더 원수를 위한 뉴욕 환영 대회에서 군악대를 앞세운 맥아더 장군이 오픈카를 타고 영웅들의 대 협곡이라는 브로드웨이 거리를 지나갈 때 700만 명이라는 사상 최대의 인파가 몰려나왔다. 미처 연도에 나오지 못한 시민들은 고층빌딩 옥상이나 창가로 나와 색종이를 뿌리며 세기의 영웅을 환영하는 열기는 가히 폭발적이었다.

이 거리는 2차 대전의 영웅, 유럽연합군 최고사령관 드와이트 D. 아이젠하워 원수와 남태평양 최고사령관 체스트 니미츠 제독도 지

나간 거리였다. 로마 시민들이 갈리아 전투에서 승리하고 개선하는 영웅 시저를 열광적으로 환영했듯이 뉴-욕 시민들은 태평양에서 돌아온 걸출한 영웅을 열렬히 환영했다. 연도에 늘어선 시민들은 맥아더 원수가 탄 오픈-카가 지나갈 때 "매-크!" 라고 소리치며 전승국으로서 느끼는 강한 자부심과 승리자가 누리는 영광을 함께 맛보았다. 맥아더 원수는 동포들의 열광적인 환영을 받으면서 마음속으로 이 모든 찬사와 영광은 자신이 전쟁터에서 늘 "By the grace of Almighty God!"(전능하신 하나님의 은총으로!)하며 그 성호를 부르며 영광을 돌려드렸던 하나님께 돌아가야 된다고 생각했다.

그는 동포들의 뜨거운 환대에 미소로 답례했으나 마음 한 구석엔 석연치 않은 아쉬움을 떨쳐버릴 수 없었다. 그것은 정의를 위하여 전쟁에 뛰어든 이상 반드시 이겨야 한다는 신념을 가졌던 장군이 52년 군 생활 중에서 유일하게 6.25동란만이 미완의 상태로 남겨졌기 때문이었다.

1951년 4월 19일 미 상, 하 양원이 함께 한 의사당에서 맥아더 원수는 37분 동안 군인에게 주어진 전무후무한 환상적인 고별 연설을 했다. 빅토리아풍의 우아하고도 독특한 수사법과 조용하면서도 가라앉은 듯 무게감마저 느껴지는 장중한 웅변술은 폰투스의 파르나케스 2세를 이기고 베니!, 비디!, 비키!, 왔노라!, 보았노라!, 이겼노라!, 하며 사자후를 토하든 로마의 영웅 율리우스 시저가 다시 살아난 듯했다. 그의 연설은 연설도중 터져 나오는 박수소리에 무려 28번이나 중단해야만 했던 기념비적인 연설이었다.

"현재까지 세계 모든 나라 가운데 대한민국만이 온갖 위험을 무릎 쓰고 공산주의와 맞서 싸우고 있습니다. 한국 국민이 보여준 불굴의 의지와 투지는 말로 다 할 수 없을 정도로 훌륭합니다. 그들은 노예가 되느니 차라리 죽기로 각오했습니다. 그들이 저에게 한 마지막 부탁은 제발 태평양을 버리지 말아달라는 것이었습니다. 저는 전쟁터에 여러분들의 아들들을 남겨놓고 막 떠나왔습니다. 그들은 한국에서 모진 고난과 시련을 견뎌 왔습니다. 저는 그들이 모든 면에서 매우 훌륭했다고 주저 없이 말씀드립니다. 저는 그들을 보호하고 시간적 손실과 희생을 최소화 하면서 이 야만적 전쟁을 명예롭게 끝내려고 최선을 다 했습니다.

점차 증대되고 있는 한국전쟁의 유혈참극은 저를 깊은 고뇌와 비탄으로 몰아넣었습니다. 이 용감한 젊은 용사들은 문득 제 머릿속에 떠오를 것이며 언제나 그들을 위해 하나님께 기도할 것입니다. 이제 저는 52년의 군 생활을 마감하려고 합니다. 저는 20세기가 되기도 전에 군에 들어 갔고 그것은 제 소년시절의 모든 희망과 꿈의 실현이었습니다. 제가 웨스트포인트 연병장에서 선서한 이래로 세계에는 수없는 변동이 일어났으며 저의 희망과 꿈도 오래전에 사라졌지만 저는 그 시절 중 가장 즐겨 부르던 군가 중 하나의 후렴을 아직도 기억하고 있습니다. 그 후렴은 "노병은 죽지 않고 다만 사라질 뿐이다"고 아주 당당하게 외칩니다. 그 노래가사의 노병처럼 이제 저는 군생활을 마감하고 사라져 갑니다. 하나님의 은총으로 사명을 깨달았으며 그 사명을 완수하려고 애쓴 한 노병으로 말입니다".

– 안녕히 계십시요 –

"내가 모태에서부터 주를 의지하였으며 나의 어머니의 배에서부터 주께서 나를 택하셨사오니 나는 항상 주를 찬송하리이다. 나는 무리에게 이상한 징조 같이 되었사오나 주는 나의 견고한 피난처시오니 주를 찬송함과 주께 영광돌림이 종일토록 내 입에 가득하리이다. 늙을 때에 나를 버리지 마시며 내 힘이 쇠약할 때에 나를 떠나지 마소서"
(시편 71:6~9)

한 인간에게 부여된 사명은 위대하다! 사람이 하나님께로부터 자신에게 부여된 사명을 깨달았다면 그는 세상에서 그 무엇과도 바꿀 수 없는 위대한 발견을 한 사람이다. 그러므로 자기의 사명을 발견한 날이야말로 생애 최고의 날이라 하지 않았던가?.

맥아더 원수는 일찍이 하나님께로부터 부여된 자기의 사명을 깨달았고, 그 사명을 완수하기 위하여 분전했다. 사명이란 내가 이 일을 위하여 태어났고, 이 일을 위하여 살고, 이 일을 위하여 목숨을 바치고자 할 때 그것은 하나님이 내게 주신 사명이다. 그는 인류의 평화와 인간의 존엄 그리고 청교도로서 공산주의를 막아 기독교 신앙을 지키는 것이 자신의 사명이라는 것을 깨달았기에 그는 그것을 위하여 어디든지 달려갔고, 그것을 위하여 온 몸을 던졌으며, 그것을 완수하기 위해 목숨도 아끼지 않았다.

이제 그의 어깨를 짓눌렀던 그의 위대했던 사명을 내려놓는다. 그는 전쟁터를 기도실로 삼아 하나님 앞에 기도의 무릎을 꿇음으로 하나님 보좌로부터 내려오는 지혜와 능력을 받아 그의 숭고한 사명을 완수할 수 있었다. 그는 어머니를 통하여 하나님을 알기 시작한 날부터 기도하기 시작했다.

그는 언제 어디서나 기도하기를 쉬지 않았다. 그는 세상에서 위대한 군인으로 추앙받기보다 어린 아들과 함께 하나님께 기도하던 자상하고 신앙심 깊은 아버지로 기억되기를 바랄 정도로 기도는 그의 생애에서 가장 고상한 가치였다. 그는 전쟁터에서 자기의 공명이나 승리의 영광보다 그 전투에서 얼마만큼의 병사들이 목숨을 잃지 않고 무사한가 하는 점에 최대의 만족을 누릴 만큼 부하들의 목숨을 아끼고 사랑한 자상한 아버지였고, 전투를 앞두고 병사들의 생명을 지켜주시도록 언제나 하나님께 기도 드렸던 기도의 사람이었다.

이제 그에게 남겨진 숙제인 처절한 전쟁터에 남겨진 용감한 병사들을 위하여 언제나 하나님께 기도드리겠다는 말을 남기고 상, 하 의원들의 뜨거운 환호와 멈추지 않는 박수소리를 뒤로 한 채 의사당을 떠나갔다.

기도의 힘으로 한 시대를 풍요롭게 하며 세계 역사의 한 획을 그었던 장군은 심장의 고동이 멎는 순간까지 기도하기를 쉬지 아니할 것이다. 떨어지는 단풍잎이 더 아름답듯 뒤돌아서서 의사당을 떠나가는 장군의 뒷 모습이 그렇게 아름다울 수 없었다. 장군은 포연이 자욱한 전쟁터를 기도실로 삼아 하나님 앞에 기도의 무릎을 꿇었고 기도는 그를 경이적인 사람으로 세워주었다.

– 끝 –

감사합니다.

누란의 위기로 부터 대한민국을 구원해 주신

하나님께 영원한 영광이… !!

쓰고 나서

6.25가 지난 지 반세기가 넘은 이때 우리는 또 다른 전쟁에 직면해 있다. 중국은 동북공정으로 우리의 역사를 빼앗아 가고, 일본은 독도에 대한 야욕을 드러내고, 북한은 한반도 적화를 위해 핵무장을 강행하고 있다. 어떻게 보면 지금 우리는 복잡하고도 미묘한 현실에 갇힌 듯하다. 거기다가 국내 상황은 반미, 종북좌파들이 교육계, 노동계, 언론계, 종교계, 심지어 국회와 군대에까지 침투하여 거짓되고 파괴적인 행동을 서슴치 않는다.

과거에는 공산주의를 몰라서 그들의 기만에 속았다고 하지만 이제는 사악하고 저주스러운 북한 공산집단의 실체가 드러났음에도 맹목적으로 북의 노선을 추종하는 자들이 이 땅에 엄존하고 있다는 것은 개탄스러운 일이다. 지금 우리의 국가의식과 역사인식은 좌파적인 시각을 가진 자들에 의해서 날조되고, 왜곡되고 있다. 그리하여 비상식이 상식이 되고 비정상이 정상이 되어 은인의 나라를 매도하고 오히려 경계해야할 북한을 동경하는 지경에 이르렀다. 심지어 순수해야 할 학생들까지도 6.25를 북침이라고 주장하는 심각한 현실을 바라 볼 때 나라의 장래를 걱정하지 않을 수 없다.

그러나 하나님은 과거에도 그랬거니와 앞으로도 기도하는 우리 민족을 버리지 아니하실 것이다.

지금 우리는 사상적으로 물리적으로, 안과 밖으로 도전을 받고 있다. 그러므로 스스로 지킬 힘을 길러야 한다. 대비하지 않으면 미래가 없다. 게으르고 나태하여 대비하지 아니한 민족은 반드시 망한다는 역사의 교훈을 새겨 들어야 한다.

이 책은 하나님께서 정의의 규로서 잔학한 일본군들을 질그릇 같이 부수시고, 영광의 칼로서 사악한 공산당을 파쇄하시는 한편의 장쾌한 대서사시이다.

나는 이 책을 쓰면서 한 가지 깨달은 것은 정도에서 벗어나 사악한 길을 가는 자는 하나님께서 반드시 심판대 위에 세우신다는 사실이다. 그러므로 무슨 일이든지 정도에서 벗어나서는 안된다.

6.25때 무적의 탱크를 앞세우고 남침하는 공산군을 맨주먹 붉은 피로 막아야만 했던 대한민국의 현실은 참담했다.

하나님은 벼랑 끝에 내 몰린 대한민국을 구원하시기 위하여 UN군과 그리고 "기독교를 위하여 아시아를 확보하고 공산주의를 막아서는 것이 나의 임무"라고 했던 맥아더 원수를 정의의 사도로 보내주셨다.

그들은 정의를 위하여 자기의 일신을 돌보지 아니하고 이 나라 이 민족을 위하여 아낌없는 희생을 바쳤다.

우리는 자랑스러운 대한민국의 위대한 영광을 꿈꾸기에 앞서 먼저 우리 민족을 멸망의 문턱에서 구원하신 하나님의 은혜와 6.25전쟁을 책임졌던 맥아더 원수, 그리고 아무조건 없이 고국을 떠나 머나먼 이국땅에 꽃다운 생을 바친 그들의 값진 희생을 결코 잊어서는 안 될 것이다.

– 끝 –

감사합니다!

주님께 영광!!

근부대 및 학교 성교용으로 보내실 분은

아래로 연락해 주세요.

– 010.3257.7577

기도로 승리한 맥아더

초판 : 2014년 3월 30일
2 쇄 : 2015년 4월 14일

지은이 이 훈 걸
펴낸이 박 재 임
펴낸곳 도서출판 조은
편집디자인 김 진 순
제작인 FINE KIM
제작처 열린기획
주소 서울시 중구 인현동1가 19-2번지
전화 (02)2273-2408
출판등록 1995년 7월 5일 등록번호 제2-1999호

ISBN 978-89-94329-52-9
정가 15,000원